湖南科技学院国学丛刊

周建刚 著

章学诚与清代中期的思想史变迁

中国社会科学出版社

图书在版编目(CIP)数据

章学诚与清代中期的思想史变迁 / 周建刚著. —北京：中国社会科学出版社，2018.12
ISBN 978-7-5203-3848-6

Ⅰ.①章… Ⅱ.①周… Ⅲ.①章学诚（1738-1801）—哲学思想—思想评论 Ⅳ.①B249.75

中国版本图书馆 CIP 数据核字（2018）第 292212 号

出 版 人	赵剑英
责任编辑	韩国茹　伊　岚
责任校对	张爱华
责任印制	张雪娇
出　　版	中国社会科学出版社
社　　址	北京鼓楼西大街甲 158 号
邮　　编	100720
网　　址	http://www.csspw.cn
发 行 部	010-84083685
门 市 部	010-84029450
经　　销	新华书店及其他书店
印刷装订	环球东方（北京）印务有限公司
版　　次	2018 年 12 月第 1 版
印　　次	2018 年 12 月第 1 次印刷
开　　本	710×1000　1/16
印　　张	14.25
插　　页	2
字　　数	227 千字
定　　价	58.00 元

凡购买中国社会科学出版社图书，如有质量问题请与本社营销中心联系调换
电话：010-84083683
版权所有　侵权必究

目　录

第一章　序论——章学诚的思想结构 …………………………（ 1 ）
第二章　章学诚研究史的回顾和评述 ……………………………（ 10 ）
　第一节　清末民初的章学诚思想传播及其著作、注本情况 ……（ 10 ）
　第二节　内藤湖南和胡适的两种《章实斋年谱》………………（ 13 ）
　第三节　钱穆的《中国近三百年学术史》………………………（ 15 ）
　第四节　余英时的《论戴震与章学诚》…………………………（ 17 ）
　第五节　倪德卫的《章学诚的生平与思想》……………………（ 19 ）
　第六节　山口久和的《章学诚的知识论》………………………（ 22 ）
　第七节　朱敬武的《章学诚的历史文化哲学》…………………（ 26 ）
第三章　章学诚"文史校雠学"的基本概念 ……………………（ 29 ）
　第一节　校雠心法 …………………………………………………（ 29 ）
　第二节　史意文心 …………………………………………………（ 33 ）
　第三节　史德文德 …………………………………………………（ 37 ）
　第四节　"圆神""方智"…………………………………………（ 44 ）
第四章　章学诚的历史哲学思想 …………………………………（ 52 ）
　第一节　理势论：历史是什么？…………………………………（ 52 ）
　第二节　史义论：如何认识历史？………………………………（ 62 ）
　第三节　史体论：如何表述历史？………………………………（ 73 ）
第五章　章学诚的文本诠释思想 …………………………………（ 86 ）
　第一节　章学诚的语言观 …………………………………………（ 86 ）
　第二节　章学诚的知识人格论 ……………………………………（ 99 ）
　第三节　章学诚的诠释学思想特征 ………………………………（111）
第六章　章学诚的考据学批判 ……………………………………（126）

第一节 《朱陆》篇与《浙东学术》——衡论戴震 …………（126）
第二节 "六经皆史"——解构经学 …………………………（151）
第七章 章学诚与清代思想史的诸问题 ………………………（167）
第一节 章学诚与"汉宋之争" ……………………………（167）
第二节 章学诚与"今古文经学之争" ……………………（179）
第三节 章学诚与乾嘉考据学的内在转向 …………………（191）
第八章 史蕴诗心——章学诚文史之学的总结 ………………（206）
附 录 近百年来清代学术思想史研究情况综述 ……………（209）
参考文献 …………………………………………………………（218）
后记 ………………………………………………………………（224）

第一章 序 论
——章学诚的思想结构

章学诚在清代思想史上是一个十分特殊的人物。一方面，清代学术的主要成就在于经学，而章学诚的学术领域则是史学。另一方面，清代学术主流的方法论在于考辨字义和事实，以求还原经典的原始面貌，这一方法论的特征是"客观实证主义"；而章学诚则注重"发挥"而轻视"徵实"，力求从文本的语文脉络中解读其思想意义，在方法论上强调主观的"性灵"和文本的"言外之意"。凡此种种都与清代学术思想的主流有着相当大的距离，因此在清代相当长的一段时期内，章学诚的思想并未受到人们的重视。近代以来的学者研究清代思想史，多将章学诚与戴震相提并论，但此皆属于事后之论，章学诚与戴震等考据学者的声名显晦在当时是不可同日而语的，这一点即使章学诚本人也有着清醒的意识，他在致挚友邵晋涵的信中说："仆之所学，自一二知己外，一时通人，未有齿仆于人数者，仆未尝不低徊自喜，深信物贵之知希也。"[①] 因此章学诚同时对自己的学术思想有着高度的自信，认为是自辟门径而"言人所未发"，"吾之所为，则举世所不为者也。如古文辞，近虽为之者鲜，前人尚有为者，至于史学义例，校雠心法，则皆前人从未言及，亦未有可以标著之名"[②]。"史学义例"和"校雠心法"概括起来就是所谓"文史校雠"，这是章学诚独特的研究领域，《文史通义》和《校雠通义》就是章学诚在这两方面

[①] （清）章学诚：《答邵二云书》，仓修良编注《文史通义新编新注》，浙江古籍出版社2005年版，第684页。

[②] （清）章学诚：《家书二》，《文史通义新编新注》，浙江古籍出版社2005年版，第817页。

研究的具体成果，其中《校雠通义》明著述源流，《文史通义》明史学义例，最终则是要在"源流清""义例明"的基础上达到"明道"的目标，因此这两部著作也就构成了章学诚思想的完整体系。

余英时曾在史料考辨的基础上，对章学诚的思想全貌作过这样一个描述："章学诚是以'文史校雠之学'——也就是由厘清古今著作的源流，进而探文史的义例，最后则由文史以明'道'，来对抗当时经学家所提倡的透过对六经进行文字训诂以明'道'之学。其目标则是要夺六经之'道'以归之于史。"① 这一论断大致是可信的，"文史校雠"在章学诚的整个思想结构中居于奠基性的地位，其性质就如同经学家戴震的"经学训诂"一样，经学家相信"道在六经"，"明道"的方法则是通过语言文字的方法"由训诂以通义理"，戴震明确地指出："经之至者道也。所以明道者其词也。所以成词者未有能外小学文字者也。"② 章学诚也同样提出："盖学问之事，非以为名，经经史纬，出入百家，途辙不同，同期于明道也。"③ 由"文史"以"明道"是章学诚的学术理想，随着其"文史"之学日有进境，这一思想也愈加清晰。在晚年的"六经皆史"说中，他指出"经"的原始面貌就是"三代之史"，从而将"经"也纳入了史学的范围进行考察。而在学术方法上，章学诚也与当时的经学家有着很大的不同，他提倡"专家之学""别识心裁"，主张以主观的"性情"与客观的"功力"相配合，以达到"成一家之言"的"著述"标准。在这一前提下，他对清代考据学的方法论进行了尖锐的批评。总体而言，章学诚认为清代考据学的成就只是"功力"而非"学问"，如以考据学所奉为"典范"的顾炎武而论，"即顾氏所为《日知》，义本子夏氏教，然存为功力，而不可以为著作"④。对于同时代的学者如汪中和孙星衍，章学诚也作了类似的批评，他认为孙星衍的《问字堂集》是"博"有余而"约"

---

① 余英时：《论戴震与章学诚：清代中期学术思想史研究》，生活·读书·新知三联书店2000年版，第160页。下文中凡引用、参考该书时，皆略去副标题，特此说明。
② （清）戴震：《古经解钩沉序》，《戴震文集》，中华书局1980年版，第146页。
③ （清）章学诚：《与朱沧湄中翰论学书》，《文史通义新编新注》，浙江古籍出版社2005年版，第708页。
④ （清）章学诚：《与林秀才》，《文史通义新编新注》，浙江古籍出版社2005年版，第741页。

不足："尊著浩瀚如海，鄙人望洋而惊，然一蠡之测，觉海波似少归宿，敢望示我以尾闾也。"① 在"博"与"约"的关系上，章学诚认为清儒的学术方法本之于南宋王应麟的"纂辑比类"，因而"误执求知之功力以为学问"；而他本人则推崇郑樵的"别识心裁"，郑氏《通志》虽然在名物事实上多有舛误，但"卓识名理，独见别裁，古人不能任其先声，后代不能出其规范；虽事实无殊旧录，而辨名正物，诸子之意寓于史裁，终为不朽之业矣"②。清儒的考据虽然范围广博，用功深细，但却没有在学术活动中体现出主体心灵的创造性作用，因而始终停留在"器"的层面上而不能上升至"道"，"由训诂以通义理"也就成了一句空泛的门面话，这也是清代学术缺乏思想性内容的根本原因。章学诚的"文史"之学不仅要通过史学"明道"，同时也寓有对考据学进行"补偏救弊"之意，在晚年的《上辛楣宫詹书》中，他论述《文史通义》的著述宗旨，将这一层意思流露无遗："惟世俗风尚，必有所偏。达人显贵之所主持，聪明才隽之所奔赴，其中流弊必不在小。载笔之士不思救挽，无为贵著述矣。苟欲有所救挽，则必逆于时趋。"③《文史通义》就是这样一部"逆时"之作，在衡文论史的外貌下蕴含着批判性的思想锋芒。

研究章学诚的思想结构，历史哲学无疑是其中的主要内容，但章学诚的思想并不仅限于历史哲学，而是以此为基座建立起对于一切学术的批判性原则，这一"批判性原则"的主要内容就是章学诚的"文本诠释思想"。清末民初的学者张尔田在为《章氏遗书》作《序》时就清楚地指出了这一点："先生（指章学诚）当举世溺于训诂音韵名物制度之时，已虑恒干之将亡。独昌言六艺皆史之谊，又推其说施之于一切立言之书，而条其义例，比于子政，辩章旧闻，一人而已。"④ 在"六经皆史"的视野下，章学诚将一切著述都纳入了"史学"的范围，他在与孙星衍的信中称：

---

① （清）章学诚：《与孙渊如观察论学十规》，《文史通义新编新注》，浙江古籍出版社2005年版，第399页。

② （清）章学诚：《释通》，《文史通义新编新注》，浙江古籍出版社2005年版，第240页。

③ （清）章学诚：《上辛楣宫詹书》，《文史通义新编新注》，浙江古籍出版社2005年版，第657页。

④ 张尔田：《章氏遗书序》，《章学诚遗书》，文物出版社1985年版，第2页。

"愚之所见，以为盈天地间，凡涉著作之林，皆是史学，六经特圣人取此六种之史以垂训耳。"①"史学"这一概念在章学诚的心目中有着特殊的含义，"史学"不仅是史料的排比纂辑，而主要是在材料的剪裁融合中体现作者主体的"别识心裁"，这是从孔子"笔削"《春秋》以来中国史学一脉相承的精神传统，由此章学诚认为"史义"是史学的灵魂，在唐代以后"史学中绝"的情况下，史著已成为"纂辑"而非"著述"，惟有郑樵的《通志》稍微透露了一点"史义"的意味，"自迁、固而后，史家既无别识心裁，所求者徒在其事其文。惟郑樵稍有志乎求义，而缀学之徒，嚣然起而争之"②。清代考据学者对郑樵的"考据疏略"吹毛求疵、大加抨击，章学诚则从"史义"和"别识心裁"的角度对郑樵推崇备至，这实际上反映了两种不同的学术取向。不仅如此，章学诚还认为，"史义"是史学的灵魂，有了"史义"史学才能成为"一家之学"，反之只是"纂辑之业"。而对"史义"的体会则不能拘泥于语言文字之间，而必须能于文本的语文脉络中解读其"言外之意"。"古人史学，口授心传，而无成书，……正以专门名家，书不尽言，言不尽意，必须口耳转授，非笔墨所能罄，马迁所谓藏名山而传之，必于其人者也。"③

"史义"说是章学诚历史哲学思想的中心内容，在这一思想前提下，章学诚区分了历史研究领域的"纂类"和"著述"，并指出成功的史学著作必须不为"类例"这一固定的知识框架所限制，而能够以一种灵活变动的写作方式透露出作者的用心之所在，这就必须从"纪传体"这一体裁恢复到《尚书》的"圆神"传统。但章学诚的用意不仅在于为史学"申明义例"，更重要的是，他要以这一思想为基础，为古今著作之林"商榷利病，讨论得失"，也就是说，要建立一种学术活动中的"通则"。最早认识到章学诚思想价值的日本学者内藤湖南曾说："一般的学者视这个人（章学诚）为史学家，但我认为，正如其书名（《文史通义》）所示，是以关于文史的原则的研究为主；就文史而言，涉及了关于人体的全部著述。唐书的艺文志是在广泛的文学批评的意义

---

① （清）章学诚：《报孙渊如书》，《文史通义新编新注》，浙江古籍出版社2005年版，第721页。
② （清）章学诚：《申郑》，《文史通义新编新注》，浙江古籍出版社2005年版，第250页。
③ （清）章学诚：《史考释例》，《文史通义新编新注》，浙江古籍出版社2005年版，第443页。

上使用文史类的。所谓《文史通义》的含义，用现在的语言来说，也可称作著述批评的原理。"① 在现代学术的视野下，章学诚的思想本质就更为清楚，如山口久和认为："（至少）就章学诚而言，他的思想并不局限于世上盛传的'六经皆史'说（历史相对主义）。相反，他的思想精髓中隐藏着可以把他者理解的方法论、文本论、语言哲学、存在论等人文科学的整体纳入理论射程之内的可能性。"② 而在笔者看来，章学诚试图通过其历史哲学思想所建立的这一学术批评的"通则"其实就是他的"文本诠释思想"，这一"文本诠释思想"与其"史义论"一脉相通，散见于《文史通义》中的大量篇幅以及他的书信言论中，并主要体现在他对清代考据学学术方法的批评中。

章学诚在"史义"的前提下区分史著中的"纂类"和"著述"，他同样以此方法区分一般学术活动中的"功力"和"学问"，正如"纂类"不是"著述"一样，"功力"也不是"学问"，而仅是学术活动的预备阶段，而只有当"功力"得到质量的深化，学者在思想探索过程中领会到超越于语言文字之上的微妙含义，"功力"才会化为"学问"，章学诚这样阐述说：

> 学问文章，古人本一事，后乃分为二途。近人则不解文章，但言学问，而所谓学问者，乃是功力，非学问也。功力之与学问，实相似而不同。记诵名数，搜剔遗逸，排纂门类，考订异同，途辙多端，实皆学者求知所用之功力尔。即于数者之中，能得其所以然，因而上阐古人精微，下启后人津逮，其中隐微，可独喻而难为他人言者，乃学问也。③

---

① ［日］内藤湖南：《支那史学史》，转引自岛田虔次《六经皆史说》，载刘俊文主编《日本学者研究中国史论著选译》（第七卷"思想宗教"），许洋主等译，中华书局1993年版，第200页。

② ［日］山口久和：《章学诚的知识论·中译本自序》，《章学诚的知识论——以考证学批判为中心》，王标译，上海古籍出版社2006年版，第2页。下文中凡引用、参考该书时，皆略去副标题，特此说明。

③ （清）章学诚：《又与正甫论文》，《文史通义新编新注》，浙江古籍出版社2005年版，第807页。

清代考据学者侈言"学问",但在章学诚看来,考据学者的"排比纂辑",说到底只是"功力"而已,还说不上是"学问",真正的"学问"中必然蕴含着学者主体的感受,对于文本发生了超越语言文字的理解,"学术文章,有神妙之境焉。末学肤受,泥迹以求之;其真知者,以谓中有神妙,可以意会而不可以言传也"①。清代考据学以"六经"为诠释对象,其诠释方法正是章学诚的所谓"言传",即主张从文本的语言文字中直接读出其"意义";② 而章学诚的文本诠释方法则重在"意会",在中国的传统文本诠释理论中本有"书不尽言,言不尽意"这一说,③ 章学诚的诠释学思想即着重强调了这一点,主张要从文本的语文脉络中读出其"言外之意"。而要做到这一点,则必须在客观的"功力"之上加上主观的"性情"。用今天的语言来解释的话,章学诚实际上认为,对于历史人文现象的认识,其途径不仅在于考据学者所崇尚的"客观的了解",而更重要的是"心灵的体会",也就是司马迁在《史记》中曾经说过的"好学深思,心知其意",这不仅是史学领域中"历史认识"的途径,同时也是一切人文学术的认识方法。

从章学诚思想的整体面貌来看,"历史哲学"和"文本诠释思想"是其中的主要环节,最后则归结为对考据学的批判。在对考据学的批判过程中,戴震首当其冲成为他心目中的首要论敌。他首先指出戴震学术的长处并不在于"训诂",而恰恰是能够不拘泥于训诂、在繁密的考据中"见古人之大体,进窥天地之纯",在考据学家中,戴震属于"学有心得"、有自身思想建树的一类人,这实际上与章学诚的学术原则和方法是相符的,因此他自许在乾嘉学者中对戴震"知之最深"。但戴震对考据学的方法的重视过于夸张,引起了章学诚的不满。同时戴震过于贬低宋学,加深了汉宋学之间的门户之见,而章学诚则从思想史的角度指出戴震的学术实为程、朱之后学,戴震对宋学的偏见是为"心术未醇"和"饮水忘源"。章

---

① (清)章学诚:《辨似》,《文史通义新编新注》,浙江古籍出版社2005年版,第158页。
② 章太炎曾将清代考据学的方法论特征总结为六点:"审名实,一也;重左证,二也;戒妄牵,三也;守凡例,四也;断情感,五也;汰华辞,六也。六者不具,而能成经师者,天下无有。"[《太炎文录初编·说林》,《章太炎全集》(四),上海人民出版社1985年版,第119页。]
③ 参见姜广辉《传统的诠释与诠释学的传统——儒家经学思潮的演变轨迹与诠释学导向》,《经学今诠初编》(《中国哲学》第22辑),辽宁教育出版社2000年。

学诚对戴震的批判主要是针对考据学的方法，章学诚认为考据学的方法实有不可偏废之处，但将其无限夸大，视为学问的全体，则是一种盲目的做法，戴震本身的学术成就已经完全可以看到"考据"这一理论武器的长短利弊，但却出于其"心术"而"隐约其辞"，考据学在戴震身后的段玉裁、王引之等人那里完全走上了"小学化"的道路，这与戴震的影响是分不开的。① 而另一方面，章学诚也对考据学的根本观念"经学明道"提出了质疑，考据学者坚信"道在六经"，其学问功力所施之范围全在经学，"尊经贱史"的观念深入人心。章学诚考辨学术源流，提出"六经皆史"这一著名理论，旨在说明"经"为"三代之史"，从源流上而言，"史"为"经"之源；从"道"与"器"的关系上来看，"六经"一旦离开了它所处的历史环境，即已成为"器"而非"道"，考据学者所谓"经以明道"的观念是没有依据的。章学诚主张"以史释经"，重新建立对"六经"的新解释，这实际上是以"史学明道"的主张取代了"经以明道"，这一"批判性"的主张可谓击中了考据学的思想命脉，如余英时所谓："于是夺六经之道以归于史。"②

下面概述一下本书各章的大致内容：

第一章是对本书思想内容的大致概述，其中指出了章学诚的学术思想以"文史校雠"为基础，与清代考据学的"经学训诂"分庭抗礼。章学诚的思想结构可分为"历史哲学""文本诠释思想"和"考据学批判"三个部分，"历史哲学"是章学诚的思想基础，由"历史哲学"而衍生出"文本诠释思想"，最后则归结为"考据学批判"，这三个部分环环相扣，构成了章学诚思想的整体。

第二章"章学诚研究史的回顾和评述"则回溯了自清末至当代章学诚思想研究状况的变迁和发展，具体以内藤湖南、胡适、钱穆、余英时、

---

① 戴震的文本诠释方法本不止于单纯的训解字义，而同时也注重从"知人论世"的角度"以意逆志""以志通词"，并由此阐发文本的思想涵义。但戴震后学对其文本诠释思想的理解则专注在语言文字一面，而缺失了对诠释对象"心志"的理解，从而走入了考据的死胡同。台湾学者龚鹏程曾对此有论述说："戴震是'先考字义，次通文义，志在闻道'，其后学却只考文字，不务闻道明道，形成段玉裁所说的'寻其枝叶，略其本根'之纯技艺的'小学'。"［龚鹏程：《语文意义的诠释》，载杨晋龙主编《清代扬州学术》（上），台北"中央研究院"中国文哲研究所 2005 年版，第 39 页］

② 余英时：《论戴震与章学诚》，生活·读书·新知三联书店 2000 年版，第 178 页。

倪德卫、山口久和、朱敬武七人的著作为中心，进行了回顾和评述。随着章学诚研究的日渐深入，章学诚在思想史上的形象也愈加清晰。总体来说，研究者大都倾向认为，章学诚不仅是史学家和文献学家，而且是自成体系的思想家，在与清代考据学者（尤其是戴震）的对比研究中，章学诚在清代思想史上的意义得到了深入的体现。

第三章"章学诚'文史校雠学'的基本概念"主要指出了"文史校雠"是章学诚的学问基础，其意义就如同"经学训诂"之于戴震一样。"文史校雠"的主要内容是章学诚的史学和文献学思想，本章拮取章学诚"文史校雠学"的几个中心概念以见其大概。其中"校雠心法"论述章学诚的"校雠学"思想；"史义文心"则论述章学诚"文史理论"；"史德文德"论述"文史之学"的主体修养；"圆神方智"则论述章学诚的"历史编撰理论"。

第四章"章学诚的历史哲学思想"指出，历史哲学是章学诚思想的主要内容之一。章学诚的学术宗旨是以"文史之学"而"明道"，历史哲学就是其所明之"道"。章学诚的历史哲学具体分为三个层面，即"理势论""史义论"和"史体论"，分别论述的主题是"历史是什么""如何认识历史"以及"如何表述历史"。其中"史义论"是章学诚历史哲学的中心环节，对"史义"的认识则超乎语言文字而归结为"心灵的自我认识"，这对章学诚的"文本诠释思想"产生了巨大影响。就章学诚的历史哲学思想本身而言，它体现了中国传统史学发展至成熟阶段的"自主意识"，同时在型态上接近柯林武德的"批评的历史哲学"。

第五章"章学诚的文本诠释思想"指出，章学诚通过历史哲学的探究，认为史家的方法贵在"别识心裁"而不在"排比纂辑"，他同时认为这一方法论的原则应该在一切学术活动中都得到体现，由此建立了他的"文本诠释思想"。与清代考据学比较，章学诚的文本诠释思想在语言观、知识的构成、诠释的方法上都存在着很大的不同。在语言观上，章学诚重视语言的语境和象征意义，主张"言不尽意"，反对考据学者在"言"与"意"之间建立线性的联系；在知识的构成上，章学诚也反对考据学者所推崇的"纯粹客观知识"的概念，而认为"文史"知识的构成有其主观性的倾向，主要体现了作者的整体性人格，因而理解和诠释"文史"知识贵在"探作者之心志"；在诠释方法上，章学诚进一步主张，除了"历史理解"（事实的认定）和"心理理解"（心知其意）之外，诠释者本身的"存在感受"也是文本诠释中的一项重要因素，这就是学者的"天性"和"至情"。用现代哲学解释学的概念来理解的话，章学诚的"文本诠释思想"有一种"存在论"的特征。

第六章"章学诚的考据学批判"主要集中论述章学诚对清代考据学的批判，分为"衡论戴震"和"解构经学"两个部分。戴震是考据学的代表人物，也是章学诚的主要批判对象。章学诚推崇戴震在义理学上的成就，但不满其对考据方法的过分夸大；同时章学诚认为戴震"心术未醇"，对程朱义理过于贬低，对考据学的发展起到了不良的影响。在"解构经学"的部分，介绍了章学诚以"六经皆史"为理论武器，从"经与史""道与器"两个方面对"经学"这一知识型态发起了批判，指出"史为经之源""六经是器而非道"，在厘清经史源流的基础上提出"以史释经"，从而"夺经学之义理以归之史学"。

第七章"章学诚与清代思想史的诸问题"主要讨论了从清代思想史的角度来看，清中期是一个分水岭。清中期思想史的议题由前期的"汉宋之争"转向后期的"今古文经学之争"，同时乾嘉考据学也在检讨自身得失的基础上酝酿着内部的转向。由此"汉宋之争""今古文经学之争""乾嘉考据学的自我反省和内部转向"就构成了清代思想史上的三个主要问题，这三个问题凸显出来的"时代语境"是清代思想由"事"向"义"的转变，即由单纯的考据事实转向思想意义的追寻。从这个角度来看，章学诚虽然对考据学进行了激烈的批判，但并非站在考据学的对立面，而是贴近时代的脉络，生动地反映了清中期思想史的变迁趋势。

第二章　章学诚研究史回顾和评述

第一节　清末民初的章学诚思想传播及其著作、注本情况

在近年来有关清代思想史的研究中，章学诚的思想正在受到越来越多的关注。如余英时在20世纪70年代出版的学术名著《论戴震与章学诚》中开宗明义说道："戴震（1724—1777）和章学诚（1738—1801）是清代中叶学术思想史上的两个高峰，这在今天已经成为定论了。"[①] 余英时的论断代表了近代以来一大批学者的看法，这是因为近代以来的学者已经普遍习惯于以"思想"或"义理"作为衡量学术成就的标准，而章学诚的思想则以其高度的原创性在乾嘉学者中独树一帜，这是其受到近现代学者普遍欢迎的主要原因。章学诚的"身后之名"与其生前的寂寞形成了鲜明的对照，在章学诚生前直到清末的一百多年时间里，其思想和学术并未受到知识界过多的关注。在清代出版的有关章学诚的传记资料，仅有《文献徵存录》"邵晋涵传"末附录数语，于事实多有错乱；[②]《两浙輶轩录补遗》中存有一则其友王宗炎的学术评语，称其"尤长于攻难驳诘之文，班、范而下，皆遭指摘。自谓卑论仲任，俯视子元，未免过诩，平心而论，夹漈之伯仲也"[③]。总体来说，当时亦未对其学术成就作出过高的评价。清末谭献的《文林郎国子监典籍会稽实斋章公传》是一篇较为翔实的章学诚传记。谭献撰此文时，国内的政治环境和学术环境都已经发生了很大的变化，在清末内忧外患的刺激下，学术界的"复古"空气已逐

---

① 余英时：《论戴震与章学诚》，生活·读书·新知三联书店2000年版，第3页。
② 同上书，第283—289页。
③ （清）阮元：《两浙輶轩录补遗》，《章学诚遗书》，文物出版社1985年版，第621页。

步消退，而以今文经学为代表的"求变"思想正在逐渐兴起。在这一思潮的笼罩下，章学诚的历史哲学思想受到前所未有的重视。有学者认为，章学诚思想的传播与晚清的今古文经学乃至变法维新理论均有内在关系：

> 章氏学是通过杭州的学人传播的，钱林在《文献徵存录》中提到了章学诚，龚自珍曾向他问过佛，龚是章学诚的第一个同调，谭献传龚学，自然也要表彰章氏学。章氏学是对清学正统派的考证学与非正统派的常州今文学的重新综合。到清末，杭州诂经精舍成了章氏学的大本营，谭献与潘恕有关章学诚的文字可以作证。这是宋恕、章太炎表彰章学的渊源，宋恕1897年在上海就向孙宝瑄推荐过章学诚的著作，夏曾佑也是这个圈子里的新一代学人，章氏学是他当时立言的前提。可见，章氏学是清末变法的理论依据。①

晚清的维新与革命在思想和学理上以今、古文经学为理论依据，而这两大派对章学诚的思想都有吸收和融通，因此章学诚的思想学术在清末一变而为"显学"。余英时对此叙述说：

> 早期今文学派的龚自珍从"经世"的观点宣扬"六经皆史"的深层涵义，晚清古文学派的章炳麟则用"六经皆史"的命题来摧破廖平、康有为关于孔子"托古改制"的观点。所以到了《国粹学报》时期（1905—1911），《文史通义》与《校雠通义》两书早已脍炙人口。②

晚清到民国初年，章学诚的思想和学术传播甚广，如龚自珍、谭献、宋恕、夏曾佑、章太炎等人都不同程度地接受过他的影响。在这一时期，对章学诚学术思想接受最为全面、理解最为深入的是张尔田和孙德谦。张尔田曾参与纂修《清史稿》，孙德谦则主要从事诸子学研究，他们的学术

---

① 陶德民：《内藤湖南的进步史观的形成——对章学诚〈文史通义〉的共鸣》，杨际开译，《杭州师范学院学报》，2008年第1期。
② 余英时：《"通古今之变，成一家之言"——〈章学诚的生平与思想〉中译本代序》，载[美]倪德卫《章学诚的生平与思想》，台北唐山出版社2003年版，第4页。

宗旨都是导源于章学诚的"六经皆史"和"官师合一"说。张尔田的《史微》一书开宗明义就说:"六艺皆史也,百家道术,六艺之支与流裔也。"① 这一言论,明显是自章学诚而来。他在《史微》的《凡例》中自叙其苦学经历云:

> 往与吾友孙君益荃同谭道广平,即苦阮氏、王氏所汇刊《经解》琐屑饾饤,无当宏恉,嗣得章实斋先生《通义》,服膺之,始于周秦学术之流别稍有所窥见,久之,读《太史公书》,读班孟坚书,无不迎刃而解,豁然贯通,一时之所创痛,殆若有天牖焉。②

张东荪为《史微》所作的《重定内篇目录叙》中说张尔田"少餍闻先先生谭复堂绪论,……于古师东莞居巢,近则章实斋。……成《史微》数十万言,自谓演浙东遗绪"③,可见张尔田最早可能是从谭献那里得知章学诚其人其学,进而探骊得珠,尽得章学宗旨,遂以继承浙东史学自命。张尔田在《史微·凡例》提到与他"谭道广平"的"孙君益荃",即孙德谦。孙德谦长于诸子学和目录学,其为学宗旨也得之于章学诚,所著有《汉书艺文志举例》《刘向校雠学纂微》《太史公书义法》等,王国维称其"得法于会稽章实斋先生"。

这一时期虽未出现有关章学诚研究的重要论著,但章学诚的遗文佚稿逐步得到搜集整理。章学诚的著作最早由其子章华绂在道光十二年到十三年间刻印《文史通义》《校雠通义》共九卷于大梁,世称"大梁本"。清末民初的著名藏书家吴兴嘉业堂主人刘承干由沈曾植处得到萧山王宗炎编次的章学诚遗稿三十卷,又增入《和州志》《永清县志》等为"别编"十八卷,又加"补遗""附录"各一卷,汇集为五十卷的《章氏遗书》,于1920年刊刻行世,世称"遗书本"或"嘉业堂本"。1985年,中国文物出版社影印"嘉业堂本"《章氏遗书》,并增补"佚篇"约五万余字标点排印于书后,定名为"章学诚遗书"出版。

---

① 张尔田:《史微》,上海书店2006年版,第1页。
② 张尔田:《史微·凡例》,上海书店2006年版,第1页。
③ 张东荪:《重定目录内篇叙》,载张尔田《史微》,上海书店2006年版,第1页。

此外，还需要谈一下章学诚著作的注本。据张京华《文史通义注·整理弁言》称："《文史通义》先后有章锡琛的选注本，所选共三十篇，民国十五年由商务印书馆出版，列在《学生国学丛书》及《新中学文库》中。稍后则有石印坊本，有文瑞楼《详注文史通义》、文瑞楼《新体注释文史通义》（无锡宛南详注）、鸿章书局《注释文史通义》、真美书社《详注文史通义》（杭县许德厚舜屏注）等几种（均含《校雠通义》），年代均为民国十八年前后。其注释均简略，仅便初学而已。"① 目前所存有学术价值的章学诚著作注本主要有叶长青的《文史通义注》和叶瑛的《文史通义校注》两种。叶长青的《文史通义注》出版于1935年，列入"无锡国学专修学校丛书"。叶瑛的《文史通义校注》的写作则始于1929年，完成于1948年，但直至1983年才由中华书局首次出版。两种注本中，一般认为叶瑛本后出，吸收了叶长青本的"胜义"，同时有校有注，较为详密，优于叶长青本的"有注无校"。但也有否定意见，如张京华的《文史通义注·整理弁言》即认为叶瑛本实际袭自叶长青本，有攘窃之嫌。

第二节　内藤湖南和胡适的两种《章实斋年谱》

清末学者对于章学诚思想的重视甚至影响到了日本的汉学界。日本"京都学派"的开创者内藤湖南于晚清时期曾多次造访中国，在游历的过程中与中国学者进行了学术交流，并从中接触到了章学诚的思想与著作。内藤湖南敏锐地感知到章学诚的思想在清代学者中有着特异的地位，章的长处在于整体性的理论思维而不在于细节分析，同时内藤湖南从近代的学术眼光出发，认为章学诚的历史哲学思想是一种"进步史观"，从而引起了对《文史通义》的"共鸣"。在这一思想的支配下，内藤湖南撰写了《章实斋先生年谱》，对章学诚的生平和思想作了较为详细的考证。② 这是近代学术史上第一部对章学诚作专题研究的论著，对于日本汉学界产生了

---

① 叶长青：《文史通义注》，张京华点校，华东师范大学出版社2012年版，第3页。
② 参见钱婉约《内藤湖南研究》第8章第2节"内藤湖南与近代章学诚研究"，中华书局2004年版。

深远的影响。以后的日本汉学家在研究清代思想学术史时，都特别注意到章学诚的重要地位，如岛田虔次、山口久和等人在这方面都有重要的论著问世。

内藤湖南的研究反过来也促进了中国学术界对于章学诚思想的认识。胡适在《章实斋年谱序》中明确说："我做《章实斋年谱》的动机，起于民国九年冬天读日本内藤虎次郎（即内藤湖南）编的《章实斋先生年谱》（《支那学》卷一，第三至第四号）。"①但胡适一方面觉得："最可使我们惭愧的，是第一次作《章实斋年谱》的乃是一位外国的学者。"另一方面胡适又认为："内藤谱又太简略了，只有一些琐碎的事实，不能表现他的思想学说变迁沿革的次序。"②因此胡适决定在内藤《年谱》的基础上，增补内容，叙述章学诚思想的演变过程，"我决计做一部详细的《章实斋年谱》，不但要记载他的一生事迹，还要写出他的学问思想的历史。这个决心就使我这部年谱比内藤谱加多几十倍了。"③胡适的《章实斋年谱》后来又经过姚名达的增补，成为迄今为止资料最为翔实充分的章氏年谱。胡适《年谱》的特点在于在叙述传主生平事迹的同时，注意描述其思想演变的轨迹；同时将章学诚的思想与乾嘉时期的著名学者如戴震、汪中、袁枚等人作了比较研究，使《年谱》的性质不仅限于个人传记，而且扩展为一种思想史资料。但胡适的《章实斋年谱》亦有其严重的缺陷，这主要是因为他将章学诚视为"史料主义者"。众所周知，胡适在学术上的主要贡献在于提倡"以科学方法整理国故"，他引进近代西方的实证主义思想，并与清代的考据学传统相结合，提倡大胆的怀疑精神，对中国传统学术作鞭辟入里的实证性研究。如同在戴震的思想中发现了"科学精神"的萌芽一样，他对章学诚思想的阐释也同样笼罩在这一"科学主义"的视野之中，因此他认为"六经皆史"的意义就在于将经部之书降为史料，以供学者做实证性的研究而已。但正如汪荣祖所说："认定实斋将经史视为史料者，完全忽略了实斋对道的执著，以及经史皆为了经世致用之微意。"④"章氏所谓'凡涉著作之林，皆是史学'，并不是说都是史料，而

---

① 胡适：《章实斋年谱》，安徽教育出版社2006年版，第26页。
② 同上书，第27页。
③ 同上。
④ 汪荣祖：《史学九章》，生活·读书·新知三联书店2006年版，第222页。

是说盈天地间之著作，包括经史在内，皆统合于史，藉史明道而已。"①乾嘉时期六经的尊崇地位尚未解体，学者亦不至于如后世一样仅以"史料"视之，胡适对章学诚思想的解读明显超越了章所在的时代，因而存在着一定的误读之处。

章学诚年谱实际还有其他数种。据于延亮的《章实斋先生年谱六种》一文考订，依出版时间先后，章学诚的年谱有以下六种："内藤湖南编著《章实斋先生年谱》，胡适编著《章实斋先生年谱》，姚名达著《会稽章实斋先生年谱》，赵誉船编《章实斋先生年谱》，胡适著、姚名达订补《章实斋先生年谱》，范耕研著《章实斋先生年谱》，分别可以简称为内藤谱、胡谱、姚谱、赵谱、合谱、范谱。"② 内藤湖南的《章实斋先生年谱》问世最早，有开风气之先的功绩。胡适由于其在文化界、学术界的影响力，他的《章实斋先生年谱》也备受世人重视，三年之内重印三次，可谓洛阳纸贵。但胡适编著的年谱对章学诚思想解读有误，体例也不够纯正，因而也饱受诟病。"胡著姚补"的《章实斋先生年谱》目前流行最广，此书因经过姚名达的订补，史事部分比较清楚，但基本观点依然是胡适的。胡适作《章实斋先生年谱》是在内藤湖南之后，但在国内是最早的，因而对于近代的章学诚思想研究有极大的推动作用，自胡适之后，章学诚的影响力渐渐超出目录学、校雠学、方志学等专门领域，成为清代思想史必谈的重要人物。但胡适解"六经皆史"为"六经皆史料"，此说也流传后世，辩者蜂起，是非莫定，造成了近代中国学术思想史上的一重公案。

第三节　钱穆的《中国近三百年学术史》

继胡适的《年谱》之后对章学诚思想作深入研究的是钱穆的《中国近三百年学术史》。此书是钱穆研究清代思想学术史的代表性著作，最早是钱穆在北京大学的授课讲义，据其书中《自序》所云："斯编初讲，正值'九一八事变'骤起。五载以来，身处故都，不啻边塞，大难目击，

---

① 汪荣祖：《史学九章》，生活·读书·新知三联书店2006年版，第222页。
② 于延亮：《章实斋先生年谱六种》，载卢敦基主编《浙江历史文化研究》（第2卷），杭州大学出版社2010年版，第299页。

别有会心。"① 由于民族危难的刺激，此书中洋溢着一股激愤的民族主义情绪，立志为民族文化及精神传统疏通源泉、清理窒碍，如章学诚所云，是"有为言之"而非冷静的纯客观研究。近人曾评价说："钱氏写清学史，似设身其境，与先贤唱和或辩难，而不似异代学者，作旁观超越之论析。世人多知，钱宾四颇具民族主义意识，并见诸其史学，然其民族主义也未脱传统的华夷之辨与汉文化意识，以及崇宋尊朱的基本心态。"②

《中国近三百年学术史》的基本心态既是"崇宋尊朱"，则必然对清代考据学颇有微词，并转而推崇对考据学持尖锐批评态度的章学诚。因此钱穆在书中称道章学诚与戴震同为乾嘉时期最高之两大师，对章学诚在学术史上的地位作出了异乎寻常的评价。同时在书中第九章特辟"章实斋"一章，对章学诚的学术思想进行了详细的论述。钱穆的思路主要是从章学诚与乾嘉考据学的"立异"处着眼，抉发章学诚思想的精微之处在于批判乾嘉时期的考据学风潮，而非仅以"文史"名家，"实斋著述最大者，为《文史》《校雠》两通义，近代治实斋之学者，亦率以文史家目之。然实斋著《通义》，实为箴砭当时经学而发，此意则知者甚尠"③。书中的"章实斋"一章分"传略"与"学术述要"两部分，"传略"略叙生平，"学术述要"则概述章学诚的思想，以章学诚思想与考据学的比照为主要的分析框架，即以章节名称而论，如"浙东学派与浙西学派""经学与史学""学问与功力""纂类与著述""著述与事功""性情与风气"等，无不从章学诚对乾嘉考据学的批判处着眼，篇末有《实斋文字编年要目》，对章学诚所著著作篇目的年月作了具体的考证，同时在"附录"中对章学诚与袁枚、汪中作了比较研究。钱穆晚年在《中国史学名著》一书中对章学诚的学术思想继续进行了阐发，修正了早期的一些观点，如关于"浙东学派"之说，钱穆晚年已对此说持怀疑态度，认为章学诚将自己的学术谱系上溯至阳明或浙东史学是纯出于主观臆度，不值得认真推究。时移世易，钱穆亦不再强调章学诚与考据学派的对立，转而推重其在"校雠学"中所体现出的"学术史"眼光。④ 从整体来看，钱穆的章学诚研究

---

① 钱穆：《中国近三百年学术史》（上），商务印书馆2005年版，第4页。
② 汪荣祖：《史学九章》，生活·读书·新知三联书店2006年版，第165页。
③ 钱穆：《中国近三百年学术史》（上），商务印书馆2005年版，第420页。
④ 参见钱穆《中国史学名著》，生活·读书·新知三联书店2001年版。

思路清晰、论据扎实，体现了其作为文史大家的卓识和功力。但是从钱穆的著述以及与余英时的通信中可以看出，钱穆并不看重章学诚的史学成就，① 这在一定程度上影响了他对章学诚历史哲学思想的认识，而历史哲学正是章学诚思想的根基，离开了这一点，就无法对章学诚学术思想的整体面貌作出正确的评价。钱穆从"尊崇宋学"的思想基调出发，过于注重章学诚对清代考据学的批判，而没有注意到章学诚的"考证学批判"是建立在其以"史义"为宗旨的历史哲学思想的基座之上，这不能不说是钱穆这部"名世之作"的缺憾之一。

第四节 余英时的《论戴震与章学诚》

在钱穆的章学诚研究中，有两点最值得我们注意，其一是将章学诚与戴震并提，推为乾嘉时代并立之两大师；其二是一反梁启超、胡适等人提出的"考据学出发点乃为反理学"的论点，指出了清代学术思想与宋明理学的内在继承关系，也就是《中国近三百年学术史引论》中开宗明义提出的"不识宋学，即无以及识近代也"②。而这一层意思在章学诚的《朱陆》篇中抉发得最为清楚，故钱穆之推许章学诚，亦寓有"孤明先发""得我心之同然"之慨。钱穆关于章学诚研究的思路对于余英时影响极深，当余英时于20世纪70年代构思创作其学术名著《论戴震与章学诚》的前后，钱穆曾先后多次与余英时通函讨论，对于章学诚思想的要点多有提示，③ 因此钱穆的这两点立论就成为余英时所著《论戴震与章学诚》的理论纲骨，余氏全书的观点均从此两点立论生发而来。但余英时所面临的时代问题已与钱穆不同，故其所思考的重点也有所不同。约略言之，钱穆重在为民族文化疏通其精神源泉，故推奖宋学；余英时则在现代新儒家的挑战下，试图绕开"心性之学"在民族文化中寻找其"知性"的传统，这关乎到儒学命脉在现代社会的延续，故余氏极郑重地说："今

---

① 如钱穆在1966年11月17日致余英时的信中明言："实斋提倡史学，实于史学无深入，无多贡献可言。"（余英时：《钱穆与中国文化》，上海远东出版社1994年版，第236页。）

② 钱穆：《中国近三百年学术史》（上），商务印书馆2005年版，第1页。

③ 这些信件均收录于余英时的《钱穆与中国文化》，对于理解钱穆后期思想以及其对于章学诚的看法均有极大资益。

天无疑又是一个'儒门淡薄,收拾不住'的局面,然而问题的关键已不复在于心性修养,而实在于客观认知的精神如何挺立。"① 如果借用章学诚的术语来表述的话,这一段话无疑就是体现了余英时著《论戴震与章学诚》一书的"立言宗旨"。

  由于余英时立意要在民族文化中开拓出"知性"的传统,其对考据学在思想史上的意义极为重视。传统认为清代考据学的成立系激于对宋明理学的反动而来,余英时以其"内在理路"的研究方法推翻了这种观点,认为考据学的产生应当溯源于宋明理学的内部纷争,由于理学、心学各派在义理问题上相持不下,转而寻求经典的理论支持,这是明清之际"经史考证"之学发生的内在背景。入清以后,考据学由于各种机缘得到极大的发展,但大多数学者已经昧于考证与思想之间的这层关系。直至乾嘉时期,依然保持着理论上的高度自觉意识的仅有戴震与章学诚二人,因此戴、章二人就成了整个清代考证运动的思想代言人。其中戴震虽有高度原创的思想性著作,但身处考证学运动的中心,已经看不清自身义理思想与宋学之间的关系,而"实斋最擅于辨识古今学术流变,故于东原及其本人在思想史上所处的位置都有很深刻的了解"②。因此,章学诚在清代考据学运动中的地位甚至可能要超乎戴震之上,"东原与实斋的论学观点虽与同时的一般考据学家大异其趣,但他们的理论却正是清代考证运动的产物,而且也唯有通过他们——尤其是实斋——的理论,考证运动在近世儒学发展史上的意义才能由隐晦而转为显豁"③。余英时心目中的章学诚乃是清代的"陆王"化身,戴震则衍"程朱"之学脉,但二人均已将宋明理学中的这两大派予以彻底的知识化以融汇于清代"智识主义"的潮流中,"东原斥程、朱即所以发挥程、朱,实斋宗陆、王即所以叛离陆、王;取径虽殊,旨归则一。则两家之貌异终不能掩其心同"④。

  余英时将章学诚的思想置放于清代"智识主义"的潮流中进行解读,因而其得到的结论也与前人迥乎不同。如果说钱穆将章学诚与戴震并提是强调二者之"异",余英时则锐意论证二者之"同"。余著《论戴震与章

---

① 余英时:《论戴震与章学诚》,生活·读书·新知三联书店 2000 年版,第 9 页。
② 同上书,第 152 页。
③ 同上书,第 149 页。
④ 同上书,第 90 页。

学诚》运用了大量的心理分析方法，传神入妙地叙述了章学诚面对戴震的考据学成就时所产生的巨大心理压力，在这一压力的驱动下，章学诚对戴震亦步亦趋、刻意模仿，有意识地以"文史校雠"对抗"经学训诂"，这一努力最终在章学诚晚年的理论"六经皆史"中得到了淋漓尽致的表现。余英时的章学诚研究主要是为他的"内在理路"说寻找一个个案的支持，清代思想学术并不是孤立兀起的，而是属于儒学发展史上的"道问学"阶段，这一"道问学"的知识潮流实际上早已蕴含于前一阶段的"尊德性"之中，明清学人中对此有清醒意识的厥为章学诚一人而已，因此章学诚实为此"道问学"知识潮流的中心人物。余英时的"内在理路"说对于我们理解明清学术思想史有着极大的帮助，但是就章学诚思想本身而言，则不免由于过分追求理论本身的整齐划一，而降低了对于历史丰富现象的描述。余书过于强调了章学诚与戴震之间的关系，似乎章学诚在学术上的全部努力都是为了回应戴震的"挑战"，章学诚一生的致思方向就是为了与经学家戴震分庭抗礼，"六经皆史"作为章学诚晚年的最大理论，也是在这一"挑战"的压迫下产生的具体成果。这一处理有一种"化约主义"的危险，忽略了章学诚思想形成过程中的丰富因素。事实上，章学诚一生交游广泛，与当时的核心学术圈有着密切接触，著名学者如钱大昕、朱筠、邵晋涵均对其思想有着重要影响，即以章学诚批评的学者而言，除了戴震以外，还有汪中、孙星衍、洪亮吉、袁枚等人，而历史上的刘歆、刘知几、郑樵等人更对其思想有着举足轻重的影响。此外，如许多学者早已指出的，"六经皆史"这一理论并非章学诚所独创，即以章本人而论，"六经皆史"也并非发自晚年，在早年的《和州志》中就有类似的说法，《校雠通义》则表述得更为清楚，事实上这是章学诚的一贯思想，源于其"官师合一"的校雠学理论，并非刻意与戴震为难。余英时将章学诚的所有思想都解释为是为了回应戴震的"挑战"，在一定程度上，这一解释是为了适应其理论的需要，将复杂的历史问题作了过度"简约化"的处理。

第五节 倪德卫的《章学诚的生平与思想》

美国学者倪德卫的《章学诚的生平与思想》也是章学诚研究史上的

重要著作。章学诚的思想在日本汉学界颇受重视，而在西方则知音寥寥。在倪德卫之前，只有法国汉学家戴密微（Paul Demieville）曾对章学诚的思想有过深入的研究，撰有对胡适《章实斋年谱》的书评式介绍以及论文《章学诚及其史学》，收入其晚年出版的《汉学研究选集》中。① 因此倪德卫的《章学诚的生平与思想》是西方世界中研究章学诚思想的唯一论著，有着不言而喻的重要意义。倪德卫青年时期在哈佛大学师从中国史研究专家洪业，于1953年以章学诚思想为选题完成了博士论文《章学诚的文史思想》，中间经过十三年的修订增补，于1966年正式出版《章学诚的生平与思想》。此书对于章学诚思想研究的拓展有着一定的影响作用，余英时与岛田虔次都曾在自己的著述中引用过该书，但此书的中译本迟至2003年才在台湾出版，因此国内的学术界对此书相对来说还比较陌生。

倪德卫作为一名西方学者，其研究视域和态度与钱穆、余英时等人有很大的不同，钱穆、余英时（包括胡适）等人的学术生命是从中国文化内部生长出来的，因此在其研究中反复回旋的一个主题是如何延续中国文化的命脉，而对倪德卫来说，这一问题并不在其关心的范围之内。根据余英时在《章学诚的生平与思想》一书的中译本序言中介绍，倪德卫的研究主要是为了破除当时美国学术界在中国史研究领域中表现出来的"古今隔膜"的心态，而意欲对中国思想学术史求得一"会通"之了解，在这一点上，强调辨析学术源流、"通古今之变"的章学诚之思想对倪德卫这样的西方学者而言，无疑有着独特的魅力。

首先从体裁上来说，《章学诚的生平与思想》是一部思想性的传记，倪德卫通过"早年""登第""校雠之学""书院教席"等章详细叙述了章学诚的生平，"文与质""史与道""史家之术""史学之理"等章则集中阐述了章学诚的文史思想，末后两章"最后的论战""迟来的赞誉"则描述了章学诚与其时代的关系及其对后世的影响，全书组织严密、体系完整，是对章学诚思想的整体性展示。正如最近有论者指出的，② 传记这一

---

① 参见余英时《"通古今之变，成一家之言"——〈章学诚的生平与思想〉中译本代序》，载［美］倪德卫《章学诚的生平与思想》，台北唐山出版社2003年版，第4—13页。

② 参见杨立华《倪德卫：〈章学诚的生平及其思想〉》，《中国学术》2003年第2期。

体裁对于研究章学诚的思想来说有着特殊的优势,章学诚与王阳明这样的学者的不同之处在于,王阳明一生所关注的是某个根源性的问题,其个体生命的外在遭遇并不能改变这一思考的方向;而对于章学诚而言,他一生"历聘史局",以修撰地方志为生,晚年并帮助毕沅编撰《史籍考》,他的思想成就都与这些具体的工作有着密切的关系。"章学诚的思考与他偶然的生活途程关联得如此紧密,以致生活事件在他的思想展开中发挥的作用常常不是外缘性的,而是作为某种内在的要素起到关键性的影响。"①

其次,倪德卫关注章学诚的思想,其主旨是为了取得对于中国思想学术史的某种"会通性"理解,因此他将章学诚放在中国思想史的整体背景下进行阐释。在倪德卫看来,章学诚的核心思想是"治教合一"的"三代"理念,"三代"理念体现了著述和学术的至善状态,后世学术的衰退则是缘于这一"三代"理念的败坏,校雠著录之法由"七略"蜕变为"四部"则彻底模糊了人们对于这一"三代"理念的认识。但倪德卫同时认为,与其说章学诚的"三代"理念是出自于班固的《汉书艺文志》,也就是所谓的"诸子出于王官论",还不如说这是宋代以后新儒家(宋明理学)乌托邦思想的一种表现,具体来说,章学诚的"治教合一"就是王阳明所说的"知行合一","我们可以看出,章学诚的古代统一体实际上是'知行合一'的历史表达"②。倪德卫实际上是认为,章学诚是在用历史写作表达一种哲学思想。章学诚不仅是通常意义上的文献学家和史学家,更是一个"思想家"和"哲学家",但过去的研究只是对章学诚的思想进行片断性的摘录和解读,将"六经皆史"作为章学诚的思想标签,而事实上章学诚的思想有着更为丰富的哲学意味,对于受过严格哲学训练的倪德卫来说,这一点是如此显而易见,以至于"可以断言:章学诚关于经典的古代的理论不是严格的历史假设而是基于形上学的需要"③。

倪德卫的研究为我们展示了一个作为"思想家"和"哲学家"的章学诚,这一点无疑是极富于启示力的。但倪德卫在解释章学诚的思想底蕴时似乎还存在着一定的模糊性,书中的思路也不够清晰,日本学者山口久

---

① 杨立华:《倪德卫:〈章学诚的生平及其思想〉》,《中国学术》2003年第2期。
② [美]倪德卫:《章学诚的生平与思想》,杨立华译,台北唐山出版社2003年版,第82页。
③ 同上书,第383页。

和在其最近的新著《章学诚的知识论》一书中就此质疑说:"我通读了论著(指倪德卫著《章学诚的生平与思想。——引者注》)的大部分之后,不能不有些朴素的疑问。章学诚思想的核心究竟是什么?倪德卫是如何来把握的?……如果这样的话,这种'乌托邦思想'和章学诚的思想体系有何关联?这是不能不质疑的问题,然而倪德卫似乎并没有打破砂锅问到底。"① 此外,作为一名西方学者,倪德卫对章学诚思想的阐释也时有"过度"之嫌,即使其本人也坦率承认:"也许,我们已经将章学诚的思想追索到了甚至对他本人来说也相当困惑的领域了。"② 倪德卫在书中经常将章学诚的历史哲学与黑格尔的"思辨历史哲学"相提并论,但事实上这两者之间有着很大的距离。这部分内容可参见本书"章学诚的历史哲学思想"一章,此处不再赘述。章学诚思想的整体构造是以"历史哲学"为体,"文本诠释理论"为用,对清代考证学派的僵化思想进行反击,而倪德卫主要是从章学诚思想本身的逻辑结构立论,对章学诚与考证学派的关系没有进行仔细的分疏,这也是本书的缺憾之一。倪著的特点在于整体性的叙事风格和高度的哲学思辨能力,这一特点使此书在章学诚研究的历史上占据着一个不可或缺的位置。值得注意的是,在最近出版的倪德卫的论文集《儒家之道:中国哲学之探讨》中,对章学诚的思想继续有所评述,主要是将章学诚放在王阳明学派的谱系中进行思考,指出章学诚的问题意识是如何突破阳明学所造成的"理性神秘主义困境",并研究了章学诚思想与荀学(即荀子的学术思想)的关系,这进一步体现了倪德卫力求"会通"理解中国思想史的努力。③

第六节 山口久和的《章学诚的知识论》

学术界关于章学诚思想研究的最新著作是日本学者山口久和的《章学诚的知识论——以考证学批判为中心》,此书的中译本(译者王标)于

---

① [日]山口久和:《章学诚的知识论》,王标译,上海古籍出版社2006年版,第10页。

② [美]倪德卫:《章学诚的生平与思想》,杨立华译,台北唐山出版社2003年版,第250页。

③ 参见[美]倪德卫《儒家之道:中国哲学之探讨》,[美]万白安编、周炽成译,江苏人民出版社2006年版。

2006年在中国内地出版后,引起了国内学术界的广泛关注。山口久和的研究关注的是如何在章学诚的思想中发现"知的主观契机",而这一"知的主观契机"是章学诚批判清代考据学的主要理论依据。章学诚反对清代考据学的实证学风,强调"为学切己""神解精识""别识心裁"以及"性情""性灵"等等,这一类含混的说法过去并没有引起人们过多的注意,只有余英时在比较章学诚与柯林武德的历史思想时曾简略地说过:"章氏的'别识心裁'与柯氏的'先验的想象'可以互通,是指一种整体性的直觉。"① 而山口久和则认为,章学诚的这一类话所要表达的就是"知识的主观契机",而这一"知识的主观契机"其实就是现代哲学解释学所说的"前见":"余英时借用柯灵乌(即柯林武德)的用语,把知识所拥有的这种契机称为'先验的想像',我则想强调它更接近德国解释学派的'前见'(Vorurteil)——学术认识中的预先判断——这个概念。"②

"知识的主观契机"是主体对知识的一种统合机能,康德对传统知识论所作的"哥白尼式倒转"使经验知识的成立奠基于主体对客观知识对象的"先验综合",山口久和所说的"知的主观契机"有类于此,但却比康德有着更为深广的含义。山口久和是从现代哲学解释学的角度来阐发章学诚的思想的,因此,他所说的"主体"就不同于传统西方哲学中的纯粹认识主体,而是体现了"自我"整体人格的一个特殊概念,这一概念章学诚有时称之为"性灵":"仆尝谓功力可假,性灵必不可假,性灵苟可以假,古今无愚智之分矣。"③ 高瑞泉在《章学诚的知识论》一书的序言中对此有清晰的解释:"如果在康德认识论中,'我'作为统觉,是知识经验的首要条件的话,'性灵'就是文史之学中的'我',它使知识经验统合化;这种知识活动本身又反过来培养着人的性灵。"④

山口久和在研究中发现,为世人所看重的"六经皆史"所代表的历史思想并非章学诚思想的重点,章学诚主要是不满于清代考据学的僵化思想,考据学过于偏重文献的做法使求知者的主体地位呈现下降的趋势,知

---

① 余英时:《论戴震与章学诚》,生活·读书·新知三联书店2000年版,第264页。
② [日] 山口久和:《章学诚的知识论》,王标译,上海古籍出版社2006年版,第41页。
③ (清) 章学诚:《与周永清论文》,《文史通义新编新注》,浙江古籍出版社2005年版,第726页。
④ [日] 山口久和:《章学诚的知识论》,王标译,上海古籍出版社2006年版,第5页。

识活动日益朝着"客观化"的方向发展，而在章学诚看来，这样求得的知识只是一种"知识的形骸"，充其量只是学者的"功力"而非"学问"，只有在知识活动中注入"主体性的关心"，"形骸化"的知识才能拥有"神智"，从而充满生气地行动起来。因此，"为了克服覆盖了清代整个学术的知识客观主义，章学诚所采取的方法是恢复主观性来谋求学术的活性化"①。

应当指出的是，山口久和的研究并非将章学诚作为思想史上的对象进行客观处理，而是从解释学的角度出发，沉浸于研究者当下的"生存处境"之中，在"视域融合"的基础上与历史上的章学诚进行思想对话。因此作者一方面发现章学诚的思想有着广阔的"理论射程"："（至少）就章学诚而言，他的思想并不局限于世上盛传的'六经皆史'说（历史相对主义）。相反，他的思想精髓中隐藏着可以把他者理解的方法论、文本论、语言哲学、存在论等人文科学的整体纳入理论射程之内的可能性。"②另一方面则对学术界在章学诚研究中所体现出来的客观主义倾向深致不满，并认为要扭转这种倾向，"只有从历史性和客观性向前迈进一步，通过从研究者各自所处的'现在'的视角，由研究者自身对先觉们的知的有效性进行主体性的重新质疑，才能实现对思想的全面理解"③。对于山口久和来说，章学诚的问题其实就是他自己所面临的问题，章学诚提出"知的主观契机"以恢复学术活动中的主观性，向清代考据学的"经学世界"发起冲击；但现在在章学诚研究的领域中就充满了清代考据学的实证主义思想，学者们将章学诚当作一个知识对象从各个细节进行剖析和处理，而没有将他当作一个活生生的人来理解；更为严重的是，这一实证主义的思想已成了日本汉学界在学术上的最高理想："一般来说，日本的中国学界现在依然将清朝考证学的方法论视为金科玉律，把尽可能紧贴文本，进行枯燥乏味的实证研究视为理想。"④ 在这样的情况下，重提章学诚的思想无疑有着特殊的时代意义。

---

① ［日］山口久和：《章学诚的知识论》，王标译，上海古籍出版社2006年版，第20页。
② ［日］山口久和：《章学诚的知识论·中译本自序》，王标译，上海古籍出版社2006年版，第2页。
③ 同上。
④ 同上。

山口久和提出章学诚思想的核心是"知的主观契机",实际上是向我们指出了人文科学研究的特殊规律。与自然科学重"实证"不同,人文科学研究方法的重心应该是"心灵的体验",如果一味纠缠于实证性的问题,人文科学就会混同于自然科学,逐渐丧失自己的本来面目,如同庄子的寓言所说的"七窍凿而混沌遂死"。章学诚已经指出了清代考据学过于偏重客观实证而有"思想窒息"的危险,而近代以来,这一"考据"之风非但没有止息,相反由于"科学主义"的介入而有愈演愈烈之势。如台湾学者龚鹏程指出的:"(而)这样的发展,在民国以后,因科学主义之介入而越趋畅旺,客观实证主义态度被称为科学精神与科学方法,反理学的声明则被挪用为批判传统的口实。"[①] 在西方哲学中,最早对精神性的"人文科学"与实证性的"自然科学"划出明确分界的是狄尔泰的"解释学方法",这一"解释学方法"后来被海德格尔、伽达默尔发展成为一种"哲学本体论",对于西方哲学思想从实证主义的枷锁中解脱出来起到了极大的作用。山口久和的研究方法和学术信念就来自于这一传统,因此高瑞泉在该书序言中说:"本书自序中,作者毫不讳言他对日本中国学界拘泥于实证方法这种保守性的批评。而其内里,是来自对所谓'人文科学'或'精神科学'解释学方法的自信。"[②] 应当说,山口久和的这一批评不但对于日本汉学界有效,对于中国学术界而言,也有着一定的警醒作用。

从山口的书名"章学诚的知识论——以考证学批判为中心"就可以看出,山口的研究是立足于厘清章学诚与清代考据学的关系、比较两者之间的同异并进而抉发章学诚的思想精髓,这在一定程度上继承了钱穆、余英时的研究思路。因此同样地,山口久和也没有过多地关注章学诚的历史哲学思想,他甚至反感于过去的研究中将章学诚的全部思想"强加入'六经皆史'说之中"。[③] 但事实上章学诚对知识的关心始终与其历史哲学有关,"史义"说是其"文本诠释理论"的依据,山口久和的研究有意弱

---

① 龚鹏程:《语文意义的诠释》,载杨晋龙主编《清代扬州学术》(上),台北"中央研究院"中国文哲研究所2005年版,第42—43页。
② 高瑞泉:《〈章学诚的知识论〉序》,载[日]山口久和《章学诚的知识论》,上海古籍出版社2006年版,第6页。
③ [日]山口久和:《章学诚的知识论》,王标译,上海古籍出版社2006年版,第10页。

化了这一点，对章学诚思想的全面展示存在着一定的缺憾。同时作者在书中引用、论争的对象多为日本汉学界对于章学诚思想的研究成果，而对于中国学术界的问题则较少回应。但这部著作仍不愧为章学诚思想研究中的力作，其"创造性诠释"的思路为章学诚思想的研究开辟了新的方向，正如高瑞泉所评价的："借用章学诚的范畴，毋宁说，这部著述的特点是：在沉潜功力中透出高明性灵。"①

第七节 朱敬武的《章学诚的历史文化哲学》

此外值得一提的是台湾学者朱敬武的《章学诚的历史文化哲学》。朱敬武的著作关心的主要是章学诚的"文史校雠之学如何形成"的问题，作者从这一问题入手，细致地分析了章学诚"文史校雠之学"的构成，其中分为"校雠心法""史意文心""史德文德""史意""历史编纂学""方志理论"，最终则归结为"修通史"的理念。这一分析较为全面地展示了章学诚"文史校雠之学"的全貌。乾嘉学术普遍反对"空谈义理"，讲求研究具体问题，"高明"的思想必须以"沉潜"的功力相辅，因此章学诚的思想就奠基在"文史校雠"的基础之上，并以此与考据学的"经学训诂"相抗衡。但章学诚并非是普通意义上的文献学家和史学家，而是"掉背孤行，独行其是，置身于森罗万象的时代氛围间"，②以自己孤耿的"性灵"立志要"透过向上一关"，将"文史校雠"与儒家的终极目标理想"明道"连接起来。在朱敬武看来，章学诚所明之"道"也就是他的"历史文化哲学"，章学诚"历史哲学"的特点在于"道器合一"和"经世致用"，而其中心议题则是以一套"学术文化机体说"来解释思想文化的变化发展，此即所谓"六经皆史"的深层含义。这一"历史哲学"应用在儒家传统的"六经"上面，就产生了关于"六经"的"新解释"，即将"六经"视为"中国人文文化学术的基本模式"，此为章学诚的"文化哲学"。"六经原是中国人文文化传统的源头，经义分别折入史

---

① 高瑞泉：《〈章学诚的知识论〉序》，载［日］山口久和《章学诚的知识论》，上海古籍出版社 2006 年版，第 3 页。

② 朱敬武：《章学诚的历史文化哲学·序》，台北文津出版社 1996 年版，第 1 页。

学、诸子学和辞章学；六经也代表整个文化整体，中国的学问在这个整体里同时并存，而且彼此间也形成一个同时并存的秩序，随著时空而有变貌，但也超越时空，彰显永恒，成为中国人文文化学术的基本模式。"①最后合而观之，章学诚的"历史文化哲学"与中国哲学思想深处的"机体哲学精神"深相契合，这一"机体哲学精神"涵"形上""形下"于一体，在变动中彰显永恒，与西方哲学中的"二元论思维模型"处于对立的地位，这一"机体哲学精神"在今天日益物质化的社会中有着其弥足珍贵之处。

朱敬武著作的特点在于其"学术文化机体说"，这一对"六经皆史"的新解在一定程度上破除了过去笼罩在此命题上的层层迷雾，同时作者将此说与中国文化的精神传统相联系，尤见其贯通理解的苦心。本书的另一大特色是作者详尽地叙述了章学诚思想对于后世的影响，近世以来受章学诚思想影响的学者如刘师培、张尔田、柳诒徵等人无不在其视野之中，同时作者也对近代学者研究章学诚的成绩作了整体性的评述，内容涉及胡适、梁启超、钱穆、倪文孙（即倪德卫）、余英时五人的著作，笔者本章的写作即受到朱敬武这一写作方式的启示，而将本章内容上推至清末，下迄于当今学界的最新成果，试图勾勒出章学诚研究史的详尽面貌。

此外，在章学诚研究领域中还有大量的著作和论文，限于本书的篇幅和作者的功力，势难一一枚举。章学诚的思想在清代考据学实证主义的主流中被沉埋晦蚀，而当实证主义在现代学术的视野中日益成为强弩之末时，章学诚的思想转而焕发出巨大的光彩。从上述章学诚研究史的追溯可以看出，研究者来自不同的国家、有着不同的学术背景，但他们都通过章学诚的思想印证了自己的学术理念。这也再一次体现了人文学术研究领域的特殊规律，人文学术研究的对象不是纯客观的，而是在一定程度上依赖于研究者的主观性，章学诚说："夫学有天性焉，读书服古之中，有入识最初而终身不可变易者是也。学又有至情焉，读书服古之中，有欣慨会心而忽焉不知歌泣何从者是也。"② 客观实证仅为学者之"功力"，而唯有注

---

① 朱敬武：《章学诚的历史文化哲学》，台北文津出版社1996年版，第201页。
② （清）章学诚：《博约》（中），《文史通义新编新注》，浙江古籍出版社2005年版，第117页。

人主观之"性情",才能"以意逆志",体现研究对象的整体性意义:"太史公曰:'好学深思,心知其意。'当今之世,安得知意之人而与论作述之旨哉!"① 在乾嘉之世,这一思想诚为迥出时流的"孤论",因此章学诚有"知难"之叹:

> 凤高翔于千仞,桐孤生于百寻,知其寡和无偶,而不能屈折以从众者,亦势也。是以君子发愤忘食,暗然自修,不知老之将至,所以求适吾事而已,安能以有涯之生而逐无涯之毁誉哉!②

章学诚无意于身后之毁誉,这也许是他在彷徨求索过程中的激愤之词,但他的学术思想不徇风气,特立独行,是其"精神意趣所独结",也唯有这样的思想,才能在人类精神史上留下自己独特的印迹。在这一点上,我同意山口久和先生的判断:"在思想史中,夹杂在已经完成了其历史使命而装饰着思想史辉煌殿堂的众多思想家之中,有极少数的先觉,他们的思想至今还在放射着光彩陆离的光芒。"③ 而章学诚的名字就是其中之一。

---

① (清)章学诚:《答客问》(上),《文史通义新编新注》,浙江古籍出版社2005年版,第253页。
② (清)章学诚:《知难》,《文史通义新编新注》,浙江古籍出版社2005年版,第233页。
③ [日]山口久和:《章学诚的知识论·中译本自序》,王标译,上海古籍出版社2006年版,第1页。

第三章　章学诚"文史校雠学"的基本概念

第一节　校雠心法

清代儒学发展的主流是"道问学",这是由于明代王学偏重于"尊德性"而发生的反转。对于经验性、基础性知识的重视是清代儒学的特色,章学诚也不例外,他用"道器合一"来概括这一学术风尚,经验性的基础知识是"器",而蕴涵其中的"所以然"则是"道",如果缺乏经验性基础知识的支撑,那么所谓"道"则将沦为"空言"。然而与清代考据学不同的是,在章学诚而言,在其学术底部支撑整个学术体系成立的经验性基础知识是"校雠学"而非"训诂学","训诂学"的学术对象是"经学","校雠学"的学术对象则是"文史"。"训诂学"通过解析字义追求局部的理解,"校雠学"则通过条辨学术源流而达到对于学术史整体、通贯的了解。"训诂学"是一种客观的求知方法,而"校雠学"则强调主体的直觉领悟,文本之外的意义传承,章学诚将这种直觉领悟的能力称为"校雠学"的"心法",强调"古人专门之学,必有法外传心"[1]。

章学诚从事"校雠学"始于1772年前后。其从事"校雠学"研究的具体动机有二:

(一)迫于戴震考证学的压力。章学诚"自少性与史近",从少年时期就立志于史学研究,读书"贵大体"而不屑为训诂所牢笼,与清代考据学的主流存在着一定的距离。在北京国子监读书期间因郑虎文的介绍与戴震有过一次会面,戴震对于考据价值的强调给他留下了强烈的心理震

---

[1]　(清)章学诚:《史注》,《文史通义新编新注》,浙江古籍出版社2005年版,第274页。

撼，同时朱筠作为当时汉学界的领袖也推崇考据学，这些都对章学诚的学术路向产生了影响。处于清代"智识主义"的潮流之下，章学诚认识到必须为自己的学术思想奠定坚实的知识基础，同时在乾嘉学术"重经轻史"的风气之下，他也必须为"经史同源"提供知识上的证据，而以班史《艺文志》为典范的"校雠学"无疑便是章学诚当时所能寻觅到的最佳理论武器。

（二）受《四库全书》修撰的刺激。章学诚于1771年出京随朱筠赴安徽学政任，朱筠向清廷提议"开馆校书"，从明代所遗留的《永乐大典》中辑录有学术价值的重要著作，并提出"著录与校雠并重"的指导思想，这成为清代官修《四库全书》的最早动议。有资料显示，章学诚、邵晋涵等"朱筠学术圈"中的人物均与这一倡议有关。根据陈祖武、朱彤窗著《乾嘉学术编年》，乾隆三十七年壬辰（1772）十月十七日，清廷敦促各省督抚、学政购访遗书，十一月二十五日，安徽学政朱筠奏报访求遗书情况，建议开馆校书，在朱筠《笥河文集》中现有《遵旨覆奏访求遗书摺子》和《谨陈管见开馆校书摺子》二文可以考见当时情形。是年章学诚、邵晋涵等人均在朱筠幕中，邵晋涵《南江文钞》卷八《与章实斋书》云："足下以伉爽之姿，沈赞之思，采七略之遗意，娓娓于辨章旧闻，考撰异同，校雠之得其理，是诚足下之责也。"由此消息线索，当可推断，朱筠之倡议校书以及建议校书的原则以"著录与校雠并重"，这一举措可能与章学诚、邵晋涵有关，上述两封向清廷奏报的摺子就甚至有可能直接出于章学诚等人之手。

章学诚1772年创作的《文史通义》应是今本《校雠通义》的相关内容，这从新发现的《上晓征学士书》中可以得到确证。过去一般认为《文史通义》的撰述时间为1772年，《校雠通义》则撰述于1779年，胡适和钱穆均持此说。余英时在《章学诚文史校雠补论》（见《论戴震与章学诚》一书）一文中较系统地考证了这个问题，认为章学诚1772年所撰述的《文史通义》实为今本《校雠通义》中的内容，唯余英时沿袭旧说，误认为是年章学诚致钱大昕的信函为《章氏遗书》外集二中所收的《上钱辛楣宫詹书》。根据陈祖武的考证："章实斋乾隆三十七年（1772）所致钱竹汀书，应为《大公报》一九四六年十一月六日刊布之《上晓征学士书》，而非今本《章氏遗书》所录《上辛楣宫詹书》。"①《上晓征学士书》收录于仓修良编注的《文史通义新编新注》，文中论及书籍著录之法具于《周官》，《周官》之法失传则见于刘向、刘歆父子之《七略》《别录》，两书虽佚，其精义犹见于班史《艺文志》，故章氏采班史《艺文志》为底本，为"古今作者之林"校雠源流、讨论得失，拟为《文史通义》一书。由此信益可证实余英时的观点，即1772年章学诚虽以《文史通义》命名自己的著作，但其内容实际是关于"校雠学"的，因此可能是今本《校雠通义》的一部分。

章学诚在这一时期的"校雠学"工作，应是为朱筠所提议的"开馆校书"作理论准备。章学诚虽然未能身入"四库馆"，但其"校雠学"理论与清代官修《四库全书》有着密切的关系。

章学诚的"校雠学"理论源自汉代的刘向、刘歆父子，刘向的《别录》、刘歆的《七略》均不传于后世，班固的《汉书·艺文志》采取了他们的说法，将古今典籍分为"六艺""诸子""诗赋""兵书""数术""方技"六类，在《艺文志》中，特别指出了诸子学说是出于古代的王官之学，也就是学术史上著名的"诸子出于王官论"。章学诚特别推崇这一观点，认为这体现了"道术之要"，并认为可将这一观点推衍至"六经"，从而得出了"六经"也是出于古代王官学的结论。章学诚晚年著名的理论"六经皆史"即建立在这一论证的基础之上。

"校雠学"作为一门基础性的经验知识，是清代考据学所下属的一个门类，王鸣盛曾将其推许为"学中第一要紧之事"，清儒在这方面做出了很大的成绩。"校雠学"的内容应包括版本、校勘、目录，清儒的"校雠学"主要集中在版本和校勘方面，如卢文弨之校释《荀子》、戴震之校注《大戴礼记》《水经注》都是这方面的显例。章学诚的"校雠学"则与此不同，偏主于目录学方面，而更主要的是通过目录学来条辨著述源流，"考镜源流、辩章学术"是章学诚"校雠学"的理论宗旨，这与清儒"校雠学"局限于"考证"的观点有着很大的不同。梁启超在《中国近三百年学术史》中总论清儒"校勘学"的四种方法，而认为章学诚之《校雠通义》所讨论"专在书籍的分类簿录法"，与普通所谓校勘不同。② 笔者

---

① 陈祖武、朱彤窗：《乾嘉学派研究》，河北人民出版社2005年版，第721—722页。
② 梁启超：《中国近三百年学术史》，天津古籍出版社2003年版，第257页。

个人认为，章学诚"校雠学"的最大理论贡献在于提出了"学术史"的概念。清代经学考据学力反宋学而追踪两汉，其理由是两汉的经学最为"近古"而没有受到佛、道二氏异学的污染，从而体现了原始儒学的纯正精神。而章学诚则通过其"校雠学"理论，指出儒学之"六经"实出于古代王官学的"典章制度"，而王官学则是一切学术之源头，同时也是"治教合一"状态下"道术"的完美体现。道术—经学（"六艺"）—史学—诸子—文集构成了一个依时间次序而逐步降格的学术序列，后世的一切学术形态，包括义理、考据和辞章，甚至作为儒学之异端的佛学，都源自于"六艺"而得"道术"之一端，义理、考据、辞章三者之"风气循环"和"门户交争"都是由于学者对于学术史源泉的认识不清所致。钱穆先生晚年曾说："章实斋讲历史有一更大不可及之处，他不站在史学立场来讲史学，而是站在整个的学术史立场来讲史学，这是我们应该特别注意的。"① 由于章学诚的"校雠学"是通贯整个学术史而立论，因此他不但超越了清儒狭隘的"考证"立场，同时也超越了清儒关于"经史""汉宋""义理""考据""辞章"的门户之争，而是站在作为"学术之源"的"道术"立场，衡论古今学术，品藻人物，在一定程度上，章学诚已经超越了儒学的范围，而将诸子学、史学与经学等量齐观，不分轩轾，体现了一定的近代学术眼光。

中国的学术史著作起源很早，先秦时期"诸子蜂起，百家争鸣"，《荀子》的《非十二子》、《韩非子》的《显学篇》都对当时的诸子学术作了考评，而尤为值得注意的是《庄子》的《天下篇》，《天下篇》列于《庄子》的"杂篇"，应为庄周的后学所作。《天下篇》提出了"道术为天下裂"的观点，这一观点应为刘歆、班固所继承而发展成为《艺文志》中的"诸子出于王官论"。章学诚关于"道术"的论点与《天下篇》有着很密切的关系，他一再提出学术的要旨在于"窥见天地之纯，古人之大体"，这一说法即见于《天下篇》。② 同时他在《校雠通义》中指出："汉志最重学术源流，似有得于太史《叙传》及庄周《天下篇》、荀卿

---

① 钱穆：《中国史学名著》，生活·读书·新知三联书店2001年版，第253页。
② 《庄子·天下篇》云："悲夫，百家往而不反，必不合矣！后世之学者，不幸不见天地之纯，古人之大体，道术将为天下裂。"

《非十二子》之意。"① 钱钟书曾考证"六经皆史"的说法与道家有关，最早即见于《庄子》。《谈艺录》补订本第86则《章实斋与随园》云："道乃百世常新之经，事为一时已陈之迹。《庄子·天运》篇记老子曰：'夫六经，先王之陈迹也，岂其所以迹哉'；《天道》篇记，桓公读圣人之书，轮扁谓书乃古人糟粕，道之精微，不可得传。……是则以六经为存迹之书，乃道家之常言。六经皆史之旨，实肇端与此。……经本以载道，然使道不可载，可载非道，则得言忘意之经，尽为记言存迹之史而已。"② 由此可见，章学诚的一些理论与道家的思维方式有着很强的相关度。先秦道家认为，语言（文本）与语言所指向的"道"之间存在着不可克服的间距，要直观地领悟"道"需要的是一种超越于普通认识能力之上的直觉领悟，这一理论被魏晋玄学时期的王弼发展为"言意之辨"。章学诚的"校雠学"理论强调"心法"，即普通文本考证之外的一种整体性直觉能力，章学诚认为这种"心法"古人是靠"家学"来传衍的，并由此形成了独特的"专家之学"。倪德卫认为这近似于禅宗"以心传心"的观念，山口久和则认为这源于孔子作《春秋》隐于文本之中的"微言大义"。但无论怎么说，"心法"的观念与"道术"有着密切联系，"道术"作为一种精微的存在无法为普通的认识能力所感知，因而依靠单纯的文本分析技术就无法认识"道"之存在，从而"心法"——一种超越于普通认识能力之上的直觉能力就有了存在的价值。章学诚关于"校雠心法"的理论有着很深的道家渊源，也与清儒的考证学主流拉开了距离。

第二节 史意文心

"史意文心"是章学诚文史理论的核心概念，对这两个概念的理解必须着眼于清代儒学发展的全过程。清代考证学的研究范围主要是经学，但"考据"作为一种基本的方法论已经渗透到了学术的各个领域，包括史学、诸子学，甚至地方志的撰写无不笼罩于"考据"的立场之下。乾嘉

---

① （清）章学诚：《校雠通义》，《章学诚遗书》，文物出版社1985年版，第99页。
② 钱钟书：《谈艺录》（补订本），中华书局1984年版，第265页。

时期，除了在经学研究方面异彩纷呈之外，史学领域也取得了长足的进步，这主要表现在"考据史学"方面，钱大昕、王鸣盛、赵翼被称为乾嘉时期的"史学三大家"，他们的著作一反宋明理学家注重道德评判的"天理史观"，考辨史实、"无征不信"成为了"考据史学"的基本立场。钱大昕、王鸣盛等人均深受吴派经学开创者惠栋的影响，王鸣盛在汉学家中更是以"墨守郑学"而著称，因而他们的史学研究沿用的是"经学考据"的方法，是清代考据学的支流，其本身缺乏独立的意义，局限于事实的了解而无法接触到宏观的、哲学层面上的"历史意义"。章学诚认为清儒的"考据史学"只是"史考"而非"史学"，他以"工力"和"性情"为喻，指出清儒的"考据史学"只是"成学之工力"而非"成家之学术"，史学是"成一家之言"的"专家之学"，必须依赖于作为学术主体的"性情"与客观实证的"工力"交相施为，才能接触到作为史学之灵魂的"史意"。现代史学家柯林武德（1889—1943）认为一切历史事件均分为内、外两层，外层为"事"，而内层则为"思想"，从而引出了他关于"一切历史都是思想之历史"（All history is the history of the thought）的名言。从柯林武德的分析可以看出，清儒"考据史学"着重的是历史的外层，即"事"的方面；而章学诚的"史意"说则力图绾合"事"与"言"（思想）为一，体现历史变动进程中的人文精神。如果说清儒的"考据史学"注重事实分析；宋明理学的"天理史观"注重道德评判，那么章学诚的"史意"说所强调的则是通过"别裁心识"达到对于历史事实和意义之整体的理解，其中所体现的是一种近于现代诠释学的视野，我们可以将其归类和命名为"诠释史学"。

　　章学诚的"史意"说同时也是对于中国传统史学理论的批判性总结。后人在评述中国传统史学的理论成就时，将章学诚与唐代的刘知几并称为中国史学理论的两座高峰，在清代时已有人将章学诚称为"国朝之刘子元（玄）"。但章学诚本人并不认可这种说法，他认为刘知几议论所重在"馆局纂修"，而自己的理论重心则在于"一家著述"，两者截然不同。中国的史学著作有着源远流长的传统，"二十四史"（至乾嘉时为"二十二史"）中的"前四史"《史记》《汉书》《后汉书》《三国志》均为私家著述，而《晋书》以下大部分都是官修史书，自唐代以后，每一新兴的朝代设局监修前朝的史书遂成为惯例。刘知几作为唐代初年的史臣，"遍居司籍之曹，久处载言之责"①，对馆局监修的弊端进行了尖锐的批评。但在章学诚看来，刘知几的批评仅局限于"史法"，即历史编撰学，而没有上升到"史意"，即历史哲学的高度。章学诚认为馆局监修的真正弊端在于，一是断代为史，缺乏"通史"观念；二是"记注无成法，著述有定名"，所谓"记注无成法"指文献的保存没有一定的方法，"著述有定名"则是指以纪、表、书、传的固定程序来编撰史书。章学诚认为这一固定、呆板的程序无法体现"史意"，从而"史学不亡而亡矣"②。他推崇郑樵的"通史"观念，主张恢复《尚书》"圆而神"的传统，因事命篇，不拘一格，从实际需要出发确定史书的体裁。只有在摆脱了形式主义束缚的前提之下，史学著作才能真正体现出"史意"而不至沦为空洞的材料。

　　章学诚不但是卓越的史学理论批评家，同时在文学理论方面也颇有建树，《文史通义》衡文论史，在文学理论方面也留下了不少杰出的篇章。清代早期学者方苞继承了明代归有光等人的"义法"观念，追摹《史》《汉》，崇奉韩愈、欧阳修等唐宋八大家，姚鼐、刘大魁更进一步将其发展为"神、理、义、味"等一系列繁琐的格式，从而演变为以古文辞创作为号召的"桐城派"。章学诚提出"文心"概念反对这种文学创作中的形式主义，主张自出手眼，独抒心得，这与"史意"在一定程度上有着相通之处。③ "桐城派"的缺点在于简单地摹古，同时"以时文为古文"，将八股文的程序引入古文辞的创作之中，钱大昕早已针对方苞批评过这一缺点。④ 章学诚的《文史通义》意在"补偏救弊"，除了乾嘉考据学之

---

　　① （唐）刘知几：《史通》，辽宁教育出版社1997年版，第1页。
　　② （清）章学诚：《书教》（上），《文史通义新编新注》，浙江古籍出版社2005年版，第20页。
　　③ 章学诚在《〈文格举隅〉序》中提出"文心"的概念时说："易尽者经生之学，难穷者文人之心，经学欲其成家，文心欲其合格，故文之有格，同于学之有家法也。抑文心无穷，文格有尽，以有尽之格，而运以无穷之心，亦曰得其所以为文者。"（《文史通义新编新注》，第531页）他在《赵立斋〈时文题式〉引言》中则进一步阐述："余惟古人文成法立，如语言之有起止，啼笑之有收纵，自然之理，岂有一定式哉！文而有式，则面目雷同，性灵锢蔽，而古人立言之旨晦矣。"（《文史通义新编新注》，第533页）在一定程度上，"文心"同"性灵"在概念上是相通的。
　　④　钱大昕《与友人书》认为："予以为方（苞）所得者，古文之糟粕，非古文之神理也。王若霖言：'灵皋以古文为时文，却以时文为古文。'方终身病之。"［（清）钱大昕：《潜研堂文集》，吕友仁标注，上海古籍出版社1989年版，第608页。］

外,"桐城派"的古文辞应当也在他的批评范围之内。章学诚的"文心"概念似与袁枚的"性灵"说相通,钱钟书说:"实斋论学大义,与随园说诗要指,实如月之印潭,土之就范,无甚差异。"[1] 袁枚对乾嘉时期的汉、宋学风均有批评,尤不以考据学为然,曾与孙星衍论"考据"为"形而下之器","著作"为"形而上之道",有贬抑知识、独标"性灵"的倾向,这在乾嘉"道问学"的风潮中是逆时之论。蒋子潇《游艺录》评述道:"(袁枚)胸次超旷,故多破空之论;性海洋溢,故有绝世之情。所惜根柢浅薄,不求甚解处多。所读经史,但以供诗文之料,而不肯求通,是为所短。"[2] 而章学诚的"文心"概念则以知识为根柢,"今之宜急务者,古文辞也;攻文而仍本于学,则既可以持风气,而他日又不致为风气之弊矣"[3]。他认为古文辞的源流出于经史,必须由史学入手才能使古文辞"言之有物",脱离形式主义的藩篱,"故近日颇劝同志诸君多作古文辞,而古文辞必由纪传史学进步,方能有得"[4]。

章学诚文史理论中的"史意""文心"诸概念都与他所提倡的"别裁心识"有关。他继承了浙东地区学术传统中"先立其大者"的精神,强调在知识建构过程中学者"主体性"的重要地位。浙东王学对于"主体性"的强调主要落实在"道德主体"的方面,章学诚祛除其伦理色彩,将其改造为一个"知性"范畴,但"别裁心识"也不是一个近代知识论意义上的纯粹"认识主体",而是建立在整体认识基础之上的直觉领悟,余英时将其比拟为柯林武德之所谓"先验的想象",如果以海德格尔的现象学观念来理解的话,这是一种立于二元认识之先的"源初之领会"。"史意""文心"诸概念都是通过"别裁心识"所引发出来的,是"别裁心识"在史学、文学诸领域的运用。宋明理学的"良知""心性"都是为了推诸实际政治的运用,以达到"内圣外王"的整体目标;而章学诚运

---

[1] 钱钟书:《谈艺录》(补订本),中华书局1984年版,第262页。
[2] (清)蒋子潇:《游艺录》,转引自钱钟书《谈艺录》(补订本),中华书局1984年版,第531页。
[3] (清)章学诚:《答沉枫墀论学》,《文史通义新编新注》,浙江古籍出版社2005年版,第714页。
[4] (清)章学诚:《与汪龙庄书》,《文史通义新编新注》,浙江古籍出版社2005年版,第693页。

用这一系列概念的目的主要是完成知识的建构，由此也可以看出，章学诚在一定程度上已经"去伦理化"而由"儒者"转化为近代意义上的"学者"。

第三节 史德文德

"史德""文德"是章学诚独有的概念，体现了章学诚的思想体系"道问学"与"尊德性"并重的特点。清代儒学承宋明理学而起，宋明理学的"朱、陆之争"虽体现了"道问学"与"尊德性"的分歧，但总体倾向是将"道问学"笼罩于"尊德性"之下，知识和学问只是为了辅翼道德修养，即以"道问学"精神最强的朱熹而言，其"格物致知"最终也是为了"发明心体"："至于用力之久，而一旦豁然贯通焉，则众物之表里精粗无不到，而吾心之全体大用无不明矣。"[1] "博文是多闻多见多读。及收拾将来，全无一事，和敬字也没安顿处。"[2] 明代王学兴起之后，更将"尊德性"的精神发挥的淋漓尽致。"良知"是超越于"见闻之知"之上的"德性之知"，"良知不由见闻而有，而见闻莫非良知之用，故良知不滞于见闻，而亦不离于见闻。……故'致良知'是学问大头脑，是圣人教人第一义。今云专求之见闻之末，则是失却头脑，而已落在第二义矣。"[3] 余英时曾指出，王阳明的"良知"之教是"超知识的"而非"反知识的"，[4] 他的意图在于将知识融于"良知"的信仰之中，但是"见闻之知"在王阳明的思想体系中毕竟只是第二义的；这就导致了晚明王学轻视客观知识（"见闻之知"）的普遍态度，黄宗羲将其总结为"束书不观而从事于游谈"。清代儒学对晚明的学风进行了反拨，"智识主义"的态度占了上风，在"德性之知"与"见闻之知"二者之间，清儒偏重于"见闻之知"，钱大昕批评陆象山的"六经注我"论说："仲尼大圣，犹云好古敏以求之，子静何人，敢以六经为我注脚乎？尊心而废学，其弊必至

---

[1] （宋）朱熹：《四书章句集注》，中华书局1983年版，第7页。
[2] 转引自钱穆《朱子学提纲》，生活·读书·新知三联书店2002年版，第150页。
[3] （明）王守仁：《传习录·答欧阳崇一》，《王阳明全集》（上），上海古籍出版社1992年版，第71页。
[4] 参见余英时《论戴震与章学诚》，生活·读书·新知三联书店2000年版，第333页。

于此。"① 戴震更进一步提出"德性必资于学问"的论点，认为德性的培养有赖于知识的扩充，这就将"尊德性"置于"道问学"之下，换言之，清儒已不重视伦理道德修养的正面意义，而将其视为知识扩充之后所带来的自然后果，因此龚自珍认为"尊德性"与"道问学"交相循环，而"入我朝，儒术博矣，然其运实为道问学"。②

　　章学诚在乾嘉学者中是一个有着一定宋学色彩的人物，在清代学者中，他第一个指出清代学术与宋明理学之间的谱系关系，他认为戴震的学术是源于朱熹的传统，而反身丑诋朱熹则是出于"心术不正"，这是由于清代儒学的"道问学"与"尊德性"之间失去平衡所致。因此他在刘知几"才、学、识"的"史学三长"之外，增添了"史德"这一项目，"能具史识者，必知史德。德者何？谓著书者之心术也"③。"所患夫心术者，谓其有君子之心而所养未底于粹也。"④ 章学诚认为，像魏收、沈约之类的史学家，由于其人格上的污点，其所著史书也不为人尊信，对后世的影响力较小，因此不会留下重大的后患。但是其他一些人，尽管也秉持君子之心，"是尧舜而非桀纣，崇王道而斥霸功"，但是由于缺乏主体方面的修养，在著书的过程中往往不能处理好性、情、气三方面的关系，从而导致"气胜而情偏"，于是"发为文辞，至于害义而违道，其人犹不自知也"⑤。因此章学诚提出，要成为一名良史之才，除了要具备刘知几所说的"才、学、识"之"史学三长"以外，还必须注重主体的修养，"程子尝谓有《关雎》《麟趾》之意而后可以行《周官》之法度。吾则以谓通六义比兴之旨而后可以讲春王正月之书，盖言心术贵于养也"⑥。

　　"史德"以"心术"为肇端，而涵养"心术"，则当"慎辨于天人之

---

① （清）钱大昕：《十驾斋养新录》，上海书店1983年版，第426页。
② （清）龚自珍：《江子屏所著书叙》，《龚自珍全集类编》，中国书店1991年版，第24页。
③ （清）章学诚：《史德》，《文史通义新编新注》，浙江古籍出版社2005年版，第265页。
④ 同上。
⑤ 同上书，第266页。
⑥ 同上书，第267页。

际，尽其天而不益以人"①。"天人之际"是儒学的传统命题，司马迁著《史记》即明言其宗旨在于"究天人之际"，"天人合一"的原始形态是通过巫觋沟通天人，经过儒家的理性化转化之后，发展成为一种"内在超越"的思维方式，即通过内心的精神修养以达到有限与无限的统一。②"天"不再是外在于人心的超越存在，而是人的最真实的本性。章学诚的"天人之际"也应该从这方面进行理解。笔者在章学诚的书中作了一下粗略的统计，章学诚论"天"大约有三种意义：一、自然之天，即历数家之"天"，"夫天，浑然而无名者也。三垣、七曜、二十八宿、一十二次、三百六十五度、黄道、赤道，历家强名以纪数尔"③。二、义理之天，这个意义上的"天"等同于章学诚之所谓"道"，"故道者，非圣人智力之所能为，皆其事势自然，渐形渐著，不得已而出之，故曰'天'也"④。三、性情之天，即章学诚所说的"天质之良"、"良知良能"，是个体在学术上的"天性至情"和主观契机，"夫学有天性焉，读书服古之中，有人识最初，而终身不可变易者是也，学又有至情焉，读书服古之中，有欣慨会心，而忽焉不知歌泣何从者是也"⑤。在章学诚的"天之三义"中，涵养心术所需要究辨的"天人之际"之"天"应当指的是第三种含义，也就是"性情之天"，性情必须涵养才能得其正，"好善恶恶之心，惧其似之而非，故贵平日有所养也"⑥。由此体现了章学诚学术思想中重视"尊德性"的一面。

章学诚的"史德"论以"天人之辨"开始，引入了"性、情、气"等一系列的宋学概念。他认为学者之所以不能在史学领域体现"道之公"，是由于两方面的原因造成的，一是"气胜而情偏"⑦；二是"溺于

---

① （清）章学诚：《史德》，《文史通义新编新注》，浙江古籍出版社2005年版，第265页。
② 参见余英时《天人之际（2003年）》，《人文与理性的中国》，程嫩生、罗群等译，上海古籍出版社2007年版。
③ （清）章学诚：《天喻》，《文史通义新编新注》，浙江古籍出版社2005年版，第332页。
④ （清）章学诚：《原道》（上），《文史通义新编新注》，浙江古籍出版社2005年版，第94页。
⑤ （清）章学诚：《博约》（中），《文史通义新编新注》，浙江古籍出版社2005年版，第117页。
⑥ （清）章学诚：《史德》，《文史通义新编新注》，浙江古籍出版社2005年版，第267页。
⑦ 同上书，第266页。

文辞以为观美之具"①。在宋明理学的体系中，性是纯粹的道德理性，情则包含了后天的气质，因此情之发用往往偏离了性之正轨，必须借助于一系列的修养方法使后天之情合乎先天之性。章学诚认为在史学或文学创作过程中同样体现了这方面的问题，文章以气韵和情感打动人心，但如果情感的表达越过了必要的限度，那么就会损害史学的客观性和公正性。"气得阳刚而情合阴柔，人丽阴阳之间，不能离焉者也。气合于理，天也；气能违理以自用，人也。情本于性，天也；情能汩性以自恣，人也。史之义出于天，而史之文不能不籍人力以成之。人有阴阳之患，而史文即忤于大道之公，其所感召者微也。"②"溺于文辞"则是形式主义压倒了实质内容，是一种"舍本求末"的表现，同样违背了史学本身的规律。

关于章学诚的"史德"说有两种传统见解，一是认为"史德"说的要旨在于以一种客观主义的态度处理史料，而不搀杂以个人情感和主观态度；二是认为"史德"说强调的是中国传统史学的伦理层面，即"善善恶恶"的道德评判。这两方面在章学诚的史学理论中虽有所体现，却不是"史德论"的重心。"史德论"详辨"天人之际"，强调"尽其天而不益以人"，所谓"天"并不是历史的客观层面，而是在性与情统一基础上所达到的一种心灵状态，而"人"则是性与情分离、性隐没而情张扬的心灵状态，"情本于性，天也；情能汩性以自恣，人也"，因此二者并非主、客观的区分而同属于主体之两种性质不同的心灵状态，"天"与"人"之间体现的是"公私之分"，"人者何？聪明才力，分于形气之私者也；天者何？中正平直，本于自然之公者也"③。人由于有血气心知等自然属性，因而不能达到性与情的统一，从而在史学著述中沦于"形气之私"而不能体现"大道之公"，"阴阳伏沴之患，乘于血气而入于心知，其中默运潜移，似公而实逞于私，似天而实蔽于人"④。不但著书者有心术之患，甚至读史者也同样面临这一问题。司马迁的《史记》是"穷愁发愤之作"，后人多以为其中寓有怨诽之意，东汉末年的王允即认为《史记》是"谤书"，章学诚则认为《史记》与《离骚》都是"抗怀于三代

---

① （清）章学诚：《史德》，《文史通义新编新注》，浙江古籍出版社2005年版，第266页。
② 同上。
③ （清）章学诚：《说林》，《文史通义新编新注》，浙江古籍出版社2005年版，第221页。
④ （清）章学诚：《史德》，《文史通义新编新注》，浙江古籍出版社2005年版，第266页。

第三章　章学诚"文史校雠学"的基本概念

之英而经纬乎天人之际"①，后人从中看出怨诽之意是由于"读者之心自不平耳"②。章学诚提出"史德说"主要是从"尊德性"的方面强调学者的主体修养，在性与情的统一的前提下建立知识的根基。但是章学诚的"尊德性"所强调的主体修养并不限于伦理道德，而是主要着眼于理性与情感的统一，在创作过程中，只有当情感之表达有其适当的限度而不致淹没理性，议论的公正才能得以保证。章学诚认为"六经"中的"诗教"是这方面的最佳范例，《史记》与《离骚》皆取法于《诗经》，"言婉多风"（情感的适度表达）、"不背于名教"（理性之体现），因此章学诚再一次强调说"必通六艺比兴之旨而后可以讲春王正月之书"③。

　　章学诚在"史德"之后又提出"文德"，《文德》篇作于《史德》篇后四年，是对"史德"理论的进一步发展，叶瑛（《文史通义》的校注者）认为："按此篇（《文德》）所论，与《史德》相发……彼论著史，此则论一切文字耳。"④ 与"史德"说为章学诚的孤明先发不同，"文德"说则在历史上屡见不鲜，如东汉的王充、北齐的杨谐都有这方面之论述，杨谐（字遵彦）甚至有题为《文德论》的同名著作，因此章太炎认为章学诚的"文德"论是窃自前人的绪余："昔者文气之论，发诸魏文帝《典论》，而韩愈、苏辙窃焉。文德之论，发诸王充《论衡》，杨遵彦依用之，而章学诚窃焉。"⑤ 章太炎的论点虽有偏颇之处，但章学诚的《文德》篇纵论陆机、刘勰之"文心"，韩愈、苏辙之"文气"，但却无视历史上的"文德"论，最后提出："未见有论'文德'者，学者所宜深省也。"⑥ 这不能不说是章学诚的百密一疏之处，贻后人以口实。但章学诚的"文德"论又有着自身的新颖之处，"史德"论著书者之心术，而"文德"论则指出涵养心术的具体方法在于"敬恕"，章学诚从浙东王学的传统出发，汲取了孟子学的资源，认为"敬"即是孟子所说的"养气"，而"恕"则是"知言"，二者最后落实为"集义"，章学诚将其概括为"凝心以养气，

---

① （清）章学诚：《史德》，《文史通义新编新注》，浙江古籍出版社2005年版，第267页。
② 同上。
③ 同上。
④ （清）章学诚：《文史通义校注》（上），叶瑛校注，中华书局1983年版，第279页。
⑤ 章太炎：《国故论衡》，上海古籍出版社2006年版，第43页。
⑥ （清）章学诚：《文德》，《文史通义新编新注》，浙江古籍出版社2005年版，第136页。

炼识而成其才"①。

"敬恕"是宋明理学家的修养方法，通过"敬恕"使心志凝一，最终认识天理。朱熹说："敬有甚物？只如'畏'字相似。……只收敛身心，整齐纯一，不恁地放纵，便是敬。"② 宋儒以"主一无适"训"敬"字，认为"主敬"就是"主静"的代名词，于是"主敬"成为一种纯粹的内心修养，清代学者反对这种说法，如清初的李塨说："宋儒讲主敬，皆主静也。主一无适，非敬之训也。"③ 清儒钱大昕也说："《论语》言敬者二十有一，皆主行事而言，曰敬事而信，曰执事敬，曰事思敬，曰事君敬其事。敬在事不在心也。敬与一似当有别。"④ 章学诚的"敬"则是指作者临文创作时的一种心理和情绪状态："临文必敬，非修德之谓也；……敬非修德之谓者，气摄而不纵，纵必不能中节也。"⑤ 这是对于作者主体的要求，"敬"的指向目标并非是"修德"和认识天理，而是使创作能够合乎法度："主敬则心平而气有所摄，自能变化从容以合度也。"⑥ 章学诚虽然沿用了宋学的语汇，但却将其赋予了另一种意义。

"敬"对于作者的主体而言，"恕"则是对于读者的主体而言。所谓"恕"就是"推己及人"，设身处地地为对方着想，章学诚认为这是"知人论世"的一个重要特征："论古必恕，非宽容之谓也。……恕非宽容之谓者，能为古人设身而处地也。"⑦ 山口久和解释章学诚"恕"的观念说："作为读者之'心术'的'恕'，这个词的本义是'对他者的宽容态度'，我想让大家留意一点的是，在此它完全消除了这种伦理上的含意，而将它作为理想读者的共感能力乃至情感移入，即所谓解读文本之际的知识活动进行论述。"⑧ 章学诚举历史上的"正统说"为例，陈寿的《三国志》以曹魏为正统，习凿齿的《汉晋春秋》则以蜀汉为正统，司马光的《资治

---

① （清）章学诚：《文德》，《文史通义新编新注》，浙江古籍出版社2005年版，第137页。
② （宋）朱熹：《朱子语类》（卷十二），中华书局1988年版，第208页。
③ （清）李塨：《传注问》，转引自胡适《戴东原的哲学》，安徽教育出版社2006年版，第6页。
④ （清）钱大昕：《十驾斋养新录》，上海书店1983年版，第49页。
⑤ （清）章学诚：《文德》，《文史通义新编新注》，浙江古籍出版社2005年版，第136页。
⑥ 同上书，第137页。
⑦ 同上书，第136页。
⑧ ［日］山口久和：《章学诚的知识论》，王标译，上海古籍出版社2006年版，第149页。

通鉴》主张陈说仍以曹魏为正统，朱熹的《通鉴纲目》则反对司马光而恢复了蜀汉的正统。章学诚认为之所以会产生许多歧异，必须结合作者的身世和所处的环境加以观察："陈氏生于西晋，司马生于北宋，苟黜曹魏之禅让，将置君父于何地？而习与朱子，则固江东南渡之人也，惟恐中原之争天统也。"① 因此"恕"字是读者"知人论世"的必要条件："是则不知古人之世，不可妄论古人文辞也。知其世矣，不知古人之身处，亦不可遽论其文也。身之所处，固有荣辱、隐显、屈伸、忧乐之不齐，而言之有所为而言者，虽有子不知夫子之所谓，况生千古以后乎！"② 章学诚在此提出了一个诠释学的命题，即文本的解读必须和其所处的语义环境相结合，才能释放出其深层的含义来，这是对清儒考据学"泥于文辞"而不知"知人论世"的一个含而不露的批评。

"敬"与"恕"本于孟子的"养气"和"知言"，最终归结为"集义"，对于孟子和继承思孟心学传统的宋学而言，这是一套伦理道德修养的方法，浙东王学的"尊德性"是这一方法的集中体现。而就章学诚而言，他一方面不满清儒考据学偏重于"道问学"，完全抛弃了宋学的道德践履（他对戴震的批评即一再表露了这一观点），因此重提"尊德性"以克服清学的这一弱点；但另一方面，他仍是清代"道问学"潮流中的一份子，而不是如桐城派的方东树（《汉学商兑》的作者）一样是站在考据学对立面的宋学立场而发言。对于章学诚而言，"德性"是文史之学的根基，更多的是意味着学者的"主体性"，如果知识的建构不以"知识主体"为根基，那么纵然"博雅"也无法成为"一家之言"的"专家"，"浙东""浙西"的区别是清代考据学内部的区分，而不是壁垒分明的"汉宋之分"。宋明理学所面对的世界是整个的宇宙人生，所要达到的是"上下与天地同流"的精神境界；而章学诚所面对的是"文史之学"的知识世界，"史德"和"文德"是就"文史之学"而言，"尊德性"是为了更好地"道问学"，而并非为了解决人生的终极问题，这是章学诚与宋儒的差异之处。章学诚的"尊德性"，是针对清代考据学主流将知识和道德打成"两橛"的问题而试图有所补救，为了保证知识的有效性（道问

---

① （清）章学诚：《文德》，《文史通义新编新注》，浙江古籍出版社2005年版，第136页。
② 同上。

学），必须注重知识主体的"心术涵养"（尊德性），"文史之学"并不是一项纯客观的研究，而是主、客体交融、循环的诠释过程，章学诚在此显示了比清代考据学更为高明的学术眼光。

第四节 "圆神""方智"

章学诚的"文史之学"从"校雠学"入手，以"史意文心"为核心，"史德文德"为主体修养，最终是为了完成他的历史编撰学理论，从而实现他"修通史"的抱负宿愿。"圆神"和"方智"这两个概念即体现了他历史编撰学的原则和方法。

"圆神"和"方智"的概念出自《易经》，"蓍之德圆而神，卦之德方以智"①。朱熹《周易本义》说："圆神，谓变化无方。方知，谓事有定理。"② 章学诚运用这两个概念来说明史学中的"记注"和"撰述"：

> 《易》曰："蓍之德圆而神，卦之德方以智。"间尝窃取其义以概古今之载籍，撰述欲其圆而神，记注欲其方以智也。夫智以藏往，神以知来，记注欲往事之不忘，撰述欲来者之兴起。故记注藏往似智，而撰述知来拟神也。藏往欲其赅备无遗，故体有一定而其德为方；知来欲其决择去取，故例不拘常而其德为圆。③

"记注"是指保存文献的活动，《周官》所记载的"六卿联事，官守其书"的古法就体现了"官师合一"时代的三代社会利用政府档案有意识地保存文献的意图；而"撰述"则是利用运用既有的材料，"因事命篇"，不拘一格地记录历史，并在记录的过程中体现出历史变迁的微妙趋势。"记注"面向过去，有严格的规范约束；而"撰述"则朝向未来，表现出一种融通的智能。这两者的区别就是"圆神"和"方智"，用现代语言来陈述的话，"方智"是将历史凝固在一定的规范、

---

① 《周易·系辞传中》。
② （清）李光地：《周易折中》（下），李一忻点校，九州出版社2002年版，第824页。
③ （清）章学诚：《书教》（下），《文史通义新编新注》，浙江古籍出版社2005年版，第36页。

格式中进行保存，而"圆神"则是通过原创性的心灵活动，打破现有的知识框架，对历史进行创造性的诠释。"方智"体现了历史的客观层面，而"圆神"则体现了历史的主观层面。历史知识并不是纯客观的经验知识，而是和知识主体有着密切的关系，它所体现的态势是面向"未来"而不是"过去"。

"圆神"和"方智"的观念体现了章学诚对清代考据学的两项批评，一是考据学知识活动所体现的纯客观态度；二是考据学的"复古"倾向。清代考据学专心于名物制度的考证，以"实事求是"的治学态度相标榜，对与经学相关的历史制度进行穷源究委的辨析考证，但是并没有有意识地将其放在一个整体的知识框架下进行整理，因而演变成一种大而无当的"博雅"学风而体现不出心灵的原创活动，章学诚批评说："夫学无所主，而耻一物之不知，是欲智过孔子也。……今贱儒不知天下古今未有无主之学，而以无所不涉为博通，是夸父逐日，愚公移山之智也。"[1] 章学诚认为这种体现不出心灵原创性的"无主之学"只是知识活动的初步与入门，即"求知之工力"而非"成家之学问"，他认为清儒的失误之处在于错认"工力"为"学问"，而这方面的典型是南宋时的王应麟，"今之博雅君子，疲精劳神于经传子史，而终身无得于学者，正坐宗仰王氏，而误执求知之功力以为学即在是尔"[2]。在晚年对扬州学派学者汪中的批评中，他指出汪中"文章如入万花之谷，学问如窥五都之市"[3]，表现了清儒考据学在知识广度方面所达到的惊人成就，但是汪氏的《述学》一书却名不副实，没有体现出"识力"和立言之"宗本"，因此达不到"著述"的标准，章学诚说："定于一者为识力，其学包罗富有，其言千变万化，而所以为言之故，则如《诗》之三百，可以一言蔽也，是识力也。"[4] 按照章学诚的标准，清儒考据学充其量只是"方智"而非"圆神"，是知识活动的初步基础而非究极境界，因此他在"晚年定论"的《浙东学术》中

---

[1] （清）章学诚：《博杂》，《文史通义新编新注》，浙江古籍出版社2005年版，第339页。
[2] （清）章学诚：《博约》（中），《文史通义新编新注》，浙江古籍出版社2005年版，第117页。
[3] （清）章学诚：《立言有本》，《文史通义新编新注》，浙江古籍出版社2005年版，第359页。
[4] 同上。

再次强调"整辑排比,谓之史纂;参互搜讨,谓之史考,皆非史学"①,而只有体现了知识主体心灵原创活动的"圆神"才是史学之目标所在。

"圆神"和"方智"的功能性区分是"知来"和"藏往",换言之,"藏往"是保存以往的知识,探讨说明其在历史上的真相;而"知来"则力图融通古今,面向当代,阐明历史流变中所体现出的"道"之义蕴。章学诚的史学理论中有一鲜明的特色即在于注意"当代史"的研究,这与清儒总体的"复古主义"倾向形成了明显的对照。钱穆先生曾指出:"实斋史学之第二长处,在其指导人转移目光治现代史,留心当代政制,此乃其六经皆史论之应有含义,亦是其六经皆史论之主要含义。此一意见,又落入此下经学家手里,遂有今文学派之兴起。"② 钱穆先生精辟地指出了章学诚在清学史上的位置正处于乾嘉考据学与嘉道之后的今文经学之间,他所倡导的"知来之学"(当代史研究)为以后的龚自珍等人所沿袭,遂开启今文经学"以经术论政"之风。这也表明章学诚的思想正处于这样一个节点上,是乾嘉时期"经学复古"思想穷极思变的一个具体体现。章学诚对"经学复古"论的批评主要集中在清儒的"礼学"研究方面。"礼学"研究为清儒经学之大宗,根据张寿安先生的研究,清儒治"礼学"特重《仪礼》一经,其主要特色有三:"一是《仪礼》的性质,一是名物度数之学的兴起,一是由仪文器数以明礼意。"③ 至凌廷堪倡导"以礼代理","礼理之分"遂成为汉宋之争的鸿沟天堑。章学诚的学术立基于《周官》"官师合一"之说,对清儒礼学重"仪文"而轻"制度"颇有微词:

> 礼家讲求于纂辑比类,大抵于六典五仪之原多未详析,总缘误识以仪为礼耳。夫制度属官而容仪属曲,皆礼也。然容仪自是专门,而制度兼该万有,舍六典而拘五仪,恐五仪之难包括也。虽六典所包甚广,不妨阙所不知,而五仪终不可以为经礼之全,综典之书,自宜识

---

① (清)章学诚:《浙东学术》,《文史通义新编新注》,浙江古籍出版社2005年版,第122页。
② 余英时:《钱穆与中国文化》,上海远东出版社1994年版,第236页。
③ 张寿安:《十八世纪礼学考证的思想活力》,北京大学出版社2005年版,第51页。

体要也。①

清儒的礼学虽繁复多样，但总体而言是以"考古"为职志，体现的是"藏往"的精神，章学诚将其概括为五类：

> 近人致功于三礼，约有五端：溯源流也，明类例也，综名数也，考同异也，搜遗逸也。此皆学者应有之事，不可废也。然以此为极则，而不求古人之大体以自广其心，此宋人所讥为玩物丧志，不得谓宋人之苛也。②

清儒之研治礼学，以《仪礼》为本经，置《周官》而不讲，重点在于考证仪文度数。③ 原因在于清儒考据学的思想基础在于认为"名物度数"之学中蕴涵了"道"或圣人之"理义"，因此通过"故训"——"典章制度"——"理义"（道）的程序就可以接触到儒家所设定的最高理想和价值。戴震曾明确表示："惟空凭胸臆之卒无当于贤人圣人之理义，然后求之古经，求之古经而遗文垂绝、今古悬隔也，然后求之故训。故训明则古经明，古经明则贤人圣人之理义明，而我心之所同然者，乃因之而明。贤人圣人之理义非它，存乎典章制度者是也。"④ 由于"道"存在于古代的典章制度之中，因此问题在于克服由于时间悬隔造成的语言障碍，而最佳的途径则是"求之故训"。由此可以看出，清代经学的基本态度是"向后追溯"，有着浓重的"复古主义"倾向。而在章学诚看来，"藏往"是为了"知来"，"道"之义蕴体现在历史的变迁之迹中，而非单纯地保存在古代的经典之中，"藏往"之学在保存文献、考证事实方面有其不可抹杀的价值，但这只是学问的基础，更重要的是在保存、考索文献的基础上，通过"心知其意"，进一步揭明其当代价值，这才是"知来"之学的

---

① （清）章学诚：《礼教》，《文史通义新编新注》，浙江古籍出版社2005年版，第71页。
② 同上书，第70页。
③ 张寿安研究清代礼学的结论是："有清一代儒者治礼，专其心力于冠、婚、丧、祭、葬、乡饮、乡射等，罕言《周礼》，或即是在此政治族群相抗拮的主客观因素下所做的抉择。"（张寿安：《十八世纪礼学考证的思想活力》，北京大学出版社2005年版，第26页。）
④ （清）戴震：《题惠定宇先生授经图》，《戴震文集》，中华书局1980年版，第168页。

精义。清儒的礼学研究致力于名物度数的考索，但唯独没有究明礼学之义蕴及其对当代社会之价值，这是自顾炎武以来的"经学复古"论的理论失误所造成的。章学诚认为：

>《易》曰："知以藏往，神以知来。"夫名物制度，繁文缛节，考订精详，记诵博洽，此藏往之学也。好学敏求，心知其意，神明变化，开发前蕴，此知来之学也。可以藏往而不可以知来，治《礼》之尽于五端也。推其所治之《礼》，而折中后世之制度，断以今之所宜，则经济人伦，皆从此出，其为知来，功莫大也。①

"圆神"和"方智"是两种不同型态的知识活动，"方智"重客观实证，清儒考据学体现的基本就是这种精神；而"圆神"则重心灵主体的"神明变化"，对知识活动提出了更高层次的要求。章学诚提出"圆神"和"方智"的概念，除了从侧面对清儒考据学进行批评之外，更主要的是为了建构他的历史编撰学理论。章学诚晚年提出"六经皆史"的理论，是从"史"的原始意义（"六经皆先王之政典"）而言的，而真正对后世史学具有影响力的则是《尚书》和《春秋》，《尚书》与《春秋》的原始面目是古代的政府档案和历史记录，经过孔子的删修而列入了经书的行列。章学诚认为上古时代"记注有成法，而撰述无定名"，而三代以后则"记注无成法，而撰述有定名"②，这是"三代之史"与"后世之史"的一个重要区分。"记注有成法"体现在《周官》"五史"的职掌之中，而"撰述无定名"则体现在《尚书》的"书无定体，因事命篇"，不为一定的知识框架和体例所拘束，而在自由的表达中贴近历史的真义。因此"方智"是"官礼之遗"，而"圆神"则是"《尚书》之教"，上古时代的"三代之史"是"方智"与"圆神"的合一，因而是史学的源泉和典范。但是"后世之史"则无法契合这一精神，而表现为"记注无成法，而撰述有定名"，史学著述被限定在纪、传、书、表等固定的知识框架和类例

---

① （清）章学诚：《礼教》，《文史通义新编新注》，浙江古籍出版社2005年版，第70—71页。

② （清）章学诚：《书教》（上），《文史通义新编新注》，浙江古籍出版社2005年版，第20页。

之下，从而无法表现"神明变化"的"史意"，这是后世史学衰退的主要原因。章学诚认为史体的演变是从"《尚书》—《春秋》—《史记》—《汉书》"，《尚书》入于《春秋》，为史学之祖，体现的是"圆而神"的精神，《史记》"体圆用神，多得《尚书》之遗"，《汉书》"体方用智，多得官礼之意"，但是《汉书》虽然"体方用智"，却仍然在严谨的规范和体例中体现了心灵的自由创造。"然而固《书》本撰述而非记注，则于近方智之中，仍有圆且神者以为之裁制，是以能成家而可以传世行远也。"① 自班固以后，中国的史书以断代史为主，多承袭《汉书》的格式，但却失去了"圆神"这一史学要义，从而造成了"史学失传"的局面："后史失班史之意，而以纪表志传，同于科举之程序，官府之簿书，则于记注撰述两无所似，而古人著书之宗旨不可复言矣。史不成家而事文皆晦，而犹拘守成法，以谓其书固祖马而宗班也，而史学之失传也久矣！"②

章学诚认为要改变"史学失传"的局面，关键在于恢复《尚书》"圆而神"的史学精神以求"古史之原"："夫经为解晦，当求无解之初；史为例拘，当求无例之始。例自《春秋》左氏始也，盍求《尚书》未入《春秋》之初意欤！"③ 自《史》《汉》以下，中国历代史书的体裁大致分为纪传、编年、纪事本末三种，章学诚认为"纪事本末"这种体裁最能体现《尚书》的"圆神"精神："袁枢《纪事本末》，……文省于纪传，事豁于编年，决断去取，体圆用神，斯真《尚书》之遗也。……但即其成法，沈思冥索，加以神明变化，则古史之原，隐然可见。"④ "《纪事本末》本无深意，而因事命题，不为成法，则引而伸之，扩而充之，遂觉体圆用神，《尚书》神圣制作，数千年来可仰望而不可接者，至此可以仰追。"⑤ 章学诚曾与邵晋涵反复商略，有志于重修《宋史》，"仆思自以义例撰述一书，以明所著之非虚语"⑥。他所提出的方法即是以传统的纪传

---

① （清）章学诚：《书教》（下），《文史通义新编新注》，浙江古籍出版社2005年版，第37页。

② 同上。

③ 同上书，第38页。

④ 同上。

⑤ （清）章学诚：《与邵二云论修〈宋史〉书》，《文史通义新编新注》，浙江古籍出版社2005年版，第671页。

⑥ 同上。

体而参以纪事本末之法，以阐发史学"圆神"的精义，"惟是经纶一代，思虑难周，惟于南北三百余年，挈要提纲，足下于所夙究心者，指示一二，略如袁枢《纪事》之有题目，虽不必尽似之，亦贵得其概而有以变通之也"①。

"圆神"是章学诚史学理论所追求和设定的目标，他通过历代史体的演变，回溯《尚书》的传统，指出作为"后世史学"的纪传体和编年体为类例所拘，无法表现在历史撰述中心灵主体的自由创造，而推崇"纪事本末"体为"得《尚书》之遗"，体现了史学之"圆神"精神。章学诚在《书教》篇撰成后，即认为他通过"圆神""方智"两大概念已经把握到了历史编撰学的核心理论："近撰《书教》之篇，所见较前似有进境，……其以圆神方智定史学之两大宗门，而撰述之书不可律以记注一成之法。"② 在晚年他更著《圆通》篇③，进一步系统地提出他的史学编撰理论，试图以"圆神"的精神会通全史，以实现他"修通史"的抱负宿愿。"盖通《尚书》《春秋》之本原，而拯马《史》、班《书》之流弊，其道莫过于此。至于创立新裁，疏别条目，较古今之述作，定一书之规模，别具《圆通》之篇。"④ "今仍纪传之体而参本末之法，增图谱之例而删书志之名，发凡起例，别具《圆通》之篇，推论甚精，造次难尽。"⑤ 章学诚在家书中曾充满自信地说："吾于史学，盖有天授，自信发凡起例，多为后世开山，而人乃拟吾于刘知几。不知刘言史法，吾言史意；刘议馆局纂修，吾议一家著述；截然两途，不相入也。"⑥ 从章学诚所提到《圆通》篇来看，他所自信"为后世开山"的"发凡起例"正是体现在《圆通》篇中的"仍纪传之体而参本末之法"，而"圆神"的精神也与章

---

① （清）章学诚：《与邵二云论修〈宋史〉书》，《文史通义新编新注》，浙江古籍出版社2005年版，第672页。

② 同上书，第671页。

③ 章学诚写的《圆通》篇已佚失，在现有的《章学诚遗书》中未见著录。

④ （清）章学诚：《书教》（下），《文史通义新编新注》，浙江古籍出版社2005年版，第39页。

⑤ （清）章学诚：《与邵二云论修〈宋史〉书》，《文史通义新编新注》，浙江古籍出版社2005年版，第671页。

⑥ （清）章学诚：《家书二》，《文史通义新编新注》，浙江古籍出版社2005年版，第817页。

学诚所极力阐发的"史意"相通,就中所体现的是作者的"别识心裁"。英国历史哲学家柯林武德在谈到历史学和自然科学的区分时曾提出,历史是心灵的自我认识,它与人们的当下处境有一种切己的关系;而以"自然科学"为自身标志的"剪贴史学"则视历史为一堆与当下生存处境相疏离的纯粹客观事实。① 章学诚通过"圆神"观念建立的史学理论也同样体现了这样一种慧识,与清代主流的"考据史学"所体现的纯客观态度比较,章学诚的史学思想也许更为接近中国传统的文化精神。

---

① 参见[英]柯林武德:《柯林武德自传》,陈静译,北京大学出版社2005年版。

第四章 章学诚的历史哲学思想

第一节 理势论：历史是什么？

一 章学诚的历史意识

章学诚的文史之学以"明道"为理想，因而其史学思想就迥异于一般的史学理论，而呈现出鲜明的历史哲学意识，这与章学诚所处的历史年代有着千丝万缕的联系。一方面，乾嘉考据学的方法论影响涉及史学领域，史学以实证为目的，关注点集中于史实的考证，而较少涉及史实背后的价值理念，更不擅长对史实作综合性的分析，章学诚敏锐地体察到了这种治学方法的弊端，从而提出其历史哲学作为补救；另一方面，中国史学理论经过长期的发展，已经出现某种"自觉意识"，史学开始摆脱作为经学的附庸地位，开始争取自身的自主性。这表现为从王夫之到章学诚对历史变化背后"趋势"的体察，余英时更进一步指出，与章学诚同时期的赵翼，已经开始对长期或短期历史时段中的变化模式，提出一些概括性的观察，并探讨其成因。"同一时间，即18世纪最后几年，赵翼在其《廿二史札记》中提出一种阅读国史的崭新方式，而章学诚在其《文史通义》中有系统地发展关于历史理论和概念，这不可能纯粹出于巧合。在某种意义上，我认为《文史通义》是中国悠久思想传统中唯一真正可称为'历史哲学'的著作。"[①] 章学诚的历史哲学正是这种"史学自主意识"的体现。

在章学诚的历史哲学中，"道"与时间结合为一体，随着时间的推

---

① 余英时：《中国史学思想的反思》，载《人文与理性的中国》，程嫩生、罗群等译，上海古籍出版社2007年版，第412页。

移,"道"的表现形式也有所不同,"道"不仅是关于自然世界万事万物之存在的说明,也是关于历史事变的归纳总结,这是章学诚历史哲学的主要贡献,正如当代学者董平所云:"将道从自然哲学的概念转化为一个社会历史范畴,正是学诚在理论上的一项重大贡献,亦是其历史观念的理论基础。"[1] 这种历史哲学的特征在于将历史变动的原因归结为某种"非人格力量"的"势",如唐代的柳宗元提出,封建和郡县这两种政治制度的交替出现是由于某种"势"的结果,王夫之的思路也与柳宗元相近,在《读通鉴论》中他提出著名的命题"势相激而理随以易"[2],即时势的变化导致理的变易,这实际上与章学诚的观点已非常接近,章学诚正是将"道"理解为历史变动背后的"不得不然之势"。也许不能将这种观点的接近解释为章学诚接受了王夫之的思想影响,在章学诚的时代,王夫之的著作尚未大行于世。但这种思想在明清之际的出现并不是一个孤立的现象,它表明中国史学理论的发展已经进入了一个成熟时期,并出现了某种"自主意识",它开始自觉地探询历史发展中的"最终原因"。

二 道在历史中的展现:不得不然之势

从章学诚的历史哲学本身来看,"变动"是其根本性的特征,他从《易经》中得到启示:"孔仲达曰:'夫《易》者,变化之总名,改换之殊称。'先儒之释《易》义,未有明通若孔氏者也。得其说而进推之,《易》为王者改制之巨典,事与治历明时相表里,其义昭然若揭矣。"[3]《易经》以"变动"作为思想依据而成为"王者改制之巨典",因此一切处于特定历史阶段的"典章制度"也都具有因时损益、不相因袭的特点,"由所本而观之,不特三王不相袭,三皇五帝亦不相沿矣"[4]。具体的历史现象虽然时时处于变化激荡之中,但并非卤莽灭裂、漫无目的地盲目发

---

[1] 董平:《浙江学术思想史》,中国社会科学出版社2005年版,第396页。
[2] (清)王夫之:《读通鉴论》(上),舒士彦点校,中华书局1975年版,第2页。
[3] (清)章学诚:《易教》(中),《文史通义新编新注》,浙江古籍出版社2005年版,第12页。
[4] (清)章学诚:《易教》(上),《文史通义新编新注》,浙江古籍出版社2005年版,第1页。

展，而是有着内在的逻辑，遵循一定的"理势"发展，这所谓的"理势"也就是章学诚所谓的"不得不然之势"，进一步说，"不得不然之势"也就是"道"，"道"出于自然事势的积久变化，而非圣人的有意作为。章学诚从人类社会的渐进变化说明"道"的出现：

> 人之生也，自有其道，人不自知，故未有形。三人居室，则必朝暮启闭其门户，饔飧取给于樵汲，既非一身，则必有分任者矣。或各司其事，或番易其班，所谓不得不然之势也，而均平秩序之义出矣。又恐交委而互争焉，则必推年之长者持其平，亦不得不然之势也，而长幼尊卑之别形矣。至于什伍千百，部别班分，亦必各长其什伍而积至于千百，则人众而赖于干济，必推才之杰者理其繁，势纷而须于率俾，必推德之懋者司其化，是亦不得不然之势也；而作君、作师、画野、分州、井田、封建、学校之意著矣。故道者，非圣人智力之所能为，皆其事势自然，渐形渐著，不得已而出之，故曰"天"也。①

章学诚认为"道"出现在历史的演进过程中，从"三人居室"这一最简单的家庭形式开始，直至国家的出现，随着人群的扩大以及社会功能的日益复杂，逐渐出现了刑政和礼乐等各项制度和举措，而这一切都是为了维持社会的均衡和发展，是出于"不得不然之势"，而不是古代的圣人用一己的智慧所能筹划创制的。因此制度的创设是出于"理势"的变化而非圣人的"天启智慧"，这从儒家理想中的"三代治法"中就可以看出端倪：

> 法积美备，至唐、虞而尽善焉；殷因夏监，至成周而无憾焉。譬如滥觞积而渐为江河，培塿积而至于山岳，亦其理势之自然，而非尧、舜之圣过乎羲、轩，文、武之神胜于禹、汤也。后圣法前圣，非法前圣也，法其道之渐形而渐著者也。②

---

① （清）章学诚：《原道》（上），《文史通义新编新注》，浙江古籍出版社2005年版，第94页。

② 同上书，第95页。

第四章 章学诚的历史哲学思想

在儒家的话语系统中,"三代治法"已臻于完美的地步,后世儒家的一切努力都是为了恢复三代的礼乐文明。而章学诚则认为,所谓"三代治法"也是出于"理势之自然",是历史的渐进趋势所造成的,而别无任何神秘的原因。这一历史的渐进趋势在西周初年达到了顶峰,周公所制作的典章制度代表了文明史上的最高成果,达到了"集大成"的地步:

> 周公成文、武之德,适当帝全王备,殷因夏监,至于无可复加之际,故得藉为制作典章,而以周道集古圣之成,斯乃所谓集大成也。①

而周公的所制作的"典章制度"同时也就是儒家"六经"的来源:

> 三代之衰,治教既分,夫子生于东周,有德无位,惧先圣王法积道备,至于成周,无以续且继者而至于沦失也,于是取周公之典章,所以体天人之撰而存治化之迹者,独与其徒相与申而明之,此六艺之所以虽失官守而犹赖有师教也。②

在章学诚的叙述中,文明最初的发源犹如一条小溪,经过不断的奔流变化,终于汇集成为气象万千的江河大海,而在这一历史进程中,"理势"是其发展变化的最终原因。而这一决定历史发展变化的"理势"并不是神秘的"天意",而是存在于众人日常生活的"一阴一阳之迹"中,圣人正是从日常的"人伦日用"中体察到了历史发展变化的趋势,从而领悟到"道"之所在,并进而藉手制作礼乐和典章制度:

> 圣人求道,道无可见,即众人之不知其然而然,圣人所藉以见道者也。故不知其然而然,一阴一阳之迹也。学于圣人,斯为贤人,学于贤人,斯为君子。学于众人,斯为圣人。非众可学也,求道必于一

---

① (清)章学诚:《原道》(上),《文史通义新编新注》,浙江古籍出版社2005年版,第96页。
② (清)章学诚:《经解》(上),《文史通义新编新注》,浙江古籍出版社2005年版,第76页。

阴一阳之迹也。①

从源流上来看，"一阴一阳之迹"是道之所在，由"一阴一阳之迹"而有先圣和周公的典章制度，由周公的典章制度而有孔子的六经，在这一历史发展的序列过程中，"道"作为"不得不然之势"不断地表达着自身，而最终则显示于人类生活的实际经验中。"道不离人伦日用"是儒家的一个传统说法，而章学诚则将"人伦日用"置于史学的视野中，用以表达一个历史哲学的观点：所有的人类生活都是历史性的，而"理势"是人类生活变动的主导性因素。余英时曾这样评述章学诚的这一思想："章学诚在论述古代制度时，把它们的起源一律归因于'不得不然之势'。但他比柳宗元更超前一步，认为这些不得不然之势，最终是出于一般不加思考的百姓的'人伦日用'，他认为这即是道。最终他说圣人只有'学于众人'才能见道。这种看法在儒家传统中并不新鲜，但章学诚肯定是第一个把它应用于历史研究之上的儒者，他藉此更清晰地阐明他所谓的'不得不然之势'。"②

三 当代史的意义：历史是活着的过去

章学诚认为历史的变动中蕴含着"理势"，而"理势"则出于人类生活的实际经验本身，也就是百姓日常生活中的"不知其然而然"，因此为学应当"学于众人"，体察"理势"，而究原"大道"。穷原究委而言，一切制度的创设皆出于"理势之自然"，儒家六艺作为孔子所保存的"先王之政典"，其中所体现的也是这一历史变动的自然趋势，因此，对六经的理解也贵在"师其意而不泥其迹"，《原道》中的一段话鲜明地体现了这一意旨：

> 夫道备于六经，义蕴之匿于前者，章句训诂足以发明之。事变之出于后者，《六经》不能言，固贵约《六经》之旨而随时撰述以究大

---

① （清）章学诚：《原道》（上），《文史通义新编新注》，浙江古籍出版社2005年版，第95页。

② 余英时：《中国史学思想的反思》，载《人文与理性的中国》，程嫩生、罗群等译，上海古籍出版社2007年版，第411页。

道也。①

日本学者岛田虔次认为这段话是"了解章学诚全部思想的关键"。②从章学诚的思想结构本身来看,这段话确实处于一个关键性的位置上,它体现了章学诚对于儒家六艺的理解。在传统儒家的观念里,六经所体现的是普遍性的真理,这一普遍性的真理是不受任何时空领域限制和拘束的"常道";而在章学诚看来,经的原始面貌就是"三代之史",经书所体现的并不是普遍性的真理,而是"三代"这一特殊历史阶段的"理势",因此对于后世的历史事变而言,六经的"义蕴"已经失去了其应用的范围,而如果要理解历史变动中所蕴含的"理势",史学较之经学无疑有着更为优越的地位。章学诚认为"经之流必入于史",经学训诂拘泥于名物制度,不足以体现历史进程中"穷通变久"之意,而史学撰述通过概括六经的意旨,以探问历史变动中"不得不然之势",这就是司马迁所宣称的"究天人之际,通古今之变,成一家之言"③。经学训诂所得仅为"六经之迹",而史学撰述所得才是"六经之意",因此是史学而非经学才是六经这一知识体系的继承者。日本学者山口久和对上述引言有着如下的解释:"章学诚认为,六经之中所存在的是六经成书以前的道,其深奥的意义(义蕴)可以通过训诂考证的经学方法得以阐明。然而,不过是一种器的六经无法包含六经以后历史进程中显现的道。而史学记述六经成书之后的历史现象,概括六经之精神,根据事实(器)阐明大道,只有史学才足以继承六经之后的知识活动。"④

"理势"是章学诚历史哲学的主干概念,"理势"不仅体现于"三代"的历史中,同时也体现在"三代"以后的历史进程中。因此"当代史"对于章学诚而言有着非比寻常的意义:

---

① (清)章学诚:《原道》(下),《文史通义新编新注》,浙江古籍出版社2005年版,第104页。
② [日]岛田虔次:《六经皆史说》,载刘俊文主编《日本学者研究中国史论著选译》(第七卷"思想宗教"),许洋主等译,中华书局1993年版,第194页。
③ 《史记》卷130《太史公自序》。
④ [日]山口久和:《章学诚的知识论》,王标译,上海古籍出版社2006年版,第163—164页。

> 传曰："礼时为大。"又曰："书同文。"盖言贵时王之制度也。……书吏所存之掌故，实国家之制度所存，亦即尧、舜以来因革损益之实迹也。故无志于学则已，君子苟有志于学，则必求当代典章以切于人伦日用，必求官司掌故而通于经术精微，则学为实事而文非空言，所谓有体必有用也。①

章学诚在这里提出，"时王之制度"实际上就是"书吏所存之掌故"，这些为士大夫所不屑一顾的档案记录，事实上沿袭了《周礼》中"五史"的传统，并与历史传说中的圣王尧、舜等人的政治设施一脉相承，具有无与伦比的价值。章学诚把"时王制度"提高到与经术同等重要的地位，认为学者必须在研究当代之典章制度的基础上，才能通于"经术之精微"，"经术"为体，"官司掌故"为用，二者之结合方为"体用兼具"之学。这里一方面是把"经"作为"史"来理解，另一方面则又把后世之"史"置于"经"的同等位置上，认为二者都同样反映了历史变迁中体现的"理势之自然"，"六经"是"三代之史"，其名物制度是"道之迹"，而其内在意义则是"道之体"，"道之迹"不可执着拘泥，"道之体"却百世而常新，因而可以与当代的"典章制度"相贯通：

> 要其一朝典制，可以垂奕世而致一时之治平者，未有不于古圣先王之道得其仿佛者也。故当代典章，官司掌故，未有不可通于《诗》、《书》六艺之所垂。②

在章学诚的思想观念中，历史演变是一个整体的过程，而不是相互隔断的许多"事件"之汇总，所谓"历史"并非"已逝之事实"，而总是在当代世界中留下了它的痕迹，如当代的典章制度并非是凭空而来，而是与古代的政教制度一脉相承，无不可以通于《诗》《书》六艺。如果借用当代英国历史哲学家柯林武德的思想概念来解释的话，实际上章学诚认为历史是"活着的过去"，柯林武德在其《自传》中这样表述"活着的过

---

① （清）章学诚：《史释》，《文史通义新编新注》，浙江古籍出版社2005年版，第271页。
② 同上书，第272页。

去"这一思想：

> 1920年前后，我提出了我的历史哲学的第一条原理：历史学家研究的过去并不是死去的过去，而是在某种意义上仍然在现时世界中活着的过去。当时，我是这样表述这一原理的：构成历史的并不是"事件"而是历程；"历程"无始无终而只有历程的转化；如果历程 p1 转化为历程 p2，两者之间并没有一条明确的界线标志着 p1 的结束和 p2 的开始；p1 并没有结束，它改变形式成为 p2 继续存在着，p2 也没有开端，它以前就以 p1 的形式存在着了。历史中不存在开端和结束，史书有始有末，但它们描述的历史事件本身却没有始末。①

柯林武德认为历史就是"事变"和"历程"，这一过程本身无始无终，在过程的转换中"过去"不断重叠、显现于"现在"，二者之间浑然一体，不可区分，而史书则拘于自身的体裁和形式，对历史的某些时段作了有始有末的叙述，但这并非是历史的真实面相，所有"过去的历史"事实上都要立足于当代人的"现时世界"才能得以理解。这一思想与章学诚的历史观念极为接近，章学诚也极重视"事变"的思想，六经并非仅为古代世界的遗迹，而是在当代的典章制度中不断地重现自身，"故当代典章，官司掌故，未有不可通于《诗》、《书》六艺之所垂"②，历史的发展是一个整体性的过程，其中并没有前后阶段可以划分，而中国传统史书的体裁以朝代史为基础，是一种"断代史"的叙述方式，这种叙述方式限制了人们认识历史的视野，因而章学诚提出"修通史"的主张，他认为"通史"的修撰有"六便"、"二长"以及"三弊"：

> 通史之修，其便有六：一曰免重复，二曰均义例，三曰便诠配，四曰平是非，五曰去抵牾，六曰详邻事。其长有二：一曰具剪裁，二曰立家法。其弊有三：一曰无短长，二曰仍原题，三曰忘标目。③

---

① ［英］柯林武德：《柯林武德自传》，陈静译，北京大学出版社2005年版，第92页。
② （清）章学诚：《史释》，《文史通义新编新注》，浙江古籍出版社2005年版，第272页。
③ （清）章学诚：《释通》，《文史通义新编新注》，浙江古籍出版社2005年版，第239页。

"通史"之"通",来源于《易传》所说的"惟君子为能通天下之志",因此"通史"修撰的目的在于对历史求得一种会通的理解,以体现历史发展的内在"理势",因此,"通史"最重要的特点在于"成一家之言","古人一家之言,文成法立,离合诠配,惟理是视"①,章学诚认为郑樵的《通志》是这方面的典范之作:

> 若郑氏《通志》,卓识名理,独见别裁,古人不能任其先声,后代不能出其规范;虽事实无殊旧录,而辨正名物,诸子之意寓于史裁,终为不朽之业矣。②

从总体上看,章学诚的史学思想与柯林武德有着很大的相似之处,他们都认为历史是一"历程"而非许多各不相关的"事件","过去"总是呈现于"现在"之中,不能对整体性的历史进程作人为的阶段划分。更为相似的地方在于,他们都认为对于历史的认识途径在于"思想的重演",这主要体现在章学诚的"史义"说中。但章学诚与柯林武德不同的一点在于,章学诚认为历史的发展变迁中贯穿着"理势",一切人类文明史上的优秀文化成果,包括思想、学术、法律的出现,都是出于这一"不得不然之势",这一"非人格力量"的"势"左右着历史的进程,这使人们将更多地将章学诚的历史哲学思想与黑格尔的"历史精神"联系在一起,如美国学者倪德卫认为:"他(章学诚)发展出了一套颇类似于黑格尔主义的历史和国家观,他将这一观念植根于一种特殊的文化理论上,这一理论让人很容易想到维柯(Vico)。"③需要对这一认识稍作辨析的是,黑格尔主义的历史哲学属于西方历史哲学中所谓"思辨的历史哲学",这一派历史哲学的特点在于哲学的意味重于史学,以一套形而上的观念解释历史的进程,历史本身并无意义,只是"历史精神"借以实现自身目的的工具;而柯林武德的思想则属于"批评的历史哲学","批评的历史哲学"并不以形上性的理念解释历史进程,而是着重于寻找历史

---

① (清)章学诚:《释通》,《文史通义新编新注》,浙江古籍出版社2005年版,第237页。
② 同上书,第240页。
③ [美]倪德卫:《章学诚的生平与思想》,杨立华译,台北唐山出版社2003年版,第1页。

事件之间的有机联系，就历史本身作出解释。就二者的主要区别而言，"思辨历史哲学"含有一种"历史目的论"的意味，历史的发展遵循着一定的"演化模式"，最终趋向一至善的结果；"批评的历史哲学"则反之，认为历史是一无始无终的"历程"，"过去"和"现在"重叠出现。从章学诚的"理势"观念来看，它与历史的运动变化合而为一，但它并不借助历史来实现自身的"目的"，同时，章学诚的历史观也不趋向一个"至善之结果"，而是处于不断的循环变化之中，也就是说，章学诚的历史哲学不具有"历史目的论"的色彩；最为重要的一点是，"历史目的论"中不体现人的力量，人的活动以及由此活动造成的历史是"历史精神"的工具，而章学诚的"道"或"理势"则完全是人的各种需要造成的，同时圣人在历史中的作为也为"道"的发展起到了很大的作用，归根结底，历史的变迁运动是人的力量所造成的结果，因此，章学诚的历史哲学有着一种"历史人文主义"的色彩，这不但与中国的史学传统一脉相承，也与西方"批评的历史哲学"，尤其是柯林武德的思想有着相通之处。[1]

　　章学诚处于乾嘉朴学盛行的时期，乾嘉朴学重经而轻史，其研究历史的方法重在事实的考证而缺乏意义的阐释，章学诚提出"理势"这一概念以说明历史循环变化中的"最终原因"，这一方面是对时代风气的抗争，另一方面也体现了中国传统史学理论发展到了成熟阶段的自觉意识。这与柯林武德反对实在论者"见树而不见林"的史学观念有着近乎相同的境遇与诉求。因此，从客观方面讲，"理势"是对历史变动的原因总结；而从主观方面讲，"理势"是将孤立的历史事实联系在一起、使其得以说明的"意义系统"，这就是章学诚所谓的"史义"。在章学诚的思想体系中，"道""理势"（即"不得不然之势"）"史义"这三者的含义相近而又略有不同，这三者都是对事物最终原因或意义的说明，用章学诚的话来说，是"事物之所以然而非所当然"，而其区别则在于针对的对象不同，"道"是包括自然现象和历史现象在内的"万事万物"之"所以然"，"理势"则是历史现象的"所以然"，而"史义"则是史学这一知识活动的"所以然"，由"道"而"理势"而"史义"，章学诚的思想概

---

[1] 关于"思辨的历史哲学"和"批判的历史哲学"之区分，参见［英］沃尔什《历史哲学导论》，何兆武、张文杰译，广西师范大学出版社2001年版。

念逐层深入，最终延伸到了史学研究这一专门领域，他的历史哲学思想主题也由"历史是什么"转入"如何认识历史"这一具体问题。

第二节 史义论：如何认识历史？

一 章学诚的"史学"观念

如果说"理势"牵涉到对历史现象的理解，那么"史义"就牵涉到对史学研究这一知识活动的理解。在章学诚的心目中，史学研究的中心任务就是追究"史义"，这是史学成为"一家之学"的关键性因素，但是在一般性的历史研究中，史学的这一要素并没有得到充分的体现，因而充其量只是"史考""史纂"和"史评"，而称不上是"史学"：

> 乙部之书，近日所见，似觉更有进步，殆于杜陵所谓"晚节渐于诗律细"者。世士以博稽言史，则史考也；以文笔言史，则史选也；以故实言史，则史纂也；以议论言史，则史评也；以体裁言史，则史例也。唐宋至今，积学之士，不过史纂、史考、史例；能文之士，不过史选、史评，古人所为史学，则未之闻矣。①

章学诚心目中的"史学"与这些"史考""史纂""史评"都不同，"史学"首先有着明确的意旨，并体现出研究者鲜明的人格特征，这与单纯的排比、整理史料有着明显的区别，排比、整理史料仅是一项资料准备工作，而史学则要求在资料准备的基础上"著述成家"，章学诚旗帜鲜明地提出他关于"史学"的观念：

> 吾于史学，贵其著述成家，不取方圆求备，有同类纂。②

同时史学"著述成家"的意义也不仅限于对过去事实的研究，而且

---

① （清）章学诚：《上朱大司马论文》，《文史通义新编新注》，浙江古籍出版社2005年版，第767页。

② （清）章学诚：《家书三》，《文史通义新编新注》，浙江古籍出版社2005年版，第819页。

对当下的现实世界也保持着强烈的关注，这就揭示了史学研究的目标不在于"存古"而在于"经世"：

> 史学所以经世，固非空言著述也。且如《六经》同出于孔子，先儒以为其功莫大于《春秋》，正以切合当时人事耳。后之言著述者，舍今而求古，舍人事而言性天，则吾不得而知之矣。学者不知斯义，不足言史学也。①

二 史义说的根源：史之大原本乎《春秋》

章学诚的为学方法注重辨析学术源流，具有"学术史"的宏阔视野，他在提出自己的"史学"观念后，又为这一观念的具体出现在学术史上寻找根源。关于"六经皆史"这一说法，虽然许多学者囿于"经史之分"的观念而不能予以认同，但六经中的《尚书》和《春秋》是"经而兼史"，则大多数学者均无异议。如清代学者钱大昕说："昔宣尼赞修六经，而《尚书》《春秋》实为史家之权舆。"②《尚书》与《春秋》相比较，源流更为古老，因此历代学者多认为《尚书》为"史学之祖"，直接开启了中国史学思想的传统，章学诚反对这种看法，他认为：

> 上古简质，结绳未远，文字肇兴，书取足以达微隐，通形名而已矣。因事命篇，本无成法，不得如后史之方圆取备，拘于一定之名义者也。夫子叙而述之，取其疏通知远，足以垂教矣。世儒不达，以谓史家之初祖实在《尚书》，因取后代一成之史法纷纷拟《书》者，皆妄也。③

余英时解释章学诚这段话的意思是："推章氏之意，盖谓上古之所谓

---

① （清）章学诚：《浙东学术》，《文史通义新编新注》，浙江古籍出版社2005年版，第122页。
② （清）钱大昕：《廿二史札记序》，（清）赵翼撰《廿二史札记》，中国书店1987年版，第1页。
③ （清）章学诚：《书教》（上），《文史通义新编新注》，浙江古籍出版社2005年版，第20页。

'史'只是政府的官书，因而不足以成为学问。"① 但细究《书教》篇的文义脉络，章学诚并没有贬低《尚书》、谓其不足以成为学问的意思，相反，他对《尚书》在史学史上的地位有着极高的评价，推崇其为"经世之书"：

> 盖官礼制密而后记注有成法，记注有成法而后撰述可以无定名。以谓纤悉委备，有司具有成书，而吾特举其重且大者笔而著之，以示帝王经世之大略。而典、谟、训、诰、贡、范、官、刑之属，详略去取，惟意所命，不必著为一定之例焉。斯《尚书》之所以经世也。②

章学诚论"古今载籍"，认为有"记注"和"撰述"两种，"记注"保存资料，而"撰述"则赋予材料以意义，二者交相为用，不可偏废。《尚书》"体圆而用神"，在体裁上属于"撰述"一类，但《尚书》与后世史书的主要区别在于没有一定的体例，"详略去取，惟意所命，不必著为一定之例焉"，在不拘一格的形式中显现出意义之所在，这是以"记注"的详密为基础的，而"记注"之法则备于《周官》：

> 《周官》三百六十，具天下之纤析矣。然法具于官而官守其书，观于六卿联事之义，而知古人之于典籍，不惮繁复周悉，以为记注之备也。③

《周官》的"记注"之法在后世已经失传，章学诚在《州县请立志科议》一文中建议在州县这一行政单位设立"志科"，以保存文献供修史之用，其用意就在于恢复《周官》的"记注"遗法。④《周官》"记注"之法的废除使得《尚书》这一"因事命篇，不拘常格"的"撰述"体裁无

---

① 余英时：《论戴震与章学诚》，生活·读书·新知三联书店2000年版，第247页。
② （清）章学诚：《书教》（上），《文史通义新编新注》，浙江古籍出版社2005年版，第21页。
③ 同上书，第20页。
④ 详见（清）章学诚《州县请立志科议》，《文史通义新编新注》，浙江古籍出版社2005年版，第835—839页。

法延续，因而后世史学的根源在《春秋》而不在《尚书》：

>　　孟子曰："王者之迹息而《诗》亡，《诗》亡然后《春秋》作。"盖言王化之不行也，推原《春秋》之用也。不知《周官》之法废而《书》亡，《书》亡而后《春秋》作，则言王章之不立也，可识《春秋》之体也。①

《尚书》之"撰述"与《周官》之"记注"是紧密联系为一体的，《周官》之法废，则必然导致《尚书》之体亡，《尚书》于是折入于《春秋》，这是古今时势变异的结果，"皆天时人事，不知其然而然也"②。"《尚书》折入《春秋》"对中国史学传统的影响有两点：一是史学由官府转入民间，孔子以"微言大义"笔削《春秋》，开创了中国历史上私人修史的传统；二是史著的体例由《尚书》的"无定法"而演变为《春秋》的"有成法"，也就是说，出现了一定的形式化要求，这一"形式化要求"逐渐衍化为后世"编年""纪传"以及"纪表志传"等种种固定的体例。从后世史学的发展来看，马（司马迁）、班（班固）、陈（陈寿）、范（范晔）都是以私人的身份修史，而其撰著的史书也无不体现出一定的体例要求，就这一点而言，他们无疑都是《春秋》之学的继承者，"史氏继《春秋》而有作，莫如马、班"③，因此，就现实层面而言，《春秋》才是中国传统史学思想的源头。就章学诚的历史观念而言，他认为"三代以上"的历史阶段与"三代以下"的历史阶段有着重要区别，"三代以上"是"治教合一"的社会，而"三代以下"则已经"治教分离"，《尚书》代表的是"三代以上"的史学，而《春秋》则是在周代旧制解体，"官失其守、典籍沦亡"的情况下，孔子以私人身份在"鲁史旧文"基础上"约其辞文，去其烦重，以制义法"④，孔子"笔削"《春秋》一

---

① （清）章学诚：《书教》（上），《文史通义新编新注》，浙江古籍出版社2005年版，第21页。
② 同上。
③ （清）章学诚：《书教》（下），《文史通义新编新注》，浙江古籍出版社2005年版，第36页。
④ 《史记·十二诸侯年表》。

方面继承了古代史官的事业，但另一方面也以无官守的处士而"僭越"了王官的职守，因此孔子说："知我者，其惟《春秋》乎？罪我者，其惟《春秋》乎？"① 但是在"治教分离"的现实情况下，《春秋》的出现是一项不可避免的事实。因此，《春秋》昭示的是"三代以下"的史学，"三代以下"的史学即以《春秋》为其直接的根源，章学诚明确提出：

> 史之大原本乎《春秋》，《春秋》之义昭乎笔削。笔削之义，不仅事具始末、文成规矩已也。以夫子义则窃取之旨观之，固将纲纪天人，推明大道，所以通古今之变而成一家之言者，必有详人之所略，异人之所同，重人之所轻，而忽人之所谨，绳墨之所不可得而拘，类例之所不可得而泥，而后微茫秒忽之际有以独断于一心。及其书之成也，自然可以参天地而质鬼神，契前修而俟后圣，此家学之所以可贵也。②

如果说《尚书》是"官学"的话，那么《春秋》就是"家学"，这是"三代以上之史"与"三代以下之史"的主要区别。"官学"体现的是"治教合一"的理想知识状态，就如同庄子所说的"鱼相忘于江湖，人相忘于道术"一样，人们在浑沦不觉的情况下生活于"道"之境域中，章学诚描述这种状况说："古者道寓于器，官师合一，学士所肄，非国家之典章，即有司之故事，耳目习而无事深求，故其得之易也。"③ 而"家学"则已处于"治教分离"的时代，学者必须通过艰深的个人努力以把握"道"之存在，而在史学这一具体的知识活动中，则表现为史学家以"独断"的心灵能力把握"史义"，《春秋》之所以对后世的史学具有巨大的影响力，其原因就在于此，章学诚引用孟子对《春秋》的解释说：

---

① 《孟子·滕文公下》。
② （清）章学诚：《答客问》（上），《文史通义新编新注》，浙江古籍出版社2005年版，第252页。
③ （清）章学诚：《原道》（下），《文史通义新编新注》，浙江古籍出版社2005年版，第103页。

第四章 章学诚的历史哲学思想

> 夫子因鲁史而作《春秋》。孟子曰：其事齐桓、晋文，其文则史，孔子自谓窃取其义焉耳。载笔之士，有志《春秋》之业，固将惟义之求，其事与文所以借为存义之资也。①

《春秋》的原始面貌是"鲁史旧文"，也就是鲁国这一地方诸侯国的官方档案记录，但孔子通过"制其义法"已经赋予其思想性的含义，由此追究"史义"遂成为后世史学的一般性原则：

> 孔子作《春秋》，盖曰其事则齐桓、晋文，其文则史，其义则孔子自谓有取乎尔。夫事即后世考据家之所尚也，文即后世词章家之所重也，然夫子所取，不在彼而在此，则史家著述之道，岂可不求义意所归乎？②

章学诚认为"史义"是史学成其为"学"的关键性因素，离开了"史义"，历史研究就成为了单纯的史料排比、考证和纂辑，因此他一再声言："整辑排比，谓之史纂；参互搜讨，谓之史考，皆非史学。"③ "史义"又与"史意"相通，就客观层面的史书而言是"史义"，就著书者的主观层面而言就是"史意"，台湾学者朱敬武说："'史意'兼含两个方面，既指史家著述的用心，即隐而未现的'别识心裁'，也指已经外化完成的史著，书中寄托了作者的深情和微旨。在作者心中是'意'，这是从哲理高度上揭示历史演化规律的自觉，此意平生飞动，但须见诸行事，而非徒托空言。此'意'贯注成书即是'义'。"④ 史书本身并非仅是铺陈以往之事实，而且也包含了一种解释的观点。就历史知识的构成而言，"别识心裁"尤为重要，史学家以主体的心灵体察历史变动的规律，将其上升为一种哲理化的认识，是为"史意"，"史意"贯注于史书之中，即

---

① （清）章学诚：《言公》（上），《文史通义新编新注》，浙江古籍出版社2005年版，第202页。

② （清）章学诚：《申郑》，《文史通义新编新注》，浙江古籍出版社2005年版，第250页。

③ （清）章学诚：《浙东学术》，《文史通义新编新注》，浙江古籍出版社2005年版，第122页。

④ 朱敬武：《章学诚的历史文化哲学》，台北文津出版社1996年版，第46页。

为"史义"。"史义"既是历史规律之再现,同时也是作者用心之所在。一言以蔽之,史书之撰述是一个"心营意造"的过程,借用柯林武德的概念来陈述,历史的认识途径在于"思想的重演",章学诚的"史义"说所要阐明的实际上就是这样的一种历史认识方法。

三 史义说的现代阐释:历史认识的途径是"思想的重演"

章学诚的"史义"说所论述的实际是历史认识的途径问题,在这一问题上他呈现出与清代考证学派的重大分歧。考证学派的历史认识方法主要是"事实的考据",认为当所有的历史事实都得到清楚无误的核实后,历史的真实面貌就会自然地呈现出来,这一派的历史认识论颇近于近代西方史学中的"兰克史学",也就是所谓"科学的历史"。在近代中国史学理论的发展中,本土的"考据学"和源自西方的"兰克史学"汇流,形成了以胡适、傅斯年为代表的"史料学派",余英时曾论述这一学派的治学特点是:

> 傅(斯年)把"现代历史编纂"标识为"史料研究",这为他赢得了"史料主义者"的名声,他对现代历史编纂学的观点也因此构成为"史料学派"。作为逻辑实证主义的一个附属,傅把他的"科学的史学"近似地参照了自然科学,特别是生物学和地质学的模式。……用他们严格界定的"科学客观性"和"实证调查"的观念来研究中国历史,他们常常会取得一个又一个的学术成就,但是在整体上他们则避开了综合。他们似乎认为,当所有相关的个别史料都确认无疑时,"最终的历史"将会自己出现。[①]

上述引文虽然分析的是"史料学派"的治学特征,但傅斯年等人的学术理念实与清代考据学一脉相承,只不过加上了一些诸如"科学""客观实证"等近代化的概念,从总体上看,清代考据学的"历史认识论"已具有"史料主义"的一些特征,重视史料的搜集辨析,而忽视整体性

---

① 余英时:《20世纪中国国史概念的变迁》,载《人文与理性的中国》,程嫩生、罗群等译,上海古籍出版社2007年版,第370—371页。

的综合判断，形成了一种"见树不见林"的弊病，章学诚讥之为"但知聚铜，不解铸釜"①，并进一步批评说："近日学者风气，征实太多，发挥太少，有如桑蚕食叶而不能抽丝。"② 考据学者对古史进行论辨考析，如同"桑蚕食叶"一样聚集了大量的史料，却不知变通发挥，从整体意义上对史料进行理解，从今天的学术眼光来看，这充其量只是"史料学"而不是"史学"，章学诚对这种"史料主义"的思想批判说：

  苟不求其当而惟古之存，则今犹古也，上自官府簿书，下至人户版籍，市井钱货注记，更千百年而后，未始不可备考索也。如欲赅存，则一岁所出，不知几千百亿，岁岁增之，岱岳不足聚书，沧海不供墨沈矣；天地不足供藏书，贱儒即死，安所更得尺寸之隙以藏魂魄哉！③

  章学诚反对以"史料学"为"史学"，这从他辨析"史学"与"史考""史纂"的区别中就可以看出。史学就其整体而言，可区分为"事""文""义"三者，如果以人的一身来比喻，"事"犹如人的骸骨，"文"犹如人的肌肤，"义"则是人的神智。④ 或者更进一步说，"史义"就是史学中"画龙点睛"的那一笔，如果没有"史义"作为史学的"点睛之笔"，"事"与"文"二者就沦为骸骨化的知识，而无法将历史整合成为一个可理解的"意义系统"。从这一点来看，在史学三要素中，"义"的价值始终要优先于"事"与"文"。章学诚的"史义"论源自于《春秋》"义例"，但《春秋》"义例"重在政治伦理，而章学诚的"史义"论则无此意味，他关心的是史学要"成一家之学"，而不是普遍性的道德劝诫。司马迁、班固等一流的史家，在对历史事实的道德评述上并不完全合

---

① （清）章学诚：《与邵二云书》，《文史通义新编新注》，浙江古籍出版社2005年版，第677页。

② （清）章学诚：《与汪龙庄书》，《文史通义新编新注》，浙江古籍出版社2005年版，第693页。

③ （清）章学诚：《博杂》，《文史通义新编新注》，浙江古籍出版社2005年版，第340页。

④ 章学诚《诗话》说："比如人身，学问，其神智也；文辞，其肌肤也；考据，其骸骨也；三者备而后谓之著述。"（《文史通义新编新注》，第295页）章学诚的这一比喻虽是就一般的著述而言，但也可以用来理解史学中"事""文""义"三者的关系。

乎《春秋》的义旨，如"迁书退处士而进奸雄，固书排忠节而饰主阙"①，但由于具有"别识心裁"，并不影响其所著史书的质量："要其离合变化，义无旁出，自足名家学而符经旨。"② 这其实暗示着，在章学诚的史学思想中，道德评价并不占有重要的位置，是否具有"别识心裁"才是史学区别于史考、史纂的唯一标志：

> 陈（寿）、范（晔）以来，律以《春秋》之旨，则不敢谓无失矣。然其心裁别识，家学具存。……若夫君臣事迹，官司典章，王者易姓受命，综核前代，纂辑比类，以存一代之旧物，是则所谓整齐故事之业也。③

"别识心裁"是史家幽微深挚的心灵体会和知识直觉，它不对历史事件作个别、细致的分析，也不对其作道德评判，而是从总体上进行综合性的把握，进而将其化为史书中的各种体例，这一历史认知的方法有时是超乎语言文字之上的：

> 专门之学，口授心传，不啻经师之有章句矣。然则《春秋》经世之意，必有文字之所不可得而详，绳墨之所不可得而准。④

"史学"是有自身学问宗旨的"一家之学"，"史考""史纂""史评"皆非史学；《尚书》非"史学之祖"，《春秋》"家学"才是"三代以下之史"的典范；《春秋》在"事""文""义"三者之中，独以"义"为依归，因此"史义"是史学"著述成家"的关键性因素；就"史义"本身而言，它并不仅是对历史事件的道德评判（章学诚有意识地回避了这一点），而是史家主体性的"别识心裁"对历史所作的会通性的理解，这一

---

① （清）章学诚：《答客问》（上），《文史通义新编新注》，浙江古籍出版社2005年版，第253页。

② 同上。

③ 同上。

④ （清）章学诚：《答客问》（中），《文史通义新编新注》，浙江古籍出版社2005年版，第257页。

理解有时则超乎语言文字之上。至此章学诚对他的历史认识论作了完整的表述，应当指出的是，章学诚以"别识心裁"为基础的历史认识论有着特定的批判对象，那就是受经学考证影响而在历史研究领域中出现的"史料主义"倾向，这一倾向一直影响到近代史学的发展。"史料主义"重事件而轻思想，保存材料、考辨事实是这一派史学的历史认识途径，或者我们可以概括说，"材料本身会说话"是这一派史学的基本信念。如果以《春秋》"事、文、义"的史学三要素来对照的话，"史料主义"所重在"事"而不在"义"。章学诚则认为史学以"义"为重，"事"与"文"仅为"存义之资"，而对"史义"的认识则有赖于一种特殊的心灵能力，也就是说，章学诚的历史认识方法是"思想的重演"，由此章学诚的史学思想表现出一种"思想史"的特征。当代学者董平对此评述说：

> 所谓史义、史意，正是史家渗透于其历史诠释之中的思想、观点、态度、方法等主体性内容。……显而易见的是，以事文为存义之资，考征为明理之具，则思想便成为历史研究的固有对象；强调"有以独断于一心"之史义史意于史著的注入，以"纲纪天人，推明大道"为历史研究的本质功能，则史著便成为思想的载体，亦体现为一种特殊的思想形式。正以此故，历史不仅是当代史，而且亦是思想史。[①]

"思想的重演"是借柯林武德历史哲学的一个概念，柯林武德认为，历史分为"内层"和"外层"两个方面，"内层"为思想，"外层"则为事件，完整的历史叙述必须是这两者的合一。就"内层"和"外层"的关系而言，"外层"的事件仅为历史的外貌或躯壳，"内层"的思想才构成了历史发展的真正原因和其灵魂，因此，认识历史的方法就在于"思想的重演"。[②] 柯林武德认为这一思想构成了其历史哲学的一条重要定理：

[①] 董平：《浙江学术思想史》，中国社会科学出版社2005年版，第402页。
[②] 参见余英时《章实斋与柯灵乌的历史思想》，载《论戴震与章学诚》，生活·读书·新知三联书店2000年版，第234—282页。

> 历史知识就是历史学家正研究着的那些思想在他自己心灵里的重演（re – enactment）。①

同时，"思想的重演"有其特定的背景，而不是对于过去的真实再现：

> 历史知识乃是对囊缩于现在思想背景下的过去思想的重演，现在思想通过与过去思想的对照，把后者限定于另一个不同的层次上。②

柯林武德认为历史认识的途径在于"思想的重演"，并将对历史的认识归结为"心灵的自我认识"，由此产生了那句著名的口号："一切历史都是思想史。"（All history is history of thought）这与章学诚"别识心裁"的历史认识方法有着异曲同工之处。柯林武德一生反对"剪裁史学"，致力于"本然的历史"之建立。史学作为一种特殊的人文科学，在性质、目标、方法论上都与自然科学有着重大区别，不能比照自然科学的模式来建立史学的方法论。"在人文学科中，研究者总是与对象处于相互缠绕的状态中，而无法寻得一个价值中立的地位。如果不是这样，研究者就会失去他们的研究内容，失去他们所努力要去探索、把握的意义（meaning）的线索。"③

章学诚以"别识心裁"探索"史义"，也体现了同样的立场，在章学诚所生活的乾嘉时代，"经学训诂"是一种普泛性的方法论，清代的历史研究参照这一模式，建立了"历史考证学"这一特殊的学科，历史研究被局限于考辨事实，而不能提供普遍性的意义。如果说柯林武德的困境在于如何将史学从自然科学的笼罩下解脱出来，以形成真正的历史意识；那么章学诚的问题也与此相似，即如何将史学从经学的笼罩下解脱出来，并从史学研究中向人们提供普遍性的意义，也就是说，不仅是经学，史学也同样是"明道之学"。章学诚通过"史义"论的历史认知方法达到了这一目标，史学研究的主要对象不是"事"与"文"，而是贯穿于其中的

---

① ［英］柯林武德：《柯林武德自传》，陈静译，北京大学出版社2005年版，第105页。
② 同上书，第107页。
③ 章建刚：《〈柯林武德自传〉译序》，载［英］柯林武德：《柯林武德自传》，北京大学出版社2005年版，第4页。

"义",而"义"则与主体的心灵浑融不分,是通过"思想的重演"而体现的。"史义"说构成了章学诚独特的历史认识论,对"如何认识历史"这一问题作出了具体的回答。同时在章学诚整个的"文史之学"中,"史义"也居于关键性的位置,章学诚正是由"史义"出发,对"文史之学"领域中的一切学术的认识方法作了反省,从而建立了以"别识心裁"为中心概念的"文本诠释思想"。

第三节 史体论:如何表述历史?

一 从《尚书》到《通鉴纪事本末》:史体演化的过程

"史义"必须通过适当的史书体裁进行表达,章学诚遂以此为线索对历代史著作了总体性的评述,并在评论史体演变、史著得失的基础之上,提出了自己独特的修史主张,这就是章学诚历史哲学的第三个主题:历史是如何表述的。

"如何表述历史"问的其实是这样一个问题,即,如何在一种尽量完善的知识框架中保存历史知识,这一知识框架的设置必须在"事实的陈述"与"意义的表达"之间保持平衡,这实际上对史书的体裁提出了极高的要求。中国的历史记述有着悠久的传统,载籍丰富,体裁多变,唐代史学家刘知几在其著名的《史通》中将"史体"分为六类,即《尚书》家记言、《春秋》家记事、《左传》家编年、《国语》家国别、《史记》家通古纪传、《汉书》家断代纪传,这六种类例涵盖了后世一切史书的体裁。① 章学诚对于"史体"的看法与刘知几不同的地方在于,他认为"史体"并非是史书体裁的固定分类方法,而是处于一个流变的演进过程之中。完成于乾隆五十七年(1792)的《书教》三篇集中阐述了章学诚关于史体演变的看法,钱穆认为"实可代表实斋晚年成熟的史学见解"②。《书教》篇实际上是章学诚的"史体演化论",对章学诚史学思想深有研究的近代学者刘咸炘指出:

---

① 详见(唐)刘知几《史通·内篇·六家第一》。
② 钱穆:《中国近三百年学术史》(上),商务印书馆2005年版,第468页。

(《书教》——引者注)为甄明《尚书》、《春秋》、左邱司马演变之故,昔之论者止知三体,且视为各别之种类,章君则明其嬗变,借词明之,可谓史体演化论。①

又说明《书教》篇的宗旨在于"明流变以创新体":

　　章君欲于三体之后,别创新体,司马已取左邱而章君更欲上取《尚书》,下采《纪事本末》,以修补司马为一尤广大之体,盖因史迹变动交互,必有变动交互之史体,乃能文如其事,故学者既明史迹之情状,必明史书之体系,此大略也。②

刘知几在将史书体裁分为"六家"的基础上,又将其归结为"二体",即以《左传》为代表的"编年体"和以《史记》为代表的"纪传体";"二体"之中"纪传体"尤为后世史家所重视,成为中国历代正史的编撰体裁;北宋司马光在历代正史的基础上,用"编年体"的方式重新编撰了自周威烈王时"三家分晋"至唐末五代这一段历史时期的通史,这就是著名的《资治通鉴》;南宋时袁枢的《通鉴纪事本末》则创立了一种以事件为中心的新的历史记述方式,是为"纪事本末体"。③唐代时"纪事本末体"尚未出现,因此刘知几总结史书体裁为"二体",而所谓"三体",是"纪传""编年"再加上"纪事本末",一切中国传统史书的体例,都不出这三者的轨辙,而章学诚则意在这"三体"之外,另创一

---

① 刘咸炘:《史学述林》,转引自朱敬武《章学诚的历史文化哲学》,台北文津出版社1996年版,第209页。
② 同上。
③ 台湾学者李纪祥认为:"(在《四库全书总目》中)袁枢(1131—1205)之《通鉴纪事本末》,本当随《资治通鉴》而入类,但袁枢以'事'为主的编史方式,随着《宋史纪事本末》、《元史纪事本末》、《明史纪事本末》、《左传纪事本末》的相继出现,均法袁枢编史之方式,遂使袁枢之书由边陲而向中心移动,受到编史者与编史目者的注意。特别是从'史体'角度,袁枢之书及其体便成为编纂正史时的第三种候选考量,由是袁枢之书也在史类上挤入第三类。"(李纪祥:《刘知几的史体论与备体观》,《时间·历史·叙事》,兰州大学出版社2004年版,第114页。)也就是说,袁枢的《通鉴纪事本末》本身虽然是抄撮成书,并无深意,但由于追随者众,至迟在清代中期,也就是《四库全书》的开馆修纂之日起,已被学者正式承认为"纪传""编年"之外的第三种"史体"。

种以"纪事本末"为基础、融合"编年"和"纪传"并体现《尚书》遗意的"圆通"新体,这一"新体"旨在通史学之原,拯后史之弊,"上取《尚书》,下采《纪事本末》,以修补司马为一尤广大之体"。

"史体"并非固定的、一成不变的分类方法,而是在具体的历史流变过程中不断变化发展,章学诚对这一"史体演变"的过程作了探本溯源的追索:

  《尚书》一变而为左氏之《春秋》,《尚书》无成法而左氏有定例,以纬经也;左氏一变而为史迁之纪传,左氏依年月,而迁书分类例,以搜逸也;迁书一变而为班氏之断代,迁书通变化,而班氏守绳墨,以示包括也。①

"史体"最早的变迁是循《尚书》—《左氏春秋》—《史记》—《汉书》这一轨迹,在这一过程中,就"史体"本身而言,由最初"因事命篇,本无成法"的疏略发展到后世"方圆求备"的详密,经历了一个自身"义例"不断丰富的过程,这从后世史书"志表纪传"等形式体例的详备就可以看出。这就如同历法之学的发展一样,后人的推演实测必然胜于前人:

  历法久则必差,推步后而愈密,前人所以论司天也;而史学亦复类此。《尚书》变而为《春秋》,则因事命篇,不为常例者,得从比事属辞为稍密矣。《左》、《国》变而为纪传,则年经事纬不能旁通者,得从类别区分为益密矣。②

《尚书》是"三代以上之史",本无一定的类例可循,但却神明变化,在不拘一格中显示出作者深微的用心。"传世行远之业,不可拘于职司,必待其人而后行,非圣哲神明,深知二帝三王精微之极致,不足以与此。

---

① （清）章学诚：《书教》（下），《文史通义新编新注》,浙江古籍出版社 2005 年版,第 36 页。

② 同上书,第 37 页。

此《尚书》之所以无定法也。"① 章学诚推崇《尚书》为史家之极致，但《尚书》的撰述与《周官》的"记注"相为表里，"官礼制密而后记注有成法，记注有成法而后撰述可以无定名"②。周末文衰，官礼废绝，《尚书》遂折入于《春秋》。《尚书》无定法，《春秋》则有成例，用编年体的方式记述东周以来的列国史迹，"《春秋》比事以属辞，而左氏不能不取百司之掌故与夫百国之宝书，以备其事之始末，其势有然也"③。《春秋》（包括《左传》）叙事较为详尽，同时也表现出一定的体例，因此成为后世的"编年体史书之祖"。但《春秋》在"史体"上的缺陷在于"年经事纬不能旁通"，也就是说，由于为"编年"这一体裁所限，不能对事件和人物活动的全貌作出完整的叙述，由此史书的体裁转入了由司马迁《史记》所开创的"纪传体"，"左氏编年，不能曲分类例。《史》、《汉》纪表志传，所以济类例之穷也"④。《史记》创立了以人物传记为中心的历史叙事方式，同时以"纪表志传"的方式分立各种不同的类例，力图完整地展示历史的全貌。《史记》的"史体"已经达到了相当精密成熟的地步，班固的《汉书》就沿用了《史记》的纪传体裁，但二者的不同之处在于，《史记》是一部通史，记述了自黄帝至西汉二千余年的史迹，《汉书》则是"断代为书"，记述的范围仅限于西汉一代。班固这一"断代纪传"，直到章学诚的时代，以浙东史学家万斯同为核心所修纂的《明史》，依然沿用的是这个方法，所以章学诚说："迁史不可为定法，固《书》因迁之体而为一成之义例，遂为后世不祧之宗焉。"⑤

章学诚通观古今，探本溯源，叙述史体的发展过程，至班固《汉书》戛然而止，其意盖以为《汉书》的出现是古今史学变迁的一个重要转折点。《汉书》虽在形貌上与《史记》相近，同为纪传体史书，但在内在精神上却相去甚远。《史记》虽然创造了"纪表志传"等一系列的体例，但

---

① （清）章学诚：《书教》（下），《文史通义新编新注》，浙江古籍出版社2005年版，第36页。
② （清）章学诚：《书教》（上），《文史通义新编新注》，浙江古籍出版社2005年版，第21页。
③ 同上。
④ （清）章学诚：《书教》（下），《文史通义新编新注》，浙江古籍出版社2005年版，第38页。
⑤ 同上书，第37页。

形式对内容的限制并不严格,在叙事中仍时时流露出作者主体的心灵创造,因此章学诚认为,《史记》虽在形式上符合后世"纪传体"史书的要求,但在精神实质上却与《尚书》不拘一格、变通发挥的史学方法相通,后世学者往往不理解这一点而对《史记》妄加指摘:

  迁书纪、表、志、传,本左氏而略示区分,不甚拘拘于题目也。……(后之学者)不知古人著书之旨,而转以后世拘守之成法,反訾古人之变通,亦知迁书体圆而用神,犹有《尚书》之遗者乎![1]

《汉书》继承了《史记》的纪传体裁和类例,但与《史记》不同的是,《汉书》比较谨严,将这一套类例作为程式化的要求固定了下来,在章学诚看来,这种拘泥于体例的做法已经远离了《尚书》的"圆神"而近于官礼的"方智",也就是说,与体现了作者自由创造的《史记》相比较,《汉书》更像是一套经过了精心保存的"史料",因此《史》《汉》二书形貌相近,实质上却相距甚远:

  就形貌而言,迁书远异左氏,而班史近同迁书,盖左氏体直,自为编年之祖,而马、班曲备,皆为纪传之祖也。推精微而言,则迁书之去左氏也近,而班史之去迁书也远。盖迁书体圆用神,多得《尚书》之遗,班氏体方用智,多得官礼之意也。[2]

自《尚书》发展到《汉书》,"史体"愈加详密,但严谨的体例也多少妨碍了"史义"的表达。但《汉书》虽然已近于"记注"式的"史料",在总体上看,仍然是一种"撰述"式的"史著",这是因为《汉书》在严谨的体例中仍然透露出作者用心之所在。"然而固《书》本撰述而非记注,则于近方近智之中,仍有圆且神者以为之裁制,是以能成家而

---

[1] (清)章学诚:《书教》(下),《文史通义新编新注》,浙江古籍出版社2005年版,第37页。

[2] 同上书,第36页。

可以传世行远也。"① 后世的史学沿着班固《汉书》的轨迹发展，但却"得其迹而遗其意"，徒知拘守体例而不知变通发挥，最重要的是，史书中没有能体现出作者的"别识心裁"：

> 后史失班史之意，而以纪表志传，同于科举之程式，官府之簿书，则于记注撰述两无所似，而古人著书之宗旨不可复言矣。史不成家而事文皆晦，而犹拘守成法，以谓其书固祖马而宗班也，而史学之失传也久矣。

> 纪传行之千有余年，学者相承，殆如夏葛冬裘，渴饮饥食，无更易矣。然无别识心裁，可以传世行远之具，而斤斤如守科举之程式，不敢稍变；如治胥吏之簿书，繁不可删。以云方智，则冗复疏舛，难为典据；以云圆神，则芜滥浩瀚，不可诵识。②

章学诚痛切地感受到后世史学晦而不明的原因在于史书中没有能体现出作者的"别识心裁"，日益丰富严密的史书体例窒碍了作者心灵的自由表达，史书撰写成了一件程式化的工作，而一旦史书失去了"史义"这一关键性的因素，就会成为"史纂"而非"史学"。马（指司马迁）、班（固）、陈（寿）、范（晔）以至于南北朝时期的沈约、魏收，尽管其所著史书的价值高下有别，但从总体而言，都继承了《春秋》"家学"的传统：

> 然古文必推叙事，叙事实出史学，其源本于《春秋》"比事属辞"，左、史、班、陈家学渊源，甚于汉廷经师之授受。马曰"好学深思，心知其意"，班曰"纬六经，缀道纲，函雅故，通古今"者，《春秋》家学，递相祖述，虽沈约、魏收之徒，去之甚远，而别识心

---

① （清）章学诚：《书教》（下），《文史通义新编新注》，浙江古籍出版社2005年版，第37页。

② 同上。

裁，时有得其仿佛。①

　　《春秋》"家学"以"义"为主，祖述《春秋》的诸史家也都在史事的叙述中体现出"别识心裁"，从而维持史学于不坠。但这一史学传统至唐代而中绝，唐代标志着史学的另一重大转向，即由《春秋》以来的"私人修史"传统转向由官府"开局设监，集众修书"，《晋书》《隋书》都是在唐初由大臣领衔、朝廷监理、并聚集了众多的学者共同修撰而成的。章学诚认为这一做法违背了史学的根本宗旨，"书成众手"的弊端在于类例不能划一，同时也使史书的宗旨"史义"晦而不明，这一类史书与唐以前作为"专门著述"的史书有着重大的区别，充其量只是一种"史纂"，"唐人整齐晋、隋故事，亦名其书为一史，而学者误承流别，不复辨正其体焉"②。唐以后的官修史书都是这样一种"纂辑"之书，章学诚认为，这类史书都仅是史料意义上的"纂辑比类"，而远非史学意义上的"专家著述"，史学至唐代已经中绝：

　　　　若夫君臣事迹，官司典章，王者易姓受命，综核前代，纂辑比类，以存一代之旧物，是则所谓整齐故事之业也。开局设监，集众修书，正当用其义例，守其绳墨，以待后人之论定则可矣，岂所语于专门著作之伦乎？
　　　　……
　　　　唐以后史学绝而著作无专家，后人不知《春秋》之家学，而猥以集众官修之故事，乃与马、班、陈、范诸书并立正史焉。③

　　综观章学诚的"史体演化论"，大致可以看出，史体演化的过程包含着三次重大的转折。《尚书》为史家之极致，"《尚书》圆而神，其于史

---

①　（清）章学诚：《上朱大司马论文》，《文史通义新编新注》，浙江古籍出版社2005年版，第767页。
②　（清）章学诚：《答客问》（上），《文史通义新编新注》，浙江古籍出版社2005年版，第252页。
③　（清）章学诚：《答客问》，《文史通义新编新注》，浙江古籍出版社2005年版，第253页。

也，可谓天之至矣"①。《尚书》折入《春秋》是史体的第一次重大转折，史体由"无定法"而转向"有定例"；《史记》转入《汉书》为史体的第二次重大转折，《史记》不拘于体例而《汉书》谨守成规，《汉书》的"断代纪传"法尤为后世史著所奉行；唐代官修史书的出现是史体的第三次重大转折，自此私人修史的传统为官府"集众修书"所取代，而"集众修书"其实只是一种"纂辑比类"，而称不上是"专门著作"，由是史学遂中绝，唐以后只有"史纂""史考""史评"之类而绝无"史学"。由此可见，章学诚的"史体演化论"所叙述的是一个史体逐步退化的过程，这一过程始于《尚书》的"神圣制作"，而终结于唐代官修史书的出现。

唐代以后，史学虽然衰绝，但却意外地出现了两部对"纪传体"史著缺点有所补救的作品，那就是北宋司马光的《资治通鉴》和南宋袁枢的《通鉴纪事本末》。《资治通鉴》采取编年体，将一件史事的叙述分配在不同的年份里，袁枢病其不便，遂抄撮《通鉴》原文，将分散的事件叙述合并在同一个题目下，开创了一种以事件为中心的新的历史叙述方式，是为"纪事本末体"。章学诚认为"纪事本末"在袁枢那里本无深意，只是为了方便阅读，但这一体裁一经出现，却意外地接上了《尚书》的统绪：

    盖自刘知几以还，莫不以谓《书》教中绝，史官不得衍其绪矣。……袁枢《纪事本末》，……文省于纪传，事豁于编年，决断去取，体圆用神，斯真《尚书》之遗也。②

袁枢的《通鉴纪事本末》本不足以称为著述，只是宋人的一种笔记体裁，张舜徽曾说："大抵宋人治学，好勤动笔，每遇繁杂之书，难记之事，辄手钞存之，以备观省。其于群经诸子，莫不皆然。袁氏之钞《通鉴》，初无意于著述。"③ 所以章学诚也说："故历代著录诸家，次其书于

---

① （清）章学诚：《书教》（下），《文史通义新编新注》，浙江古籍出版社2005年版，第38页。

② 同上书，第38页。

③ 张舜徽：《张舜徽集·文史通义平议》，华中师范大学出版社2005年版，第521页。

杂史，自属纂录之家便观览耳。"① 但这一体裁本身不为类例所拘，叙事曲尽事体，在这一点上深得《尚书》遗意，因此成为章学诚创造"新史体"的基础：

  即《纪事本末》，不过纂录小书，亦不尽取以为史法，而特以义有所近，不得以辞害意也。斟酌古今之史，而定文质之中，则师《尚书》之意，而以迁史义例通左氏之裁制焉，所以救纪传之极弊，非好为更张也。②

二 "撰述"与"记注"的区分

章学诚以雄健的笔触描述了自《尚书》至《通鉴纪事本末》的史体演化过程，其意在于说明，史体类例的日益繁富形成了一个固定性的知识框架，历史知识的表述被限制在这一知识框架中，从而窒息了作者心灵的自由表达，历史知识成了一堆冷冰冰的客观事实。为了扭转"史学"向"史纂"堕落的趋势，章学诚认为必须创造一种新的历史叙事方式，打破固定程式的限制，使史书在叙述事实的过程中能同时呈现出"史义"。而要做到这一点，首先必须区分"记注"和"撰述"这两种完全不同的历史知识体系。"记注"是"藏往之学"，以保存资料为主；"撰述"则是"知来之学"，蕴含着史家的特识。章学诚论述二者的区别说：

  《易》曰："筮之德圆而神，卦之德方以智。"间尝窃取其义以概古今之载籍，撰述欲其圆而神，记注欲其方以智也。夫智以藏往，神以知来，记注欲往事之不忘，撰述欲来者之兴起，故记注藏往似智，而撰述知来拟神也，藏往欲其赅备无遗，故体有一定而其德为方；知来欲其决择去取，故例不拘常而其德为圆。③

---

① （清）章学诚：《书教》（下），《文史通义新编新注》，浙江古籍出版社2005年版，第38页。
② 同上书，第39页。
③ （清）章学诚：《书教》（下），《文史通义新编新注》，浙江古籍出版社2005年版，第36页。

这二者在上古时期本来有着极为清楚的区划，并且交相为用。"记注"之法以《周官》的制度为基础，保存了详尽的史料，而《尚书》就是在这一详尽的史料基础上"神明变化"撰述成书的。而后代《周官》之法失传，史家只能在严格的定例基础上对不详备的史料进行加工，这是"三代以上之史"与"三代以下之史"的区别：

> 三代以上之为史，与三代以下之为史，其同异之故可知也。三代以上，记注有成法而撰述无定名；三代以下，撰述有定名而记注无成法。夫记注无成法，则取材也难，撰述有定名，则成书也易。成书易，则文胜质矣；取材难，则伪乱真矣。伪乱真而文胜质，史学不亡而亡矣。①

后世史学之所以不断退步，是由于"记注"和"撰述"这两种历史知识的混淆不明而造成的。史体类例的日渐严密本身就限制了作者自由发挥其思想观点，反而在保存历史资料的"记注"功能上有着一定的效用，因此章学诚称班固《汉书》"体方用智，多得官礼之意"②，这一趋势在唐代达到了顶峰，唐代的史书修撰是由朝廷"开局设监，集众修书"，近于一种资料汇编的工作，而离体现作者"别识心裁"的史学真义已经相距甚远，章学诚认为这实际上已是"记注"而非"撰述"，就保存资料而言，"记注"自身有其不可取代的意义，但"记注"不能与"撰述"相混淆：

> 史才不世出，而时世变易不可常，及时纂辑所闻见，而不用标别家学，决断去取为急务，岂特晋、隋二史为然哉？……然而守先待后之故事与笔削独断之专家，其功用足以相资而流别不能相混，则断

---

① （清）章学诚：《书教》（上），《文史通义新编新注》，浙江古籍出版社 2005 年版，第 20 页。

② （清）章学诚：《书教》（下），《文史通义新编新注》，浙江古籍出版社 2005 年版，第 36 页。

如也。①

"撰述"和"记注"又称"著述"和"比类","比类"是积聚材料,如司马光在著《资治通鉴》之前,先由刘恕、刘攽和范祖禹等人整理资料,编订为《长编》,此之谓"比类";司马光在《长编》的基础上运以别识心裁,编次成书,在材料的基础上贯穿了作者的组织体例和思想观点,是之谓"著述"。章学诚认为在史书的撰述中,这二者是交相为功、不可或缺的:

> 然古人一事必具数家之学,著述与比类两家,其大要也。班氏撰《汉书》,为一家著述矣,刘歆、贾护之《汉记》,其比类也;司马撰《通鉴》,为一家著述矣,二刘、范氏之《长编》,其比类也;两家本自相因而不相妨害。拙刻《书教》篇中所谓圆神方智,亦此意也。但为比类之业者,必知著述之意,而所次比之材,可使著述者出,得所凭藉,有以恣其纵横变化;又必知己之比类与著述者各有渊源,而不可以比类之密而笑著述之或有所疏;比类之整齐而笑著述之有畸轻畸重,则善矣。盖著述譬之韩信用兵,而比类譬之萧何转饷,二者固缺一而不可;而其人之才,固易地而不可为良者也。②

"撰述"和"记注"的区分体现了章学诚在史学理论上的特识,这一点也尤为近代以来的历史学家所激赏,如何炳松曾说:"我以为章氏对于中国史学上的第一个大贡献,就是记注和撰述的分家。换句话说,就是他能够把中国二千年来材料和著作畛域不分的习惯和流弊完全廓清了,而且因此并能够把通史的旗帜树得非常的鲜明夺目。这是章氏独有的特识。"③章学诚的这一见解虽为独创,从历史渊源来看,似乎与刘知几和郑樵的史

---

① (清)章学诚:《答客问》(上),《文史通义新编新注》,浙江古籍出版社2005年版,第253页。

② (清)章学诚:《报黄大俞先生》,《文史通义新编新注》,浙江古籍出版社2005年版,第633页。

③ 何炳松:《〈章实斋年谱〉序》,载胡适《章实斋年谱》,安徽教育出版社2006年版,第8页。

学思想有关。刘知几在《史通·史官建置》中说：

> 夫史之为道，其流有二：何者？书事记言，出自当时之简；勒成删定，归于后来之笔。然则，当时草创者资乎博闻实录，若董狐、南史是也。后来经始者贵乎俊识通才，若班固、陈寿是也。必论其事业前后不同；然相须而成其归一揆。①

郑樵在《夹漈遗稿·寄方礼部书》中也有类似的说法：

> 有文有字，学者不辨文字；有史有书，学者不辨史书。史者官籍也，书者书生之所作也。自司马以来，凡作史者皆是书，不是史。②

刘知几所说的"书事记言"和"勒成删定"、郑樵所说的"史"和"书"，其实就是章学诚说的"记注"和"撰述"，只不过章学诚的表述更为清晰。章学诚在《文史通义》中对刘知几多有贬词，而对郑樵则推崇备至，因此这一思想更有可能是来自郑樵而非刘知几。他认为郑樵的《通志》虽然在知识细节上存在着许多瑕疵，但总体而言却体现了作者的"别识心裁"，后世将郑樵《通志》与马端临的《文献通考》相提并论，这是不明白《通志》是"独断之学"，《文献通考》则是"比次之功"，这两者的区别也就是史学上"撰述"和"记注"的区别，因此郑樵的《通志》在唐以后史学中衰的局面中就显得尤其可贵：

> 郑樵生千载而后，慨然有见于古人著述之源，而知作者之旨，不徒以词彩为文，考据为学也。于是遂欲匡正史迁，益以博雅；贬损班固，讥其因袭，而独取三千年来遗文故册，运以别识心裁，盖承通史家风，而自为经纬，成一家言者也。③

---

① （唐）刘知几：《史通·史官建置》，辽宁教育出版社1997年版。
② （南宋）郑樵：《寄方礼部书》，《夹漈书稿》，中华书局1985年版。
③ （清）章学诚：《申郑》，《文史通义新编新注》，浙江古籍出版社2005年版，第249页。

章学诚论述史体演变的过程、"撰述"与"记注"的区分，其主旨是为了说明史体的日益严密限制了"史义"的表达，而在这一过程中，史书也由"撰述"而演变成为"记注"，在历史研究领域充斥了大量的"史纂""史考"之类的作品，这是"史学中绝"、晦塞不明的根本原因。章学诚认为要改变这种状况，必须要对"史体"进行改造："今仍纪传之体而参本末之法，增图谱之例，而删书志之名，发凡起例，别具《圆通》之篇。"① 这一《圆通》篇未见于今本《文史通义》，可能是章学诚晚年的未完成之作。但其总体精神仍可从章学诚的言论中见其端绪，即力矫"纪传体"之弊，力求在严密的体例中透显出作者的心灵创造能力，恢复《尚书》的"圆神"传统。章学诚认为理想的史体应该是"事万变而不齐，史文屈曲而适如其事，则必因事命篇，不为常例所拘，而后能起讫自如，无一言之或遗而或溢也"②。这正是《尚书》能够"神明变化，不可方物"的原因，因此章学诚心目中的"新史体"就是"师《尚书》之意，而以迁史义例通左氏之裁制焉，所以救纪传之极弊，非好为更张也"③。对于章学诚在《书教》篇中所提出的"史体"思想，他的挚友、清代著名经史学者邵晋涵曾有这样的评语："是篇所推，于六艺为支子，于史学为大宗，于前史为中流砥柱，于后学为蚕丛开山。"④ 章学诚曾有意以这一"新史体"重新撰写《宋史》，虽然赍志以终，但这一"新史体"思想的提出本身就已为中国传统史学开辟了新的境界。

---

① （清）章学诚：《与邵二云论修〈宋史〉书》，《文史通义新编新注》，浙江古籍出版社2005年版，第671页。

② （清）章学诚：《书教》（下），《文史通义新编新注》，浙江古籍出版社2005年版，第38页。

③ 同上书，第39页。

④ （清）章学诚：《书教》（下），《文史通义校注》（上），叶瑛校注，中华书局1983年版，第53页。

第五章　章学诚的文本诠释思想

第一节　章学诚的语言观

一　章学诚与清代考据学在语言观上的差异

乾嘉学者确信,"道"存在于儒家的"六经"之中,通过语言文字的"诂训"就可以得到"道"的真义。汉代学者在时间距离上和先秦儒家最为接近,因而汉儒的"诂训"最为接近经典的原义,明末清初的学者钱谦益早就指出:"学者之治经也,必以汉人为宗主。"① 而宋代以后的儒学发展由于受到佛、道精神资源的污染,抛弃了汉、唐以来的经学训诂的语言方法,而提倡以个体的心性觉悟来体察终极性的价值规范"天理",晚清学者皮锡瑞因此认为,宋代经学是一个"经学变古"的时代,②"宋人说经之书传于今者,比唐不止多出十倍,乃不以为盛而以为衰者,唐人犹守古义而宋人多务新义也"③。乾嘉考据学者认为,宋明时期之所以是经学衰落的时期,是由于宋明理学家在解经方法上的主观主义态度,没有恪守汉唐经学的"诂训"规范,离开文字语言而从"心性"的角度求道,乾嘉考据学的代表人物之一钱大昕说:

自晋代尚空虚,宋贤喜顿悟,笑学问为支离,弃注疏为糟粕,谈

---

① (清)钱谦益:《与卓去病论经学书》,《牧斋初学集》,(清)钱曾笺注、钱仲联标校,上海古籍出版社1985年版,第1706页。
② (清)皮锡瑞:《经学历史》,周予同注释,中华书局1989年版,第220页。
③ 同上书,第280页。

经之家，师心自用，乃以俚俗之言，诠说经典。……其弊至明季而极矣。①

尝谓六经者，圣人之言。因其言以求其意，则必自诂训始。谓诂训之外别有义理，如桑门以不立文字为最上乘者，非吾儒之学也。②

而乾嘉考据学的领军人物戴震则说：

汉儒故训有师承，亦有时傅会，晋人傅会凿空益多。宋人则恃胸臆为断。……宋以来儒者以己之见，硬坐为古贤圣立言之意，而语言文字实未之知。③

在对宋明经学"崇尚心悟"的批评之中，清代儒学发展出一种严肃的客观认知精神，余英时将其概括为"智识主义"的精神。这一"智识主义"精神在清儒考据学中主要体现为两点：一是确信作为终极价值和规范的"道"就蕴涵于六经之中，为了探询儒学的原始精神，必须"还向原典"，对"六经"的义指作出符合其原义的分析；二是对语言文字所指示的"意义"怀有一种信任的态度，并认为语言文字与"道"之间有一层对应的关系，因此只要遵循适当的解诂方法和程序，就可以求得经典的原义，并进而认识蕴涵于其中的"道"和"圣人之心志"。"经之至者道也，所以明道者其词也，所以成词者未有能外小学文字者也。由文字以通乎语言，由语言以通乎古圣贤之心志，譬之适堂坛之必循其阶，而不可以躐等。"④ 清儒考据学建立在语言文字的基础之上，"朴学"的方法实际上就是"小学"（语言学、文字学）的方法，清代学者普遍认为由文字的"诂训"即可以求得经书的"义理"，需要克服的仅仅是由于时间距离所

---

① （清）钱大昕：《臧玉林经义杂识序》，《潜研堂文集》（卷二十四），上海古籍出版社1989年版，第390页。
② 同上。
③ （清）戴震：《与某书》，《戴震全集》（第1册），清华大学出版社1991年版，第211页。
④ （清）戴震：《古经解钩沉序》，《戴震文集》，中华书局1980年版，第146页。

造成的理解上的差异,而在这方面,汉儒的经学提供了"典范性"的作用,汉儒距离原始儒学最为接近,而又有"师法传承",因此文字训诂应奉汉儒为范式。清代考据学被称为"朴学""汉学",实际上都从一个侧面反映了清儒对于语言文字的重视程度。

与清代考据学者相比,章学诚的学术体系在很大程度上是建立在"神解卓识"的基础之上,对于训诂考据,他似乎有一种天然的反感。他曾在家书中自述说:"吾读古人文字,高明有余,沈潜不足,故于训诂考质,多所忽略,而神解精识,乃能窥及前人所未到处。"① 在与乾嘉考据学者如朱筠、戴震等人的交游过程中,他为考据学者的"博雅"所震撼,精神上曾发生极大的震动。"近从朱先生游,亦言甚恶轻隽后生,枵腹空谈义理,故凡所指授,皆欲学者先求征实,后议扩充。所谓不能信古,安能疑经,斯言实中症结。"② 而戴震的言论甚至使他感到:"充类至尽,我辈于四书一经,正乃未尝开卷卒业,可为惭惕,可为寒心!"③ 章学诚对于乾嘉考据学的成就给予了充分肯定,但同时也认识到这并非自己在学术上的长项:"盖时人以补苴襞绩见长,考订名物为务,小学音画为名;吾于数者皆非所长,而甚知爱重,咨于善者而取法之,不强其所不能,必欲自为著述以趋时尚,此吾善自度也。"④ 在经过艰苦的精神探索,并最终确立了以史学为依归的思想体系之后,章学诚在学术方法上也与考据学分道扬镳,"《尔雅》注虫鱼,固可求学问,读书观大意,亦未始不可求学问,但要中有自得之实耳"⑤。在乾嘉朴学"智识主义"的潮流中,章学诚作为一个边缘性的知识分子,始终要肯定考据学的正面价值,但他同时以一种敏锐的态度指出,"考据"并非知识的终点,"诂训"所阐明的"名物制度"只是经书的表层结构,而作为知识终点的"道"则是蕴涵于

---

① (清)章学诚:《家书三》,《文史通义新编新注》,浙江古籍出版社2005年版,第819页。

② (清)章学诚:《与族孙汝楠论学书》,《文史通义新编新注》,浙江古籍出版社2005年版,第800页。

③ 同上。

④ (清)章学诚:《家书二》,《文史通义新编新注》,浙江古籍出版社2005年版,第817页。

⑤ (清)章学诚:《又与正甫论文》,《文史通义新编新注》,浙江古籍出版社2005年版,第807页。

"名物制度"背后的"所以然"。"如王氏《玉海》之类,亦止功力而非学问也。但不得其趣,则不可以强为,当求资之所近,而力能勉者,由渐而入于中,得究其所以然,所谓道也。又由是道扩而充之,隅而反之,所谓大道也。"①"名物制度"是"当然",是经书的表层结构,因而可以为语言文字所掌握;而"道"或是体现"道"的"学问",则是"所以然",是经书的深层结构,这只能在语言文字训释的基础上通过学者的"心识"进行领会:"记诵名数,搜剔遗逸,排纂门类,考订同异,途辙多端,实皆学者求知所用之功力尔!即于数者之中,能得其所以然,因而上阐古人精微,下启后人津逮,其中隐微可独喻,而难为他人言者,乃学问也。"②"道"并非被明白地揭示于六经之中,而是"隐微可独喻,而难为他人言者"。语言在传达意义方面有其自身的限制,与清代考据学者相比较,章学诚对于这一点有着清醒的认识。③

有学者论及戴震"释义学"的理论困境时说:"从广义的训诂上讲,义理的确不出于训诂之外,因为无论如何抽象的义理,都必须通过语言来表达,而对义理的理解,也不可能离开语言,但理解的方式,必不是汉学家用来理解普通语词的训诂方法。就语言表达来说,有表层含义与深层含义之别,有经验层与超经验层之分。语言的这一特点,决定了以揭示文献语言的表层的一般含义为主要内容的训诂方法,在阐释义理方面不可避免地存在着局限性。如果把词语的表层含义当作这一概念的全部意义,妄认训诂为唯一正确的结论,则必然不能获得真实的义理。戴震用训诂方法否定宋儒所提出的一些哲学概念的含义,只能服宋儒之口,不能服宋儒之心。"清人方东树在批评汉学时也说:"诸儒释经解字,纷纭百端,……实不能皆当于义理。何以明之?盖义理有时实有在语言文字之外者,故孟子曰,不以文害辞,辞害义也。"④方东树虽对汉学存有偏见,但这一批评实为击中汉学之理论要害。章学诚对于语言局限性的认识接近方东树的

---

① (清)章学诚:《又与正甫论文》,《文史通义新编新注》,浙江古籍出版社2005年版,第808页。
② 同上书,第807页。
③ 娄毅:《训诂与义理:中国传统释义学的两难选择》,《中国哲学史》2004年第1期,第100页。
④ (清)方东树:《汉学商兑》(卷中之下),商务印书馆1937年版。

观点，也正是在这一点上，章学诚展开了对于清儒考据学方法的批判。

二 言与意：语言的历史情景

章学诚的语言观隐含着对于乾嘉朴学的批评，他环绕着两点阐发他对于语言的认识，首先是语言与意义的联系，即"言与意"之辨；清代考据学认为语言直接呈现意义，"言与意"之间是一单向的指陈关系，两者在结构上是同一的，"训诂考据"的释义方法就是沟通"言"与"意"之间的桥梁。而章学诚则认为语言文字，不论其是书面的或是口头的，都是"有为言之"，即一切语言文字都有其当下的语境，是和具体的历史情景联系在一起的，其意义必须透过背景得到阐释，如果切断了语言文字和其所处背景的联系，视语言文字为孤立于历史时间中的现象，那么"言与意"之间就会发生背离。清代考据学的理论失误即在于将语言文字抽离其所处的具体历史环境加以理解，过分地追求其"原义"，汉学家普遍崇奉东汉许慎的《说文解字》，将《说文解字》对字义的训释视为唯一的"意义"，阮元更从《尚书》中记载的商、周文献出发，提出"性命之训，起于后世者，且勿说之，先说其古者"[①]。将训诂学上的"本义"视为文字的唯一意义，而无视语言文字在历史流变的具体情景中展现的多样性，是清代考据学站在"经学"立场上的基本态度。章学诚从史学家的角度敏锐地觉察到了清儒考据学的这一理论弱点，将"历史情景"的概念引入到了对于文本的阐释之中。在章学诚看来，语言与意义之间并不是一一对应的单向指陈关系，语言本身呈现着多重的意义，与对文本文字的单纯训诂考释相比，切身理解语言所处的"历史情景"，是接近语言"意义"的更为有效途径。否则就会陷入"似之而非"的理解困境："学术之患，莫患乎同一君子之言，同一有为言之也，求其所以为言者，咫尺之间而有霄壤之判焉，似之而非也。"[②]

章学诚举《论语》中的孔子论"仁"为例。"樊迟问仁，子曰：'爱人'。问知，子曰：'知人'。他日问仁，子曰：'仁者先难而后获。'问

---

① （清）阮元：《性命古训》，《揅经室集》（上册），邓经元点校，中华书局1993年版，第211页。

② （清）章学诚：《辨似》，《文史通义新编新注》，浙江古籍出版社2005年版，第157页。

知，子曰：'务民之义，敬鬼神而远之。'同一樊迟，同一问仁问知，而所言先后各殊，则言岂一端而已哉？必有所为而不可以强执也。幸而其言出于夫子也，出之他人，必有先后矛盾之诮矣。"① 作为孔子学说核心概念的"仁"字，在《论语》中频繁出现，但孔子并没有对"仁"字作出统一的定义，而是随"情景"的不同对学生们的发问进行随机性的解答，"仁"字的意义不能够单纯从字面上得到了解，而是和《论语》中的"历史情景"嵌合在一起，透过孔子和学生问答的不同背景而得到呈现，因此樊迟两次问"仁"和"知"，却得到了两个不同的回答，不是"仁"和"知"的意义发生了转变，而是语境发生了变化，因而对于文本的阐释途径必须是结合其具体的"历史情景"来进行，而单纯执着于语言文字训诂学上的"原义"，则必然在阐释中发生窒碍不通的现象，章学诚就此批评清代考据学说："今之泥文辞者，不察立言之所谓而遽断其是非，是欲责人才过孔子也。"②

清代考据学对孔子"仁"之意义进行理解的一个具体例证是阮元的《论语论仁论》，阮元归纳总结了《论语》中出现的"仁"字，"《论语》言五常之事详矣，惟论'仁'者凡五十有八章，'仁'字之见于《论语》者凡百有五，为尤详"③。最后将其义指归纳为"相人偶"。此即代表了清儒治学的程序，以归纳法的手段求得文字的"本义"，再以此"本义"解说全经，而语言所处的"历史情景"则不在其考察范围之中。故其视"本义"为经书中文字的唯一意义，阮元在《王伯申经义述闻序》中说："《经义述闻》一书，凡古儒所误解者，无不旁徵曲喻，而得其本义之所在。使古圣贤见之，必解颐曰：'吾言固如是'。数千年误解之，今得明矣。"④ 但后世学者并不信服阮元严格归纳出的"仁"之"本义"，如晚清学者朱一新即直率地指出："阮文达此言恐是误读郑《注》，……《研经室集》论性理诸篇支离已甚，其书精处不在此，学者毋为所惑。"⑤

如何具体地理解"言"所处的"历史情景"，也就是作者"立言之所

---

① （清）章学诚：《说林》，《文史通义新编新注》，浙江古籍出版社 2005 年版，第 227 页。
② 同上。
③ （清）阮元：《研经室集》，中华书局 2006 年版，第 176 页。
④ 同上书，第 121 页。
⑤ （清）朱一新：《无邪堂答问》，中华书局 2000 年版，第 31—33 页。

谓"，章学诚认为主要在于探询作者的"心志"。"人知《易》为卜筮之书矣，夫子读之而知作者有忧患，是圣人之知圣人也；人知《离骚》为词赋之祖矣，司马迁读之而悲其志，是贤人之知贤人也。夫不具司马迁之志而欲知屈原之志，不具夫子之忧而欲知文王之忧，则几乎罔矣。"[①] 而"心志"则存乎语言文字之外，需要通过一种独特的心灵感受能力才能接触，语言学意义上的"训诂"方法在这里是无能为力的。"夫言之有物，即心所独得是也。心有所得，不能共喻，不得已而发之于言，则虽千变万化，流转不穷，要皆本其所见，而不为外袭之言。"[②] 章学诚在这里再次提出了为乾嘉朴学所激烈反对的"悟"的概念，从思想史的事实来看，在宋明理学尤其是陆王心学中，"悟"是心性修养过程中的一种特殊体验，与普通的日常生活中的知觉能力不同，"悟"通过一种直观方式达到对道德心性和宇宙本体的直觉把握，因而具有一种神秘主义的色彩。在宋明理学向清代儒学的转化过程中，作为普遍价值的"道"或"理"的超越性日益受到质疑，因而"悟"也从对超越领域的特殊体验向日常生活中的认知转化，山口久和分析清初儒者陆世仪的《思辨录辑要》时说："（陆氏）反对通常把悟入的经验视为脱离日常性的特别境界。悟是日常茶饭的经验，不是通过所谓豁然贯通之后全部发生的戏剧化状态来实现的。因而，认为必须通过躬行实践和读书学问日继一日地体悟和深化。"[③] 阳明学之后儒学世俗化的潮流使"悟"日渐介入世俗生活，"悟"与"读书作文"等知识活动发生了密切联系。章学诚在继承浙东学术整体精神的基础上重拾"悟"的概念，将其视为联结"言与意"的契机，语言所表达的是"事实"，而作者的"心志"则超乎语言之外，因此文字训诂所达到的只是对"事实"的初步理解，而要探询语言文字之外的"心志"则要借助于更高一层的直观性知识方法"悟"，章学诚这样表述说：

> 学者株守尘册，终无进步，诚有卓尔之志，所贵启悟得于无方。……担夫争道，草书何以入神？坏屋颓墙，绘画何以通妙？诚能

[①] （清）章学诚：《知难》，《文史通义新编新注》，浙江古籍出版社2005年版，第232页。
[②] （清）章学诚：《清漳书院留别条训》，《文史通义新编新注》，浙江古籍出版社2005年版，第619页。
[③] ［日］山口久和：《章学诚的知识论》，王标译，上海古籍出版社2006年版，第235页。

即其性之良，用其力之能赴，则半日读书，半日静体，游心淡漠，鬼神潜通。①

"半日读书，半日静坐"是宋儒提出的修养方法，二程中的大程子明道先生每见人静坐便叹为善学。章学诚所言"半日读书，半日静体"则是对知识进行深化了解的一种方法，所追求的目标在于超越训诂学语言文字的束缚而契入作者的"心志"，这里并没有伦理修养的意味而纯是一种知识方法。"言"与"意"之间并非如清儒考据学所设想的那样是一种高度密合的关系，而有时会发生背离的现象，而解决这一理论困境，则必须引入"历史情景"的概念，通过"历史情景"以探询作者之"心志"，如果认为考据学是一广义的"经典诠释学"的话，这才是"经典诠释学"所要达到的最终目标，而乾嘉朴学则"泥于文辞之末"，局限于对"事实"的了解，因而始终在诠释的门外徘徊。章学诚并进而提出"悟"的观念对清儒的知识方法进行补充，通过"悟"理解作者之"心志"，从而使语言所展现的不仅是"事实"，而且是完整的"意义"，"言"与"意"的关系通过"悟"得到了真正的契合。"言意之辨"是章学诚语言观的独特一环，通过对"言意"关系的分辨，章学诚批判了乾嘉朴学对于语言文字的狭隘认识，同时也对其知识方法进行了更高层次的补充。

三　象与辞：语言的象征维度

章学诚语言观的第二个方面则是针对"言与道"的关系，如果说语言表述的只是"事实"，而对其整体意义的阐释则要通过"语言事实"与"历史情景"的交互循环来进行，换言之，语言并不直接指向意义，而是通过一个曲折的诠释过程来达到意义的澄明，对于"六经"之后的普通文本如诸子、辞赋之类，意义的澄明即已完成了诠释的任务；但对于"六经"这一特殊形式的文本而言，诠释的目标不止于澄明其意义，而在于意义背后所蕴涵的"道"。考据学设定的求道程序是"字—词—义（意义）—道"，如果我们将其作一现代意义上的简略表述的话，那么就是"语言—意义—道"，"言意之辨"揭示了语言与意义之间的背离，如果顺

① ［日］山口久和：《章学诚的知识论》，王标译，上海古籍出版社2006年版，第618页。

着这个逻辑推演的话,"言"与"道"之间也不会是考据学所设想的直线发展的关系,而必然存在着一层媒介,语言通过这一媒介曲折地表达自身,并最终达到对"道"的认识。章学诚所设想的存在于"言"与"道"之间的媒介是"象","象"的功能在于使语言摆脱了与"事实"一一对应的关系而进入了一个变动不居的自由境域,换言之,语言不纯是对"事实"的描述而同时具有"象征"的功能,当语言脱离了与"事实"的固定联系而释放出其自身的丰富含义时,"道"才得以呈现。在章学诚的理解中,六经的语言并不是单纯地指向"事实",而是具有一种象征性的意义,"道体"正是通过这种象征性的语言来呈现自身。"象之所包广矣,非徒《易》而已,《六艺》莫不兼之,盖道体之将形而未显者也。……《易》与天地准,故能弥纶天地之道,万事万物,当其自静而动,形迹未彰而象见矣。故道不可见,人求道而恍若有见者,皆其象也。"① 章学诚并进一步将"象"分为"天地自然之象"和"人心营构之象",而"人心营构之象"也是出于"天地自然之象",二者共同体现了经书语言的象征色彩:

  有天地自然之象,有人心营构之象。天地自然之象,《说卦》为天为圜诸条,约略足以尽之;人心营构之象,《睽》车之载鬼,翰音之登天,意之所至,无不可也。然而心虚用灵,人累于天地之间,不能不受阴阳之消息。心之营构,则情之变易为之也。情之变易,感于人世之接构而乘于阴阳倚伏为之也。是则人心营构之象,亦出于天地自然之象也。②

《易经》的功能是"设卦、观象、系辞、明吉凶","易象"是其中非常重要的一个概念。所谓"象",《系辞传》说:"圣人有以见天下之赜,而拟诸其形容,象其物宜,是故谓之象。"③ 也就是说,圣人通过卦爻画来象征、比拟天下的万事万物,然后再通过系辞来明其吉凶。"象"

---

① (清)章学诚:《易教》(下),《文史通义新编新注》,浙江古籍出版社2005年版,第16页。
② 同上。
③ 《周易·系辞传上》。

既非完全的观念抽象物,但也不是具体的经验性事物,而是处于一个微妙的中间态势居中以沟通二者(即"道体之将形而未显者"①),章学诚认为正是由于易象打破了固有的思维框架(观念与具体事物的对立),因而处于一种"变化而不可方物"的动态结构之中,从而可以达到"兼通六艺"的效果。"道体"超乎语言文字之外,人们只能通过"象"间接地接触"道体",因此领会"象"是"闻道"的唯一途径。而就"象"与"辞"(语言)的关系而言,"象"并不与具体的事物一一对应,而是出于心灵的自由想象,有着自身的丰富维度和多义性,"意之所至,无不可也"②,因而通过训释字义并不能达到"象"与"辞"的沟通,"象"始终处于变动之中,而无法与"辞"建立起线性的直接联系,"象则最宜活变,而不拘滞"③。"象"与"辞"的关系必须在一个动态的结构、境域中进行理解,张祥龙解释这二者的关系时说:"沟通象与辞的努力绝不应仅限于辞的方面,将'象'当作一种现成的东西,只是通过考证、训诂等方式来增加文字方面的取象方法或寻求原本的取象之法;而是应该同时努力取增强对于易象的理解维度和活力,以增大象与辞的深层接触可能。……象与辞的主要联系不是线性的,而是凭借象与辞的动态的、境域式的变通来建立或'构成'的。"④对于章学诚而言,将语言视为"境域化"的存在而非"现成对象",是六经共通的思维模式:

> 雎鸠之于好逑,樛木之于贞淑,甚而熊蛇之于男女,象之通于《诗》也。五行之征五事,箕毕之验雨风,甚而傅岩之入梦赉,象之通于《书》也。古官之纪云鸟,《周官》之法天地四时,以至龙翟章衣,熊虎志射,象之通于《礼》也。歌协阴阳,舞分文武,以至磬念封疆,鼓思将帅,象之通于《乐》也。笔削不废灾异,左氏遂广

---

① (清)章学诚:《易教》(下),《文史通义新编新注》,浙江古籍出版社2005年版,第16页。

② 同上。

③ (清)章学诚:《清漳书院留别条训》,《文史通义新编新注》,浙江古籍出版社2005年版,第620页。

④ 张祥龙:《思想避难:全球化中的中国古代哲理》,北京大学出版社2007年版,第98—107页。

妖祥，象之通于《春秋》也。①

六经中的语言具有丰富的象征色彩，这与《诗经》的"比兴"手法是相为表里的。"《易》象虽包《六艺》，与《诗》之比兴，尤为表里。"② 对经书语言的理解必须结合其象征维度而非拘泥于字义的诂训。"盖《易》之有象，犹《诗》之有兴也，《易》无达象，《诗》无达兴，《春秋》无达辞，谓学者当引伸触类，不可泥于言辞之末也。"③ 六经作为学术之源，对春秋战国之后的人文学术发展产生了重要的影响，语言的这种象征意义也在战国诸子的文体中得到了一定的展示："战国之文，深于比兴，即其深于取象者也。《庄》《列》之寓言也，则触、蛮可以立国，蕉、鹿可以听讼；《离骚》之抒愤也，则帝阙可上九天，鬼情可察九地。他若纵横驰说之士，飞箝捭阖之流，徙蛇引虎之营谋，桃梗土偶之问答，愈出愈奇，不可思议。"④ 诸子的文章中充满了寓言和想象，凡此都充分体现了语言的"象征"和"隐喻"功能，不但如此，甚至从异域传来的佛教也体现了《易经》"以象为教"的特色："至于丈六金身，庄严色相，以至天堂清明，地狱阴惨，天女散花，夜叉披发，种种诡幻，非人所见，儒者斥之为妄。不知彼以象教，不啻《易》之龙血玄黄，张弧载鬼。是以阎摩变相，皆即人心营构之象而言，非彼造作诳诬以惑世也。"⑤ 儒者将佛教的言说理解为一种"事实"，是一种偏执的见解，这是由于未能理解语言的象征功能所导致的。由此也可以得出结论，较之语言所指向的"事实"而言，语言的象征意义是其更为根本的意义，它是破译经书语言的一把钥匙，由此打开通往"道"的途径，"言—象—道"构成了章学诚特有的求道程序，而"象"则是"言"与"道"之间的重要媒介。

---

① （清）章学诚：《易教》（下），《文史通义新编新注》，浙江古籍出版社2005年版，第16页。

② 同上。

③ （清）章学诚：《清漳书院留别条训》，《文史通义新编新注》，浙江古籍出版社2005年版，第620页。

④ （清）章学诚：《易教》（下），《文史通义新编新注》，浙江古籍出版社2005年版，第17页。

⑤ 同上。

四　章学诚语言观的历史渊源和时代意义

从思想史的线索来看，儒家的传统认为语言与事实之间存在着固定的联系，针对春秋时期礼崩乐坏的社会现状，孔子认为重建社会秩序的要点在于"正名"，即使"君臣父子"的事实重新纳入其语言所规定的范围内，冯友兰指出孔子"正名"思想的含义是"盖一名必有一名之定义，此定义所指，即此名所指之物之所以为此物者，亦即此物之要素或概念也"[①]。所谓"名"即是语言，所谓"定义"则是语言所指代的"事实"，惟有当"名"与"定义"，也就是"语言"与"事实"相吻合时，"天下有道"的理想才能够得以实现。与儒家的态度相比，道家则对语言怀有一种不信任的态度，《庄子·天道》指出："语之所贵者意也。意有所随。意之所随者，不可以言传也。"语言不能传达全幅的意义，意义随语境的转换而改变（意有所随），因而胶执于语言必然会妨害意义的表达。而受到道家语言观影响的魏晋玄学则在"言—象—意"的关系上提出："故言者所以明象，得象而忘言。象者所以存意，得意而忘象。"[②]"言"在三者的关系中被置于最低的层次。佛教东传后，"中观"学派"双破双遣"的思维方式也对这种语言观产生了重大影响，禅宗以"不立文字，直抵心源"为其宗教的表达方式，"言语道断""不落言铨"的表述方法表达了禅宗对语言传达意义的深刻质疑。受禅宗佛学影响而兴起的宋明新儒学（理学）也接受了这种对语言的不信任态度，明代心学甚至将经书的语言视为"糟粕"："六经一糟粕耳，……盖以我观书，随处得益；以书博我，则释卷而茫然。"[③] 明代心学的语言观造成了倪德卫所说的"理性神秘主义的困境"[④]，这一语言观可以追溯到魏晋玄学乃至先秦道家，因此明清之际的思想家也往往将阳明心学与魏晋玄学相提并论，认为二者共同破坏了儒家的"正名"原则，造成了社会秩序的解体。

---

① 冯友兰：《中国哲学史》（上），中华书局1992年版，第86页。
② （魏）王弼：《周易略例·明象》，《王弼集校释》，楼宇烈校释，中华书局1980年版，第609页。
③ （明）陈献章：《道学传序》，《陈献章集》（上），中华书局1987年版，第20页。
④ 参见［美］倪德卫《儒家之道》第16章"章学诚的哲学"，［美］万白安编、周炽成译，江苏人民出版社2006年版。

梳理中国思想史上语言观的发展，可以看出的是，自先秦之后，对语言的不信任态度逐渐成为中国哲学的主流，尤其是融会儒、释、道而建立起来的宋明新儒学（理学），更将这种语言观发展到了登峰造极的地步，在一定程度上，清代考据学"因言以明道"的学术方法是对这一语言观的反拨，重新将语文意义确立为经典诠释的中心，龚鹏程认为："乾嘉朴学这种语言观与释义活动，与西方近代哲学的'语言转向'颇有异曲同工之处。"[①] 但龚氏同时也指出，经典诠释同时牵涉到"语言的理解"和"历史的理解"，前者关乎文字语句，后者则涉及语境的认识。而清代考据学的发展则窄化了这一诠释主张，将"语言的理解"视为经典诠释中心的、也是唯一的目标。东原之学犹重视"典章制度"之"历史的理解"，并试图以训诂字义、考释典章制度以"闻道"，而东原后学之段玉裁、王念孙则将"经学训诂"变为一种纯粹技术性的"小学"，"闻道"的目标则弃之蔑如，因而造成了"理解的迷失"。章学诚作为乾嘉朴学的批判者，对这一"理解的迷失"有着深刻的认识，他以史学家的慧识敏锐地意识到只有整合"语言的理解"和"历史的理解"，才能使"言"与"意"之间不发生背离；同时语言除了指陈事实之外，还具有象征的维度，"象"是"言"与"道"之间的媒介，只有当"语言的理解"进入境域化的动态结构而脱离了与具体事实的固定、单义联系时，"道体"才能以一种"恍若有见"的方式呈现自身，换言之，"道体"是非实体性的，它本身不是普通日常知识活动的认知对象，如果认定语言只存在"表述事实"这一知识性的机制，那么"言"与"道"之间也必然发生背离现象。而唯一的途径在于"化言为象"，使语言脱离事实进入"境域化"的动态领域，"道"通过"象"以象征和"隐喻"的方式呈现自身。如果说乾嘉朴学的客观实证主义是一种"科学化"的思维，那么章学诚的"易象论"体现的则是一种诗性的"艺术化"思维。章学诚并不讳言这一点，他从文学评论中得到启示，认为诗文的评点如果拘于字义，则不能领会其神妙之处，这与经书的诠释是相通的："就诗文而加评点，如就经传而作训故，不能无强求失实之弊，以人事有意为攻取也。离诗文而为

---

① 龚鹏程：《语文意义的诠释》，载杨晋龙主编《清代扬州学术》（上），台北"中央研究院"中国文哲研究所 2005 年版，第 28 页。

评论，如离经传而说大义，虽诸子百家，未尝无精微神妙之解，以天机无意而自呈也。"① 章学诚语言观的远源在于道家以及魏晋玄学的"言意之辨"，而浙东王学一脉重心性体悟、轻语言表达的学术方法也对他产生了重大影响，同时也与他独特的精神气质相关联。但这同时也预示着乾嘉朴学"因言求道"的学术方法本身已陷入迷失的困境而在寻求出路，常州学派的今文经学作为乾嘉朴学的"支绪"，以"微言大义"相标榜，在一定程度上便是对这一困境的突破。宋学、汉学、浙东史学、今文经学在清中期的思想史舞台上交相出现，构成了一幅迷离的历史图景，而思想史的发展也由此进入了一个新的时期。

第二节 章学诚的知识人格论

一 两种知识活动：真知与伪学

章学诚在知识的建构过程中注重"知识主体"的作用，这也是他与乾嘉朴学迥异的一个特点，清儒在批判宋学的过程中，注意到了宋儒在解经过程中过于发挥义理、主观任意的错误，因而提倡一种客观性的实证主义方法，"主体性"被视为"主观性"的同义语，在经典文本的诠释过程中过于强调主体不涉入和价值中立，"知识主体"站在文本的外部，以一种"主客分离"的二元论态势，通过工具性的"小学"方法对文本进行客观的分析和评判，以求得经书的原始意义。清儒虽自称"由训诂以通义理"，但对大多数考据学者而言，这仅是一句空泛的门面话，考据学者的主要兴趣和精力用于语文字义的辨析和历史事实的考证，这实际上与清初"经史考证"之学兴起时所内含的"经世致用"精神已逐渐疏离。所谓"乾嘉朴学"的出现标志着经学（包括史学）研究的专业化趋向，学者考经辨史，以"实事求是"相标榜，对一切思想性的议题均表现出极度的冷漠。这里的原因在于，朴学对于知识的看法和近代实证主义的观点有着相近之处，即强调知识是纯粹客观的外在对象，在求知的过程中，求知者的主体必须处于一个冷静旁观的地位，而不能对知识的形成有一丝干

---

① （清）章学诚：《吴澄野太史〈历代诗钞〉商语》，《文史通义新编新注》，浙江古籍出版社2005年版，第600页。

扰，此之谓"主体不涉入"；同时知识既是客观性的，则主观性的"价值判断"尤为大忌，学者必须让事实自己说话，而避免让自己的主观性影响知识的客观实在性，此之谓"价值中立"。"主体不涉入"和"价值中立"这二者共同构成了乾嘉朴学的方法论特征，而其背后蕴含的则是一种"主客分离"的二元论心态。①

但这一对经典的解读方法在实际运用中尽管取得了辉煌的学术成就，但也蕴含了一个不可解的死结，那就是，这一方法无法促发真正思想的产生，"通经明道""由训诂以通义理"的理想与考据学的实际成就之间存在着令人尴尬的距离。这里的原因在于，"主体不涉入"则诠释对象（经书）与诠释者的历史境遇与生存处境了不相关，从而诠释者仅以解诂文句为己任，经书的意义封闭在文本中而无法开放为一个广阔的场域，以供诠释者形成"问题焦点"，此为"经世精神"之遗落；"价值中立"则使乾嘉学者对"义理之学"讳莫如深，一切哲理方面的探讨都被视为"宋学风气"而遭到诟病，戴震和章学诚均因其义理思想而招致乾嘉考据学界的排斥，易言之，考据学发展至乾嘉时期已丧失其"明道"的目标而沦为单纯的"名物器数"之学，此为"义理追求"之遗落。而这两方面的"遗落"，均与"知识主体"的不明朗化有关，龚鹏程论述乾嘉朴学的基本性质时说："学者不复明道，亦不言义理，于古人之道，若视越人之瘠腴，与自己身心和存在境遇皆不相干，考校于一字一句之微，求索及于孤本秘笈，而渐至海外佚珍、地下文物。这当然促使文字、声韵、语法、训诂、校勘、辑佚、考古等学问有了长足的发展，但考文之功多，求道之意寡，终至完全逆转了明道的目标。"②朴学发展过程中这种日趋专门化的趋势是和儒学的总体精神相背离的，这一点甚至乾嘉朴学中的一些杰出人物也逐渐有了清醒的意识，如段玉裁晚年在《朱子小学跋》中检讨生平学问时说："喜言训诂考核，寻其枝叶，略其根本，老大无成，追悔已晚。"③

---

① 参见龚鹏程《语文意义的诠释》，载杨晋龙主编《清代扬州学术》（上），台北"中央研究院"中国文哲研究所2005年版。

② 龚鹏程：《语文意义的诠释》，载杨晋龙主编《清代扬州学术》（上），台北"中央研究院"中国文哲研究所2005年版，第42页。

③ （清）段玉裁：《博陵尹师所赐朱子小学恭跋》，《经韵楼集》，上海古籍出版社2007年版，第193页。

第五章 章学诚的文本诠释思想

与乾嘉朴学在知识论上的客观实证主义相比较，章学诚更为重视存在于知识根基处的"知的主观契机"，换言之，文本的意义并非是封闭性地存在于经书语句中的客观对象，与认识者的主体不发生直接关联；而恰恰相反，正是由于文本与认识者主体在历史世界中的相遇、激发，才使文本的意义得到"显现"，要达到对意义的理解，或者更为准确地说，是"领会"，必须树立认识者的主体地位，主体与文本的交互循环是领会意义的唯一途径，否则只是"名物度数"之学。这样的认知活动超越了考据学所预设的文本与主体的二元对立，引领人们达到了对于知识纵深理解的"神妙之境"，章学诚称这样的知识活动为"真知"："学术文章，有神妙之境焉。末学肤受，泥迹以求之。其真知者，以谓中有神妙，可以意会而不可以言传者也。"[①] "真知"区别于"伪学"，"真知"之"真"是由于有主体"性情"的参与。"夫学有天性焉，读书服古之中，有入识最初，而终身不可变易者是也，学又有至情焉，读书服古之中，有欣慨会心，而忽焉不知歌泣何从者是也。"[②] 而"伪学"则是离开了主体"性情"的参与，趋向于风会循环的学术："不问天质之所近，不求心性之所安，惟逐风气所趋而徇当世之所尚，勉强为之，固已不若人矣；世人誉之则沾沾已喜，世人毁之则戚戚以忧，而不知天质之良，日以离矣。……且亦趋风气者未有不相率而入于伪也，其所以入于伪者，毁誉重而名心亟也。"[③] 如果说乾嘉朴学主流的"训诂考证"从积极的意义上可以"存为求知之功力"，作为知识活动的初步阶段："学问之始，未能记诵；博涉既深，将超记诵。故记诵者，学问之舟车也。人有所适也，必资乎舟车；至其地，则舍舟车矣。"[④] 但乾嘉朴学将"记诵博览"作为知识活动的全部和唯一内容，则造成了"伪学"的泛滥，章学诚讥之为"竹头木屑之伪学"[⑤]，并指出"伪学"是由"风尚"所造成的："故以学问为铜，文章为釜，而

[①]（清）章学诚：《辨似》，《文史通义新编新注》，浙江古籍出版社 2005 年版，第 158 页。

[②]（清）章学诚：《博约》（中），《文史通义新编新注》，浙江古籍出版社 2005 年版，第 117 页。

[③]（清）章学诚：《答沈枫墀论学》，《文史通义新编新注》，浙江古籍出版社 2005 年版，第 713 页。

[④]（清）章学诚：《辨似》，《文史通义新编新注》，浙江古籍出版社 2005 年版，第 158 页。

[⑤]（清）章学诚：《与邵二云书》，《文史通义新编新注》，浙江古籍出版社 2005 年版，第 677 页。

要知炊黍芼羹之用，所谓道也。风尚所趋，但知聚铜，不解铸釜；其下焉者，则沙砾粪土，亦曰聚之而已。"[1] 乾嘉朴学由于将"知识主体"（性情）排斥在知识建构的过程之外，知识与主体分离为二，从而使知识成为一种纯客观的、分析性的局部细节知识，既缺乏对知识整体的统贯了解，也缺乏与主体生存处境的有机联系，因而造成了学术风尚的愈趋愈下。乾嘉朴学这一"泛滥无归"的发展趋势，是乾嘉知识界亟需面对的理论困境，而造成这一学术风尚的原因，则是由于朴学知识论切断了知识与主体之间的关联。

二 天质之良：知识的主观倾向

就章学诚思想体系的整体倾向而言，他始终以"明道"为目标，"道体"体现于三代"治教合一"的理想知识状态中，由于"道体"在历史世界中的解体，知识遂分为化各种具体的门类。但从"道"的高度来评判，则各项具体的知识门类不分轩轾，都分别体现了"道体"的一个方面。"盖学问之事，非以为名，经经史纬，出入百家，途辙不同，同期于明道也。"[2] 而由于时代风气的循环，各个时代都会产生突出的、代表性的学术，汉代的经学训诂、唐代的古文辞、宋代的性理学都是它们那个时代在学术上的杰出代表，它们分别体现了考据、辞章和义理这三个不同的知识方向。在清代的历史环境下，考据学受到了特别的重视，但这只是由于风气循环的因缘际会，而并不表示考据学在价值上要优越于义理和辞章之学，"大约服、郑训诂，韩、欧文辞，周、程义理，出奴入主，不胜纷纷，君子观之，此皆道中之一事耳。未窥道之全量，而各趋一节以相主奴，是大道不可见，而学士矜为见者，特其风气之著于循环者也"[3]。"风气论"是章学诚特有的论点，其前提背景是三代以后知识世界的分裂："三代以还，官师政教不能合而为一，学业不得不随

---

[1] （清）章学诚：《与邵二云书》，《文史通义新编新注》，浙江古籍出版社 2005 年版，第 677 页。

[2] （清）章学诚：《与朱沧湄中翰论学书》，《文史通义新编新注》，浙江古籍出版社 2005 年版，第 708 页。

[3] （清）章学诚：《答沈枫墀论学》，《文史通义新编新注》，浙江古籍出版社 2005 年版，第 712 页。

一时盛衰而为风气。"① 因此，学术的此兴彼衰是与知识的分裂相为表里的，在无法恢复"治教合一"理想知识状态的情况下，惟有通过整合不同的知识门类，探究其背后的"所以然"，才能达到"明道"的目的，"学术当然，皆下学之器也；中有所以然者，皆上达之道也。器拘于迹而不能相通，惟道无所不通，是故君子即器以明道，将以立乎其大也"②。"道混沌而难分，故须义理以析之；道恍惚而难凭，故须名数以质之；道隐晦而难宣，故须文辞以达之。三者不可有偏废也。"③

知识世界的分裂是一项既成的历史事实，义理、辞章、考据三者的循环即是这一分裂的知识世界的表征。但是风气循环造成的后果是学者主体性的丧失："夫风气所在，毁誉随之，得失是非，岂有定哉！辞章之习既盛，辄诋马、郑为章句；性理之焰方张，则嗤韩、欧为文人；循环无端，莫知所底，而好名无识之徒，乃谓托足于是，天下莫能加焉，不亦惑欤！"④ 由此章学诚认为要在当下的历史世界中达到对"道"的认识，必须树立学者的主体性地位，以对抗风气的干扰，并通过主体的参与达到对知识的深化理解，"道"即呈现于这种知识理解的"神妙之境"中。在章学诚的语汇中，主体性被称为"神解""别识""心裁"，借助于"神解别识"，认识者可以达到对事物统贯的了解。"神解别识"的形成在于"炼气养识"，而其发端则在于"天质之良"，即每个人天生的资性，也就是个体直觉性的知识倾向，作为个体的知识潜能有三种：记性、作性和悟性，它们分别代表了才、学、识三种具体的知识能力，并发展为考订、词章、义理三种不同的知识领域。但每一个体的"天质之良"只倾向于其中的一种，因此章学诚一方面强调义理、考据、辞章三者不可偏废，但另一方面也不得不承认，由于个体的"天质之良"不尽相同，因此每个人所专注的知识领域也是不同的。"夫风气所趋，偏而不备，而天质之良，

---

① （清）章学诚：《答沈枫墀论学》，《文史通义新编新注》，浙江古籍出版社2005年版，第712页。

② （清）章学诚：《与朱沧湄中翰论学书》，《文史通义新编新注》，浙江古籍出版社2005年版，第709页。

③ （清）章学诚：《与朱少白论文》，《文史通义新编新注》，浙江古籍出版社2005年版，第769页。

④ （清）章学诚：《答沈枫墀论学》，《文史通义新编新注》，浙江古籍出版社2005年版，第713页。

亦曲而不全，专其一则必缓其二，事相等也。"①

"天质之良"或"性情"与"风气"相对应，构成了"真知"和"伪体"的区别特征，凡"真知"都发端于"天质之良"，与主体的"性情"相配合。"即其天质之良，而悬古人之近己者以为准，勿忘勿助，久之自有会心焉。"②"夫学贵专门，识须坚定，皆是卓然自立，不可稍有游移者也。至功力所施，须与精神意趣相为浃洽。"③ 而"伪体"则循于风气之变，而缺乏学术主体的自主性。"不问天质之所近，不求心性之所安，惟逐风气所趋而徇当世之所尚，勉强为之，固已不若人矣；世人誉之则沾沾已喜，世人毁之则戚戚以忧，而不知天质之良，日以离矣。"④ "天质之良"是知识主体的根基，知识之建构是否以"天质之良"作为切入的契机，决定了知识的"诚伪之分"。

章学诚并非一味地贬低考据学的价值，在"三代之知"无法恢复的现实形势下，学者在现有的知识格局中循自身的"资性"进行追求。"高明者由大略而切求，沈潜者循度数而徐达。资之近而力能勉者，人人所有，则人人可自得也，岂可执定格以相强欤！"⑤ 知识的探求本有"高明"和"沈潜"两种不同的路径，如果说"读书求大义"这一整体主义的方法适合天性"高明"的学者，那么"《尔雅》注虫鱼"之类局部分析性的求知方法则适合天性"沈潜"的学者，二者形成相互补充的态势而共同达到"明道"的目的。"立言之士，读书但观大意；专门考索，名数究于细微；二者之于大道，交相为功。"⑥ 如果学术的建立是遵循主体的"诚意"，那么考据学的客观价值也是不容磨灭的。"然而考索之家，亦不

---

① （清）章学诚：《答沈枫墀论学》，《文史通义新编新注》，浙江古籍出版社 2005 年版，第 713 页。

② （清）章学诚：《与朱沧湄中翰论学书》，《文史通义新编新注》，浙江古籍出版社 2005 年版，第 709 页。

③ （清）章学诚：《家书四》，《文史通义新编新注》，浙江古籍出版社 2005 年版，第 821 页。

④ （清）章学诚：《答沈枫墀论学》，《文史通义新编新注》，浙江古籍出版社 2005 年版，第 713 页。

⑤ （清）章学诚：《博约》（下），《文史通义新编新注》，浙江古籍出版社 2005 年版，第 119 页。

⑥ （清）章学诚：《答沈枫墀论学》，《文史通义新编新注》，浙江古籍出版社 2005 年版，第 714 页。

易易,……治经而不究于名物度数,则义理腾空而经术因以卤莽,所系非浅鲜也。"① 在这个意义上,他盛赞戴震之学"深识古人大体,进窥天地之纯",这是因为"戴氏深通训诂,长于制数,又得古人之所以然,故因考索而成学问","非徒矜考订而求博雅也"。② 但当考据学形成潮流和"风气"之后,学者丧失了主体的"诚意"而追随风气的变迁,则使考据学降格为一种无主体性的琐碎之学。"尊汉学,尚许、郑,今之风尚如此,此乃学古,非即古学也,居然唾弃一切,若隐有所恃。"③"古学"期于经世,有着学者的主体性作为知识架构的支撑,而"学古"则仅为无主体性的摹拟声调、追随风尚,二者的区别是显而易见的。

章学诚由此认为,凡是在历史上留下卓越声名的知识类型,如汉代服虔、郑玄的经学,唐代李白、杜甫的诗赋,之所以不为时间所磨灭,是由于这些知识类型有着主体性的"诚意"作为支撑。"夫学至于千百年后,世变风移,一时趋向所不在是,而声施卓然,不可磨灭,则精神周而当日所谓发于意之诚然者,有至理也。"④ 而主体的"诚意"则以"天质之良"为牵引,"天质之良"是主体的求知倾向,它宛如知识活动的机括,决定了知识活动向哪个方向发展。只有在"天质之良"的牵引下,知识活动才能获得主体"诚意"的保证,从而成为"自得之学";而反之,学术则会沦为无主体性的"伪学"。在章学诚的知识论中,"天质之良"居于中心枢纽的地位,它直接关系着知识活动能否达到它的既定目标,也就是"明道"。在童蒙知识初启时期的"天质之良"中,往往蕴涵着"道"的端倪,顺此主体对于知识方向的指引而达到"事物之所以然",即意味着"明道"目标的完成。"人之性情才质必有所近,……此即道之见端。"⑤ "博览以验其趣之所入,习试以求其性之所安,旁通以究其量之所

---

① (清)章学诚:《答沈枫墀论学》,《文史通义新编新注》,浙江古籍出版社2005年版,第714页。
② (清)章学诚:《又与正甫论文》,《文史通义新编新注》,浙江古籍出版社2005年版,第807页。
③ (清)章学诚:《说林》,《文史通义新编新注》,浙江古籍出版社2005年版,第226页。
④ (清)章学诚:《与钱献之书》,《文史通义新编新注》,浙江古籍出版社2005年版,第794页。
⑤ (清)章学诚:《与朱沧湄中翰论学书》,《文史通义新编新注》,浙江古籍出版社2005年版,第710页。

至，是亦足以求进乎道矣。"①

三 质性论：知识的人格特征

章学诚提出"天质之良"作为知识的主观倾向，实寓有与时代风气相抗衡之意。乾嘉学术以经学训诂定于一尊，学者不论自己的才质性情，盲目追随这一风气，以至于许（慎）、郑（玄）之学风靡天下。章学诚则认为人的性情才质既万变不同，为学之途辙也就千变万化，无法雷同一致，重要的是在学问中要体现性情之真，这是区分"俗尚"和"道真"的唯一标志。"性情之真"以个人的主观知识倾向"天质之良"为发动的枢机，而经过知识的锤炼，最终凝结为学者的独特的精神意趣，这与淹没在时代风气之中、毫无个性特征的"俗学"是迥乎不同的。"薄俗好名，争为无本之学，如彼草木荣华，纷纭莫定，然一旦落其实而取其材，必其精神所独结者也。"②"性情之真"有着鲜明的个体人格特征，章学诚有时借用传统文学理论中的"性灵"一词描述求知者的个体人格特征：

> 王怀祖氏尝言，不暇著书，欲得能文之士授以所学，俾自著为书，不必人知出于王氏。仆亦尝欲倩人为《通义》外篇，亦不愿人知所授宗旨本之于仆。然竟不得其人，则学问中之曲折，非一时授受所能尽也。夫有心传授，尚不能得其曲折，而宾筵燕谈之间，行文流露之语，偶然得之，便可掩为己有，而人遂不能分别，有是理乎？仆尝谓功力可假，性灵必不可假，性灵苟可以假，则古今无愚智之分矣。③

"性灵"说作为一种文学理论最早是由明末"公安派"的袁宏道提出的，袁宏道深受阳明学"良知"观念的影响，在诗文创作中提倡独抒胸

---

① （清）章学诚：《答沈枫墀论学》，《文史通义新编新注》，浙江古籍出版社 2005 年版，第 713 页。

② （清）章学诚：《候国子司业朱春浦先生书》，《文史通义新编新注》，浙江古籍出版社 2005 年版，第 752 页。

③ （清）章学诚：《与周永清论文》，《文史通义新编新注》，浙江古籍出版社 2005 年版，第 725—726 页。

臆，反对明代文坛"前后七子"的复古作风，他认为优秀的文学作品"大都独抒性灵，不拘格套，非从自己胸臆流出处，不肯下笔"①。这一重视作品人格特征的思想与章学诚有着潜在的相通之处。在章学诚的时代，诗人袁枚因提倡"性灵"说而成为诗坛的风云人物，章学诚虽对袁枚多有鄙弃，但二者的思想却在很多地方若合符节，其中尤为一致的地方即在于对"性灵"的提倡和重视，钱钟书曾在《谈艺录》中比较二人的思想观点说："盖并生乾嘉朴学大盛之日，而皆特立独行，未甘比附风会，为当世之显学；所学不同，而所不学同，宜其响应于不自觉。随园主性灵为诗，而曰：'识力最难。'实斋主识力为学，而曰：'性灵独至。'一以为无性灵而持模拟堆砌，不足为诗；一以为无识力而持记诵才辩，不足为学。皆欲以内持外，实寓于虚，老子所谓：'无之以为用'也。"②

章学诚提出"性情之真""性灵独至"，主张通常所认为的客观性知识其实是"作者"内面人格的反映，因而在理解作品文本时，就不但要就其语言文字进行理解，同时也包含着对作者内面人格的理解。章学诚认为这是一项极其艰难的工作：

> 为之难乎哉？知之难乎哉？夫人之所以谓知者，非知其姓与名也，亦非知其声容之与笑貌也。读其书，知其言，知其所以为言而已矣。读其书者天下比比矣，知其言者千不得百焉。知其言者天下寥寥矣，知其所以为言者百不得一焉。然而天下皆曰：我能读其书，知其所以为言矣。此知之难也。③

对于一件具体的作品而言，语言文字仅是它外在的形貌，作者的心志和人格潜藏在语言文字之下，语言文字往往并不直接反映作者的心声，而是"旁申反托，侧出互见"，以委婉曲折的方式表述作者的意旨。"三代以上"的作者是据事直书，"三代以下"的作者则除了表述事实以外，还要在作品中体现"文采"。因此对文本的理解就不能仅仅依靠文字的训

---

① （明）袁宏道：《叙小修诗》，《袁宏道集笺校》（上册），钱伯城笺校，上海古籍出版社1981年版，第187页。
② 钱钟书：《谈艺录》（补订本），中华书局1984年版，第263页。
③ （清）章学诚：《知难》，《文史通义新编新注》，浙江古籍出版社2005年版，第232页。

释，而必须进一步探求作者的心意，"是以读古人书，贵能知其意也。"①章学诚举屈原的《离骚》为例，《离骚》在历史上有着无数的读者，但由于穿凿字义，为《离骚》曲折婉转的"文采"所迷惑，往往不能真正理解屈原在作品中要表达的"心志"：

> 太史公曰："余读《离骚》，悲其志。"夫读屈子之文而知悲其志，可谓知屈子矣；然未明言其志，而后人悬揣其意而为之说者，则纷如也。盖求寄托之志而不得，则遂至于太过，犹夫习《春秋》者，求褒贬之志而不得，则穿凿而不可通也。夫屈子之志，以谓忠君爱国，伤谗疾时，宗臣义不忍去，人皆知之；而不知屈子抗怀三代之英，一篇之中，反复致意，其孤怀独往，不复有春秋之世宙也。故其行芳志洁，太史推与日月争光，而于贾生所陈三代文质，终见逸于绛灌者，同致吊焉，太史所谓悲其志欤！②

屈原高洁的志向在于"抗怀三代之英"，而并不是一般性的对个人在春秋乱世中的身世离合表示伤感，因此朱熹也曾经说过："《楚词》不甚怨君。"③《离骚》之所以在文学史上具有不朽的价值，主要是由于作品中所散发出的作者人格魅力所致，司马迁称赞屈原为："其志洁，其行廉，皭然泥而不滓，虽与日月争光可也。"④后世的作者并不具有屈原的志向和人格，却自命为《离骚》这一文学传统的继承者，这一类作品在语言和形式上与《离骚》极为形似，但究其意旨却大相径庭，这是因为二者在内面的人格层次上相差甚远：

---

① （清）章学诚：《为谢司马撰〈楚辞章句〉序》，《文史通义新编新注》，浙江古籍出版社2005年版，第515页。

② 同上。

③ （宋）朱熹：《朱子语类》（第八册），（宋）黎靖德编、王星贤点校，中华书局1986年版，第3297页。

④ 这段话是章学诚对司马迁的原文的节录，见《质性》篇，《文史通义新编新注》第178页。司马迁的原文是："（屈原）其志洁，故其称物芳；其行廉，故死而不容自疏；濯淖污泥之中，蝉蜕于尘秽，以浮游尘埃之外，不获世之滋垢，皭然泥而不滓者也。推此志也，虽与日月争光可也。"（《史记》卷84《屈原贾生列传》）

若夫托于《骚》以自命者，求其所以牢骚之故而茫然也。嗟贫叹老，人富贵而己贫贱也，人高第而己摈落也，投权要而遭按剑也，争势利而被倾轧也，为是不得志而思托文章于《骚》、《雅》，以谓古人之志也；不知中人而下，所谓"齐心同所愿，含意而未伸"者也。①

作品必须体现作者的人格特征，这一点章学诚在其《质性》篇中有着详细的叙述。所谓"质性"，其实指的就是知识的内面人格特征。章学诚论述《质性》篇的撰述宗旨说：

前人尚论，情文相生，由是论家喜论文情。不知文性实为元宰，离性言情，珠亡椟在。撰《质性》篇。②

《质性》篇论述的文学理论中的"文性"和"文情"的关系问题，但同时也关涉章学诚的文本诠释思想。具体来说，章学诚认为，历代的文论家都乐于讨论文学作品中体现的情感，但是很少关注作为情感主宰的"文性"，而实际上，"文性"是更为根本性的问题，所谓"文性"其实就是反映在作品中的作者之人格特征，与"文情"相比较，它在一部作品中居于更为隐微和枢纽性的地位。因此在对文本进行诠释的时候，由于"文性"隐微而难见，读者往往会为其表面的语言形式所欺骗，而不理解在同一语言形式下，往往隐藏着作者不同的"意图"：

有志之士，矜其心，作其意，以谓吾不漫然有言也。学必本于性天，趣必要于仁义，称必归于《诗》《书》，功必及于民物，是尧、舜而非桀、纣，尊孔、孟而拒杨、墨。其所言者，圣人复起，不能易也。求其所以为言者，宗旨茫如也。譬如《彤弓》《湛露》奏于宾筵，闻者以谓肆业及之也。或曰：宜若无罪焉。然而子莫于焉执中，乡愿于焉无刺也。惠子曰："走者东走，逐者亦东走，东走虽同，其

---

① （清）章学诚：《质性》，《文史通义新编新注》，浙江古籍出版社2005年版，第178页。
② 同上书，第177页。

东走之情则异。"观斯人之言，其为走之东欤，逐之东欤？是未可知也，然而自此又纷纷矣。①

当儒家学说在思想界定于一尊之后，学者著书立说无不以孔孟为依归，这几乎成了一种普遍的现象。但在这一普遍性的现象下面，隐藏的是作者各自不同的"意图"，因此必须对不同作者的"心术"（人格）进行仔细的辨析。按照儒家传统看法，人格类型大致可分为中行和狂、狷三种，这和《尚书·洪范》中的"三德"（正直、刚克、柔克）基本相应。中行是最高的德性，狂和狷则次之。孔子曾经说过："不得中行而与之，必也狂狷乎！狂者进取，狷者有所不为。"② 肯定了狂、狷作为次等的品性也有其可取之处。如果按照这三种人格类型来作为衡量著述的标准，那么无疑只有孔子的著述称得上"中行"，而庄周和屈原则分别体现了"狂"和"狷"这两种品性："庄周、屈原，其著述之狂狷乎？屈原不能以身之察察受物之汶汶，不屑不洁之狷也；庄周独与天地精神相往来而不傲倪于万物，进取之狂也。"③ 古人的著述大致可分为这三种类型，因此可以很明白地从作品中体察作者的人格特征。但春秋以后的著述则超出了这三者的范围，首先是"乡愿"貌似"中行"而心迹迥异，接着甚至连"狂""狷"也出现了伪冒者，这就使著述的范围扩大到了六种：中行、狂、狷、伪中行（乡愿）、伪狂、伪狷，后三者掺入了著述的范围，一方面使著述的"宗旨"不明，不能鲜明地体现作者的人格特征，同时也造成了后世读者在理解上的困难。章学诚认为这就是孟子论"知言"的寓意所在：

> 孟子之论知言，以为生心发政，害于其事。吾盖于撰述诸家，深求其故矣。其曼衍为书，本无立言之旨，可弗论矣。乃有自命成家，按其宗旨，不尽无谓；而按以三德之实，则失其本性，而无当于古人之要道，所谓似之而非也。学者将求大义于古人，而不于此致辨焉，

---

① （清）章学诚：《质性》，《文史通义新编新注》，浙江古籍出版社2005年版，第177—178页。
② 《论语·子路第十三》。
③ （清）章学诚：《质性》，《文史通义新编新注》，浙江古籍出版社2005年版，第179页。

则始于乱三而六者，究且因三伪而亡三德矣。呜呼！质性之论，岂得已哉！①

由此可以总结《质性》篇的思想要点：章学诚主张著述应当体现作者内面的人格特征，这一人格特征是作者的"性情之真"，同时也是著述的"立言宗旨"。即使作品不能体现"中行"这一最高的人格类型，那么能做到"狂""狷"也足以使作品不朽："昔人谓庄、屈之书，哀乐过人。盖言性不可见，而情之奇至如庄、屈，狂狷之所以不朽也。"② 在某种程度上，章学诚认为自己的《文史通义》就是这样一部有着奇情奥旨的不朽之书：

鄙著《通义》之书，诸知己者许其可与论文，不知中多有为之言，不尽为文史计者，关于身世有所怅触，发愤而笔于书。尝谓百年而后，有能许《通义》文辞与老杜歌诗同其沈郁，是仆身后之桓谭也。③

第三节　章学诚的诠释学思想特征

一　别识心裁：章学诚文本诠释思想的中心概念

章学诚的"道论"以"六经皆史"说的形式指出了"道"并非封闭于六经文本中的静态、客观认知对象，而是在历史的流变过程中显现自身。对"道"的认知不仅依赖于语言文字的分析，更重要的是，以个体的求知倾向"天质之良"为主观契机，通过心灵的直觉感悟，绕开语言文字的屏障，以一种诗性的方式直接契入"道"之本身。历史学家何兆武认为，历史本身包含两个层次，一是对史实和史料的认知（历史学Ⅰ），二是对前者（历史学Ⅰ）的理解和诠释（历史学Ⅱ）。历史学Ⅰ是科学的层次，历史学Ⅱ则是艺术的境界。前者通过史料的严格筛选、语言

---

① （清）章学诚：《质性》，《文史通义新编新注》，浙江古籍出版社2005年版，第177页。
② 同上书，第179页。
③ （清）章学诚：《又与朱少白》，《文史通义新编新注》，浙江古籍出版社2005年版，第774页。

文字的细致分析以重建一个客观的"历史世界";而后者则通过主体性的人生体验、"慧眼灵心"赋予前者以"意义"和"同情的了解"。就历史的两个层次而言,前者是形体,后者才是灵魂,只有通过主体性的引领和关心,对于历史的认知才能上升到哲学的高度而不仅仅局限于"客观实证"的层次。① 对于章学诚来说,乾嘉朴学在训诂考据、文本还原的基础上所重建的"历史世界"正是"历史学Ⅰ",而他本人以"别识心裁"为基准所要达到的"通史家风""专家之学"则是"历史学Ⅱ"。二者的区别在于有没有主体性的"慧眼灵心"的参与,而"慧眼灵心"也就是章学诚所一再强调的"别识心裁"。

　　章学诚对于"别识心裁"的强调体现于他对郑樵和马端临的评价上。在对"三通"的评价上,清代考据学的意见认为杜佑《通典》的价值最高,其次为马端临的《文献通考》,而以郑樵《通志》的质量为最劣:"樵当宋之南渡,局于见闻,又草创成书,无所质证,故舛驳至于如斯。"② 而马端临《文献通考》则"虽稍逊《通典》之简严,而详赡实为过之,非郑樵《通志》所及也"③。四库馆臣的评论是建立在考据学的理论基础之上的,郑樵《二十略》中事实考据方面的疏漏为清代学者留下了攻击的口实。而章学诚的观点却与时流不同,主张"申郑而屈马":"郑樵无考索之功,而《通志》足以明独断之学,君子于斯有取焉。马贵与(马端临)无独断之学,而《通考》不足以成比次之功,谓其智既无所取,而愚之为道又有未尽也。"④ 马端临《文献通考》仅就杜佑《通典》分门别类,方便学者翻检,而没有透露出作者主体的"别识心裁",而这一点恰是郑樵《通志》的长处:"若郑氏《通志》,卓识名理,独见别裁,古人不能任其先声,后代不能出其规范;虽事实无殊旧录,而辨正名物,诸子之意寓于史裁,终为不朽之业矣。"⑤

---

① 参见何兆武《历史与历史学》,《历史理性的重建》,北京大学出版社2005年版。
② (清)永瑢:《四库全书总目》卷81"《钦定皇朝通志》条",中华书局1983年版,第701页。
③ (清)永瑢:《四库全书总目》卷81"《文献通考》条",中华书局1983年版,第697页。
④ (清)章学诚:《答客问》(中),《文史通义新编新注》,浙江古籍出版社2005年版,第257页。
⑤ (清)章学诚:《释通》,《文史通义新编新注》,浙江古籍出版社2005年版,第240页。

"别识心裁"是史学家的主体意识,惟有"别识心裁"才能赋予具体的历史事件以"意义"。乾嘉朴学的方法只能达到何兆武所说的"历史学Ⅰ",即具体的历史知识和对历史的"认识";而要达到"历史学Ⅱ",即抽象的历史精神和对历史深度的"理解",也就是章学诚所说的"道"或"事物之所以然",则离不开认知者主体心灵活动的参与。如果没有主体心灵活动的参与,那么"历史学Ⅰ"充其量只是一堆零散的材料,而无法形成可理解的意义系统。换言之,知识只是骸骨,而认知者的主体意识才是使这一"骸骨"行动起来并充满生气的"神智","著述"的标准在于以学问为统领、文辞为润饰、经验性考证知识为材料的完美统一体,"比如人身,学问,其神智也;文辞,其肌肤也;考据,其骸骨也;三者备而后谓之著述"①。在《文史通义》另一篇杂感性的文章《说林》中,章学诚一连用六组比喻来象征"志识"和"文辞"之间的关系。"文辞,犹三军也;志识,其将帅也。""文辞,犹舟车也;志识,其乘者也。""文辞,犹品物也;志识,其工师也。""文辞,犹金石也;志识,其炉捶也。""文辞,犹则货也;志识,其良贾也。""文辞,犹药毒也;志识,其医工也。"② 在这六组比喻中,"志识"对于"文辞"始终处于统领性的地位,正是由于"志识"对于"文辞"和"考据"的统领作用,"独断于心"的"专家之学"才有可能形成:"所以通古今之变而成一家之言者,必有详人之所略,异人之所同,重人之所轻,而忽人之所谨,绳墨之所不可得而拘,类例之所不可得而泥,而后微茫秒忽之际有以独断于一心。及其书之成也,自然可以参天地而质鬼神,契前修而俟后圣,此家学之所以可贵也。"③

二 章学诚文本诠释思想的内容

"别识心裁"的概念在章学诚的思想体系中占据着中心的地位,它寄寓着章学诚的史学理想,同时也体现了章学诚独特的文本诠释思想。在笔

---

① (清)章学诚:《诗话》,《文史通义新编新注》,浙江古籍出版社2005年版,第295页。
② (清)章学诚:《说林》,《文史通义新编新注》,浙江古籍出版社2005年版,第223—224页。
③ (清)章学诚:《答客问》(上),《文史通义新编新注》,浙江古籍出版社2005年版,第252页。

者看来，章学诚的文本诠释思想包含着三个层面。第一层是对于客观事实的认定，"然而典章事实，作者之所不敢忽，盖将即器而明道耳"①。第二层则是"知人论世"，重在对所认知的历史对象所处"历史情景"的体验和理解。"孟子曰：'颂其诗，读其书，不知其人可乎！'……盖学者能读前人之书，不能设身处地，而论前人之得失，则其说未易得当也。"② 他举明清之际的刘宗周为例，"盖先生之学，在良知诚意绝续之交，而先生之行，则先历清流，后遭易代，为常变并涉之境"③。因此，对于刘宗周"诚意慎独"之学的理解，必须结合其所处的"历史情景"，从心理层面进行一种"移情的了解"。这一"移情的了解"旨在"通作者之心志"，以使作者和读者的心灵发生共鸣，因此，真正的理解发生在具有共同"心志"的作者和读者之间，屈原的《离骚》和贾谊的《鵩鸟赋》在普通人心目中都是哀怨悲愤之作，但在具有"共同心志"的司马迁眼中，却都表达了作者恢复"三代之治"的社会政治理想，"此贾之所以吊屈，而迁之所以传贾也，斯皆三代之英也"④。对于历史对象所处"历史情景"的体验并由此"通作者之心志"，是"知人论世"的重要内涵。章学诚诠释学思想的第三层则是主体心灵活动"别识心裁"对于历史事实的重新建构。如果说"知人论世"所面对的是认知对象所处的"历史情景"，那么"别识心裁"更多地则牵涉到认知主体所处的"生存处境"。认知者的心灵并不是如镜子那样空无一物地反射着纯粹客观的历史知识，而是有着主体的存在感受，在理解和诠释历史时，这种主体的存在感受往往发挥着积极的作用。章学诚用"天性"和"至情"描绘这种主体的生存感受："夫学有天性焉，读书服古之中，有入识最初，而终身不可变易者是也，学又有至情焉，读书服古之中，有欣慨会心，而忽焉不知歌泣何从者是也。"⑤ "天性至情"这种主体的生存感受制约着知识的发展方向，但同时

---

① （清）章学诚：《答客问》（上），《文史通义新编新注》，浙江古籍出版社2005年版，第253页。
② （清）章学诚：《〈刘忠介公年谱〉叙》，《文史通义新编新注》，浙江古籍出版社2005年版，第537页。
③ 同上。
④ （清）章学诚：《质性》，《文史通义新编新注》，浙江古籍出版社2005年版，第178页。
⑤ （清）章学诚：《博约》（中），《文史通义新编新注》，浙江古籍出版社2005年版，第117页。

也是理解—客观历史对主体形成意义—达成的基本要件,台湾学者龚鹏程说:"每个人都有他的存在处境以及对此处境而生的存在感受,在他诠释历史时,乃是以这种感受去理解历史,历史也回应其感受,对他形成意义。因此,诠释者与诠释对象、存在的感受与历史之叙述,是滚动合为一体的。"① 在章学诚的语境中,"存在的感受"是所谓"性情",而"历史的叙述"是所谓"功力",而展示了二者合为一体的则是孔子所代表的理想境界:"夫子曰:'发愤忘食,乐以忘忧,不知老之将至。'不知孰为功力,孰为性情,斯固学之究竟。"② 日本学者山口久和认为章学诚这段话所指出的是:"当发自内心的'好古'这种'性情'和所谓'敏以求之'的'功力'发生浑然一体的关系时,即知的主观契机成为探求客观知识的原动力并发生作用时,就实现了学术的终极理想状态。"③ 从前面的分析可以看出,所谓"知的主观契机"实际上就是主体的生存感受,它与知识的客观探索(功力)交织在一起,重新建构了一个有意义、可理解的"历史世界",而这一诠释学意义上的理想态势即体现于孔子"愤乐相寻"的究极境界中。

就章学诚诠释学思想的三层涵义而言,第一层是历史的理解,第二层是心理的理解,第三层则是存在论(本体论)的理解。这三层涵义环环相扣,组成了一个严密的诠释学理论体系。从当代哲学诠释学理论的发展而言,古典诠释学以中世纪流传的"解经七艺"为代表,着重于通过语言学、校勘学等文献学技术手段探究历史事实,在型态和方法上颇类似于乾嘉朴学;而施莱尔马赫和狄尔泰则将"心理解释"的原则引入诠释学领域,理解就是通过"重新体验"以克服诠释者和诠释对象之间的历史跨度和时间距离,以主体性的介入为特征,重新建构诠释对象的"历史经验"。但是值得注意的是,"心理解释"原则下的主体性是脱离了生存处境的"非历史化"主体,也就是说,诠释者当下的"历史处境"被视为一种消极性的障碍必须予以克服。"对于施莱尔

---

① 龚鹏程:《语文意义的诠释》,载杨晋龙主编《清代扬州学术》(上),台北"中央研究院"中国文哲研究所2005年版,第56页。

② (清)章学诚:《博约》(中),《文史通义新编新注》,浙江古籍出版社2005年版,第118页。

③ [日]山口久和:《章学诚的知识论》,王标译,上海古籍出版社2006年版,第173页。

马赫和狄尔泰,认识者自身当时的情景只具有消极的价值。作为偏见和曲解的根源,阻碍了正确的理解,这正是解释者必须超越的。……施莱尔马赫和狄尔泰仍然表现了对笛卡尔主义和启蒙运动理想的尊敬,这种理想认定有一种自主的主体,它能成功地使自己从历史的直接缠绕和伴随这种缠绕的偏见中解脱出来。"① 随着海德格尔之后哲学解释学的"存在论(本体论)"转向,加达默尔对这种先验哲学意义上的"无情景、非历史"的主体提出了极大的质疑:"如果我们的历史性并非仅仅是偶然的和主观的条件而是一种本体论的条件,那末在理解的一切过程中就早已本质地包含了认识者自己的当前情景。……当前的情景以无数未经考察的方式受过去影响而形成,它是'理解'植根于其中的'给定'的东西,它永远不可能被反思在一种批判的距离中完全把握住并予以客观化。"② 加达默尔认为,不存在那种"无情景、非历史"的主体,这一如同"镜相"的纯粹认知主体只是启蒙哲学所遗留的"幻影",人的存在扎根于其历史性中,"历史性"就人的存在而言,是一项"存在论(本体论)"地被"给定"了的事实,无论通过何种方式都无法消弭。对理解而言,"历史性"不仅一件消极的事实,相反,它是理解得以达成的先决条件。事实上这一层意义海德格尔在《存在与时间》中对"此在"生存方式的描绘中就已展露无遗,陈嘉映就此评述说:"具体到解释问题,海德格尔的基本辩护则是:人从其特定的历史环境来领会其存在,这是生存的实情,既不主观也无所谓客观。……有时我们辩不过某些如簧之舌或持刀的辩士,会说:'随你怎样解释,事情还是那么一回事情'。海德格尔指的就是这类现实。"③ 就"本体论"诠释学而言,人作为"历史性"的存在是一项"本体论"的事实,主体性的"生存处境"在理解活动中处于优先的地位。相对于"心理解释"原则下"无情景、非历史"的主体而言,"本体论"诠释学对主体的"历史性"和"情景化"予以了格外的重视。

---

① [美]戴维·E. 林格:《〈哲学解释学〉编者导言》,载[德]汉斯-格奥尔格·加达默尔《哲学解释学》,夏镇平、宋建平译,上海译文出版社2004年版,第4页。
② 同上书,第4—5页。
③ 陈嘉映:《海德格尔哲学概论》,生活·读书·新知三联书店1995年版,第228页。

三 清代考据学的文本诠释思想：作为章学诚的参照物

我们可以对在此西方哲学解释学的发展历史作一简要的总结，古典诠释学重语义和事实的辨析，属于文献学领域的一种技术方法；而施莱尔马赫和狄尔泰则将诠释学引入哲学领域，建立了"语法解释"和"心理解释"两大原则，但在认识论上仍然遵循主、客分立的二元框架，以作者和文本的"原义"为追求目标，这一诠释学理论可以名之为"认知诠释学"；海德格尔和伽达默尔则力图打破主观和客观的对立，视人的"历史性"为一项"本体论"事实，而将诠释者的"历史性"，也就是其当下的"生存处境"，融入理解过程以形成"视域融合"，作者和文本的"原义"无处追询，可追询的只是在"视域融合"中呈现的"意义"。这一诠释学理论可以名之为"本体诠释学"。①

从哲学解释学的发展历史观照清代儒学经典诠释的理论和方法，可以看出的是，在一定意义上，清代儒学也经历了一个从"古典的语义诠释"到"认知诠释"的转向过程，惠栋和戴震分别是这两种诠释理论的代表人物，而章学诚的思想则将体现了"本体诠释学"的特色。早期学者如梁启超、章太炎在论述清代思想史时，多持"吴、皖分派"说，而随着近年来清学史研究的发展，陈祖武等人逐渐修正了这一理论，将吴派和皖派视为一个前后相继的动态发展过程，这一观点对于我们澄清乾嘉朴学在"经典诠释"方面的理论向度有着重要的启示作用。② 从吴、皖相继的观点来看，吴学尊经尚古，墨守汉学，惠栋曾自述其学术方法："汉人传经有家法，当时备五经师训诂之学，皆师所口授，其后乃著竹帛，故经师之说之于学官，古经出于屋壁，多古字古言，非经师不能辨，经之义存乎训，识字审音，乃知其义，是以古训不可改也，经师不可废也。"③ 李海生以二十字概括惠栋"汉学"范型的学风特色："明源流，笃信汉，从古

---

① 将哲学解释学区分为"认知诠释学"和"本体诠释学"，这一观点出于潘德荣《知识论与诠释学》。潘文详见洪汉鼎、傅永军主编《中国诠释学》（第三辑），山东人民出版社2006年版，第56—65页。

② 参见陈祖武《乾嘉学派吴皖分野说商榷》，《贵州社会科学》，1992年第7期。

③ （清）惠栋：《经义考序》，（清）卢见曾撰《雅雨堂文集》（卷一），《续修四库全书》集部第1423册，影印清道光二十年卢枢清雅堂刻本。

字，审古音，谨遵古训，鲜下己见。"① 吴派汉学以"语义诠释"为中心，基本上局限于文献学的层面，而没有涉及文本所蕴涵的思想意义，这一点是符合"古典诠释学"的特征的。事实上戴震在1757年扬州之行惠、戴相见后致钱大昕的信中即对此微露不满："晤惠定翁，读所著《明堂大道录》，真如禹碑商彝，周鼎齐钟，霾藏千载，斑斑复睹。微不满鄙怀者，好古太过耳。"② 而真正将经典诠释理论引入哲学领域的正是以"求是"为旨归的皖派朴学。戴震接受了惠栋"语义诠释"的方法，但更重要的是，戴震将"语义诠释"推展到了"通作者之心志"的层次，"由文字以通乎语言，由语言以通乎古圣贤之心志"③。这就在"语义诠释"的范围之外，加入了"心理诠释"的方法，从而将文献学意义上的"古典诠释学"转化为哲学层面上的"认知诠释学"。戴震作为乾嘉朴学的杰出代表，在语文考证方面有着卓越的贡献，戴氏后学如段玉裁、王念孙等人也是顺着这个方向发展。因此，在对戴震学术方法的评述上，后人也多注意其"语义诠释"的层面而忽视其"心理诠释"的层面，如洪榜在《戴先生行状》中说："先生以为经之至者道也，所以明道者其辞也，所以成辞者字也。必由字以通其辞，由辞以通其道，乃可得之。"④ 但实际上在戴震的经典诠释思想中，"语义诠释"和"心理诠释"二者是合为一体的。经书文本与读者之间存在着巨大的时间间隔，而这一时间间隔所造成的今古语言文字的差异导致了理解的困难，"故训"（诂训）则是沟通时间距离的桥梁，"语义诠释"实际上是一种翻译活动。"（而）遗文垂绝，今古悬隔。时之相去，殆无异地之相远，仅仅赖夫经师故训乃通，无异译言以为之传导者也。"⑤ 但"语义诠释"并不能克服时间距离所造成的全部理解障碍，必须依靠"知人论世"的"心理诠释"方法作为"语义诠释"的补充，戴震举《诗经》为例："盖字义名物，前人或失之者，可以详而知，古籍具在，有明证也。作诗之意，前人既失其传者，非论其世，知其

---

① 李海生：《清初学术的两次转变及其思想史意义》，《学术月刊》2003年第4期，第77—82页。
② 转引自蔡锦芳《戴震生平与作品考论》，广西师范大学出版社2006年版，第81页。
③ （清）戴震：《古经解钩沉序》，《戴震文集》，中华书局1980年版，第146页。
④ （清）洪榜：《戴先生行状》，《戴震文集》，中华书局1980年版，第252页。
⑤ （清）戴震：《古经解钩沉序》，《戴震文集》，中华书局1980年版，第145页。

人，固难以臆见定也。"① 名物字义的"语义诠释"并不足以传达作者的内心世界，而对作者"心志"的确认则必须通过"知人论世"这一"心理移情"的方法，重新体验作者的"历史世界"和"生活经验"，以克服时间距离、语言差异给理解带来的障碍。事实上在戴震的诠释思想中始终存在着"心理诠释"这一向度，在《春秋究遗序》中他指出："读《春秋》者，非大其心无以见夫道之大，非精其心无以察乎义之精。"② 而在《郑学斋记》中更明确提出："是故由六书、九数、制度、名物，能通乎其词，然后以心相遇。"③ 也就是说，在"通乎其词"的"语义诠释"层面之后，还存在着一个"以心相遇"的"心理诠释"层面。"语义诠释"并不足以保障知识的客观性，因为"语义诠释"作为一种翻译活动，翻译者的主观性起着很大作用，其中最主要的是"缘词生训"和"守讹传谬"，如何能够确保翻译者在翻译活动中最大程度地忠实于"原义"呢？这就需要通过"心理诠释"的"心理移情"方法，将诠释者的主体移入诠释对象的生活环境和心理情景，重新体验和洞察"作者之心志"，以克服"语义诠释"过程中的主观随意性，"余私谓《诗》之词不可知矣，得其志则可以通乎其词"④。与通常人们所熟知的"由词通志"不同，戴震的诠释方法中还蕴涵着"由志通词"这一层意思，钱钟书认为这是戴震诠释理论中的矛盾之处，"顾戴氏能分见两边，特以未能通观一体，遂致自语相违"⑤。事实上这两层意思体现的正是戴震诠释学理论的两重原则，"由词通志"是"语义诠释"，"由志通词"则是"心理诠释"，"语义诠释"是基础，而"心理诠释"则进一步保证了"语义诠释"的客观性，这两重原则的交互循环构成了戴震诠释理论的全貌。

戴震的文本诠释思想有"语文诠释"和"心理诠释"两个层面，这是戴震区别于乾嘉时期一般考据学者之所在。戴震的"语文诠释"为人们所熟知，乾嘉学者所认可、戴震后学所继承的也主要是其"语文诠释"

---

① （清）戴震：《毛诗补传序》，《戴震文集》，中华书局1980年版，第147页。
② （清）戴震：《春秋究遗序》，《戴震文集》，中华书局1980年版，第149页。
③ （清）戴震：《郑学斋记》，《戴震文集》，中华书局1980年版，第177页。
④ （清）戴震：《毛诗补传序》，《戴震文集》，中华书局1980年版，第146页。
⑤ 钱钟书：《管锥编·左传正义·隐公元年》，中华书局1986年版，第171—172页。

的方法，而对其"心理诠释"的方法则缺乏认识，这也是乾嘉汉学以小学方面的成就而著称、缺乏义理思想的原因。现代学者在西方诠释学理论的启发下，对戴震的文本诠释思想有了较前人更为深入的了解，如周光庆在《中国古典解释学导论》中论及戴震的文本诠释思想时曾提出："在戴氏的心目中，自两汉以来直到他所在的雍乾时期，学者们解释儒家经典在方法上常常存在着两种相对立的偏差：一种偏差是'凿空言理'，'语言文字实未之知'，疏于语言解释。这种偏差主要出自宋明的许多理学家；他与当时的多数学者对此都有共同的认识。而另一种偏差则是不注重阐发义理，不注重'以心相接'，略于心理解释。这种偏差往往出自当时的考据学者，而恰恰是他与当时许多学者学术思想分歧之所在。……总之，无论从理论内涵还是从运作方式来看，语言解释与心理解释都各有其特性和功能，二者的有机结合，便构成了戴震经典解释方法论的主体。"[①] 台湾学者龚鹏程也认为，戴震理解和诠释经典的方法包含着语文、历史和心理几个层面，但由于戴震在言谈、文章中偏重就语言这一点理论，因此加强了人们对其"语文诠释"方法的印象，而段玉裁、王念孙等人则将戴震的方法完全简化为"声音文字之学"，导致乾嘉汉学仅能"识字"而不能"明道"。[②]

在一定程度上，戴震的诠释理论与狄尔泰等人所奉行的"认知诠释学"在内涵上是相通的。潘德荣概括"认知诠释学"的基本信念为："（1）坚信文本中的作者原意是客观存在的，是惟一的；（2）作者原意可以通过不断完善的方法被揭示出来。"[③] 这也正是乾嘉朴学的基本信念。由于坚信经书中的原意是客观存在的，因而通过"语义诠释"、"心理诠释"等诸种方法以揭明其原意就成了朴学的中心任务。在对经典的诠释活动中，要求诠释者"去私""去蔽"，将诠释者的主观性降到最低层次，以获取对经典原意的客观了解。戴震认为，宋明理学的失误就在于学者的主观性太强，以至无法获得关于经典的客观知识："宋以来儒者，以己之

---

① 周光庆：《中国古典解释学导论》，中华书局2002年版，第443—445页。
② 参见龚鹏程《语文意义的诠释》，载杨晋龙主编《清代扬州学术》，台北"中央研究院"中国文哲研究所2005年版。
③ 潘德荣：《知识论与诠释学》，载洪汉鼎、傅永军主编《中国诠释学》（第三辑），山东人民出版社2006年版，第61页。

见，硬坐为古圣人立言之意。"① 在"语义诠释"中，"宜平心体会经文，有一字非其的解，则于所言之意必差，而道从此失"②。而在"心理诠释"中，同样需要诠释者抛离自身的存在状态而进入古圣贤的"心志"。换言之，在戴震的诠释理论中，一切存在者的主观状态都被视为理解的障碍而必须予以克服，"真理"（作者的原意）立于诠释者的主体之外与其形成一种二元性的对立关系，而诠释者的主体则必须在"去私""去蔽"的基础上保持一种"无成见"的状态，理解过程是主体与真理的"外在相遇"而非"内在融合"。在戴震的诠释学理论中始终蕴涵着一个"认识论"的框架，李泽厚曾经说："戴（震）的特点正在于表现了中世纪伦理学向近代认识论的过渡。它的实质是伦理学（反理学禁欲主义），它采取的角度却是认识论。"③ 这一"认识论"角度的实质在于认为真理、经典之原意、作者之心志都是客观存在的，而问题在于采取何种方法予以认识，一切主体的成见都会造成对认识的干扰，因而理想的主体状态应当是排除了一切"成见"的纯粹认知主体，唯有如此，才能保证知识的客观性和纯洁性。

四 存在论的诠释方法：章学诚文本诠释思想的特征

但对于章学诚来说，这一自明的、客观存在的"真理"是值得怀疑的。"道"并非是封闭于六经中的客观认知对象，而是在历史变迁中不断显现的"生活经验"自身。"夫道备于六经，义蕴之匿于前者，章句训诂足以发明之。事变之出于后者，《六经》不能言，固贵约《六经》之旨随时撰述以究大道也。"④ 钱穆认为章学诚言"理"（道）多就"事变"而言："实斋以事物言理，事物之变，多出《六经》之外，宜不得执《六经》而认为理之归宿矣。"⑤ "理"既以"事变"而言，那么清儒考据学

---

① （清）戴震：《与某书》，《戴震全集》（第1册），清华大学出版社1991年版，第211页。
② 同上。
③ 李泽厚：《中国古代思想史论》，安徽文艺出版社1994年版，第289页。
④ （清）章学诚：《原道》（下），《文史通义新编新注》，浙江古籍出版社2005年版，第104页。
⑤ 钱穆：《中国近三百年学术史》（上），商务印书馆2005年版，第426页。

试图以文字训诂的方法求得六经的"原意"便显然是一条行不通的道路，对"事变"中透显出来的"理"之领悟显然结合着主体自身的生存处境和感受，这一理解过程不是"认知"（主体对客体的把握）而是"领会"（主体和客体的交融）。章学诚特别强调了在理解过程中"初见"的重要地位：

> 理之初见，毋论智愚与贤不肖，不甚远也；再思之，则恍惚而不可恃矣；三思之，则眩惑而若夺之矣。非再三之力，转不如始也。初见立乎其外，故神全；再三则入乎其中，而身已从其旋折也。必尽其旋折，而后复得初见之至境焉。故学问不可以惮烦也。然当身从旋折之际，神无初见之全，必时时忆其初见，以为恍惚眩惑之指南焉，庶几哉有以复其初也。吾见今之好学者，初非有所见而为也，后亦无所期于至也，发愤攻苦，以谓吾学可以加人而已矣。泛焉不系之舟，虽日驰千里，何适于用乎？乃曰学问不可以惮烦。故君子恶夫似之而非也。①

"初见"在理解中有着非常特殊的地位，它居于整个理解过程之先，对理解活动起着指引性的作用，而整个理解活动经过曲折、反复的过程，最后要达到的还是对这一"初见"的领会。这不禁让我们想起了海德格尔对于"此在"的论述，"此在"在其生存结构中天然地蕴涵有对自身的领会，这是一种"先行具有"的能力，王晴佳说："实际上，领会本身就是这一'先行具有'能力的集中表现。换言之，人们生活在这个世界中，自然而然地对自己所处的位置有所领悟，并有一种把这一位置改善的愿望，因此人们在认识和解释世界时，便会将那种改善生存的愿望投射到诠释过程中。解释因此就是把这一存在论的愿望概念化而已。"② 在这里，理解被视为一种诠释学的活动，理解的目标也不再是外在的客观世界而是自身在这一世界中的位置，也就是"存在"本身，由此海德格尔实现了

---

① （清）章学诚：《辨似》，《文史通义新编新注》，浙江古籍出版社 2005 年版，第 158 页。
② 王晴佳：《章学诚与现代诠释学》，载华东师范大学中国现代思想文化研究所编《思想与文化》（第三辑），华东师范大学出版社 2003 年版。

诠释学的"哥白尼式倒转"。这一"哥白尼式的倒转"与章学诚对"初见"的强调有着共通之处,对于章学诚而言,"初见"由于其"神全"本身就是一种十分完善的理解,而在认识过程的旋折中,由于认知对象的强大作用,认知者的主观精神被吸附于认知对象所造成的"知识旋涡"中,易言之,认知对象对认知主体产生了一种"异化"的作用,而在这一过程中,必须以"初见"为指南,经过再三的努力,回到"初见"的基础之上,才能完成理解的全部过程。"初见"是理解的起点,同时也是理解的终点,理解活动经过"旋折""眩惑"一系列曲折、复杂的过程,最后达到了"复其初"的目标。与宋明理学的"复其初"不同,"初见"不是先验的道德本体,而是作为历史性存在的人对于其自身存在的"先行领会",而一切知识活动都是为了展露、揭示这一存在论意义的"先行领会"。这一"先行领会"包含了主体的历史际遇和生存感受,也就是哲学诠释学中的"前见",日本学者山口久和说:"实斋的'初见',和方东树所说的引导训诂的'义理'是同一种东西,即所谓引导认识的主体性关心。德国解释学派所强调的认识中的'前见'(Vorurteil)也是和它比较接近的概念。"① 正因为"前见"是主体所固有的,因而在整个知识活动中起着积极的作用,章学诚也因此说:"故士希贤,贤希圣,希其效法于成象,而非舍己之固有而希之也。"②

从章学诚的诠释学思想来说,呈现出与清儒考据学经典诠释理论的极大差异。在一定程度上,他汲取了考据学的"语义诠释"和"心理诠释",将其构筑为自身诠释学理论的基础,但更重要的是章学诚从史学角度出发,对人的存在之"历史性"的根本思考。"道"是考据学和章学诚所共同追求的目标,对于考据学而言,"道"就是经典的原意;而对于章学诚而言,"道"更多地与历史和人性有关,倪德卫说:"(因此)章学诚的道似乎是人类本性中倾向于一种有秩序的、文明的生活的基本潜能,这一潜能在历史中逐渐将自己写出,在那些人们必将认为是正确的和真实的东西中实现自身。……道植根于历史进程中。道是个别事件和事物背后的

---

① [日]山口久和:《章学诚的知识论》,王标译,上海古籍出版社2006年版,第255页。
② (清)章学诚:《原学》(上),《文史通义新编新注》,浙江古籍出版社2005年版,第108页。

'所以然'。但它自身并不是一个外在于历史的非时间性的价值模型或标准。"① "道"是人性中的基本潜能,而这一潜能又随着历史的进程而逐步展现自身。这也就同时意味着,"道"并不外在于人性,人是通过认识自身而认识"道"的,对"道"的领悟也就是对人性自身的领悟;而这一人性的"潜能"又是历史性的,对它的理解或领悟无可避免地卷入了理解者本身的历史处境和生存感受。在这个意义上,章学诚所设想的诠释者主体是一个充满了"历史性"和"情景化"的主体,他以"性情"为导向,"功力"为工具,对知识进行完善的加工,最终达到不可言喻的"神妙之境"。也只有在这样的知识活动中,知识才不是与主体漠不相关、冷冰冰的外在客观知识,而是与主体的生存感受痛痒相关,从而发挥儒学积极入世的"经世之学"本色。②

王晴佳说:"我们可以说章学诚对'道'的诠释,采取的是一种存在论的取径,与海德格尔有神似之处,而与中国传统的诠释学传统甚至清代的学术思想,都有显著的差别。"③ 之所以会出现这一差别,事实上从章学诚本人对思想史的描述中可以看出。以戴震为代表的清代考据学继承的是程朱理学的传统,而这一传统的最大特征是"理"的形上化,在一种知识论(主客对峙)的框架下展开对"理"的认识。而章学诚所认同的浙东学术上承陆王心学,一方面史学始终是浙东学术中重要特色,另一方面,陆王心学与禅宗、道家有着较深的渊源,"理"更多地被视为主体的

---

① [美]倪德卫:《章学诚的生平与思想》,杨立华译,台北唐山出版社2003年版,第190页。

② 在这方面,黄俊杰的意见似乎值得注意。黄俊杰认为儒家经典中的普遍之"理"不是"抽象的普遍性",而是一种"具体的普遍性",这就意味着在儒家透过历史叙述以证明普遍理则的过程中,经典的解读者实居于枢纽之地位,因为只有经典解读者才能体认圣人的行谊,也只有经典解者才能开发出潜藏的"道"或"理"。事实上章学诚一再强调的正是在诠释过程中诠释者的枢纽地位,而考据学者强调的则是"文本原义"的枢纽地位,这两种诠释思想的差异是章学诚与考据学者的根本矛盾所在。黄俊杰认为理想的诠释方法是"经史通贯""理事并观""求一贯于多识之中",在特殊而具体的历史经验中寻求普遍而抽象的理则,这一论点与章学诚所言"言性命者必究于史"似乎存在着某种神似之处。总之,章学诚的文本诠释思想与儒家传统有着深厚的关系,这一点值得我们继续推论研究。参见李清良《黄俊杰论中国经典诠释传统:类型、方法与特质》,载洪汉鼎主编《中国诠释学》(第一辑),山东人民出版社2003年版。

③ 王晴佳:《章学诚与现代诠释学》,载华东师范大学中国现代思想文化研究所编《思想与文化》(第三辑),华东师范大学出版社2003年版。

"心",而在认识方法上,则注重主客观交融的直觉体验,对世界的认识被转化为对自身"心"的认识,因而在一定意义上具有"存有论"的特点。章学诚的诠释学思想应当被视为陆王心学在清代的转化,这一转化由道德领域转入知识领域,正如陆王心学在与朱熹的争议中同时也吸收了朱学的长处,章学诚在对乾嘉朴学的批判中也吸纳、转化其经典诠释思想,并最终将其由"认知诠释学"转进到"本体诠释学"的型态。这同时也印证了余英时的推论,戴(震)、章(学诚)之学作为清代儒学"智识主义"的理论高峰,是朱(熹)、陆(象山)之争在清代"移步换形"的再现。在某种意义上,"认知诠释学"和"本体诠释学"的型态区分,就是这一"移步换形"的最佳注脚。

第六章　章学诚的考据学批判

第一节　《朱陆》篇与《浙东学术》——衡论戴震

一　章学诚与戴震的交往史迹

章学诚由"文史校雠"之学凝练出的一整套哲学思想，其主旨是为了批判风行于乾嘉之世的经学考证，而乾嘉考据学的领军人物戴震遂成为他批判的主要目标。在《文史通义》中，除《朱陆》《书〈朱陆〉篇后》之外，另有大量与友人的书信涉及对戴震的评价，如《答邵二云书》《与史余村》《又与朱少白书》《又与正甫论文》等，此外，《记与戴东原论修志》则记录了章学诚与戴震关于地方志的不同观点。而最能显示出戴、章之分歧的，则为章学诚晚年论定的《浙东学术》，在此文中，章学诚通过思想史的追溯，将戴震之学纳入以"博雅"为特色的"浙西之学"，而将自身归于以"专家"为旨归的"浙东之学"。"浙西之学"溯源于朱子学的"通经服古"；"浙东之学"则溯源于陆王心学，并结合了南宋以来浙学重视史学的倾向，以"言性命者必究于史"为特点。"浙东""浙西"之学并行而不悖，而"浙东之学"较之"浙西之学"尤为源远流长。通过这一思想谱系的建立，章学诚为自己以"文史校雠"抗衡"经学考证"找到了历史的根据和思想的立足点。

根据余英时先生的研究，章学诚在乾嘉时期的知识界孤傲自许而又落落寡合，唯期许邵晋涵为其"身后之桓谭"[①]，而戴震的经学考证在知识界的普遍影响对其构成了巨大的心理压力，成为章学诚潜意识中毕生抗争

[①]　（清）章学诚：《答邵二云书》，《文史通义新编新注》，浙江古籍出版社2005年版，第684页。

的对象,《朱陆》及《浙东学术》都是这一"对抗意识"的反映。就章学诚对戴震之学的具体评论而言,仓修良在《章学诚评传》中曾总结为三个方面:一是批评戴震夸大考据学的作用;二是批评戴震"心术未醇";三是批评戴震在修志(地方志)上的观点。但仓修良先生认为总体而言章学诚对戴震褒大于贬,批评戴震是为了突出戴震学术中真正有价值的东西,"攻瑕而瑜亦粹",这些批评符合戴震的实际情况,因而不存在门户之见,而"浙东史学"则是历史上真实存在的学术流派,章学诚本人便是这一思想派别的"集大成者"和最后的"殿军"[①]。上述二人的结论颇有差异之处,但共同之处是揭示了戴震之学对于章学诚的巨大影响。在此处姑且先将评论搁置一边,看一看章学诚与戴震交往的史迹,以期从历史的脉络中探究章学诚对戴震的真实看法以及这种看法的思想史意义。

根据胡适、姚名达的《章实斋先生年谱》,戴、章会面共有三次。第一次为乾隆三十一年丙戌(1766),是年戴震入都会试,居新安会馆,章学诚由郑虎文介绍往见戴震,关于这一次会面,章学诚有《与族孙汝楠论学书》记叙其事,在东原卒后并有《答邵二云书》追记其事。第二次会面则是乾隆三十八年癸巳(1773),戴、章相遇于宁波道署,二人就地方志修撰的观点发生争论,章学诚有《记与戴东原论修志》记叙其事。第三次则是同年在杭州吴颖芳的住所,戴震与吴颖芳痛诋郑樵《通志》,章学诚事后有《答客问》和《申郑》驳斥了戴震的观点。关于这三次会面,戴震的《文集》中没有相关的记录,而章学诚则每一次都详述其始末,足见戴震之学在章学诚心目中有着相当重要的地位。关于《朱陆》的著述年份,胡适、钱穆均系于戴震卒年之乾隆四十二年丁酉(1777),唯钱穆从语气推断,认为是在戴震生前所作,《书〈朱陆〉篇后》则作于乾隆五十四年己酉(1789),此外还有一些零星的书信记录了章学诚对戴震的评价。章学诚认为自己对戴震的学术思想知之深切,因而能够洞彻其隐微,而乾嘉时期学术界对于戴震的评价则有失实之处,"有如戴东原氏,非古今无其偶者,而乾隆年间未尝

[①] 参见仓修良、叶建华《章学诚评传》第11章"浙东史学的殿军",南京大学出版社2002年版。

有其学识,是以三四十年中人,皆视以为光怪陆离,而莫能名其为何等学;誉者既非其真,毁者亦失其实,强作解事而中断之者,亦未有以定其是也"①。章学诚自许"辨论学术精微,实有离朱辨色、师旷审音之妙"②,因此其对戴震的评论与时人有着大相径庭之处,但却反映了戴震在思想史上的真实地位;并且通过对戴震历史地位的论断,章学诚也为自身的思想找到了恰当的定位。

从章学诚与戴震的会面史迹以及就此而作出的历次评论来看,章学诚对戴震经历了一个由钦佩而逐渐失望的过程,早期持基本肯定的态度,而后期则论锋转为严厉,批评的态度逐渐占了上风。在戴、章初次相见的当年,章学诚在《与族孙汝楠论学书》中谈到戴震时说:

> 往仆以读书当得大意,又年少气锐,专务涉猎,四部九流,泛览不见涯涘,好立议论,高而不切,攻排训诂,驰骛空虚,盖未尝不憪然自喜,以为得之。独怪休宁戴东原振臂而呼曰:"今之学者,毋论学问文章,先坐不曾识字。"仆重骇其说,就而问之。则曰:"予弗能究先天后天,河、洛精蕴,即不敢读元亨利贞;弗能知星躔岁差,天象地表,即不敢读钦若敬授;弗能辨声音律吕,古今韵法,即不敢读关关雎鸠;弗能考三统正朔,《周官》典礼,即不敢读春王正月。"仆重愧其言!因忆向日曾语足下所谓"学者只患读书太易,作文太工,义理太贯"之说,指虽有易,理实无殊。充类至尽,我辈于四书一经,正乃未尝开卷卒业,可为惭惕,可为寒心!③

而在《答邵二云书》中则云:

> 丙戌春夏之交,仆因郑诚斋太史之言,往见戴氏休宁馆舍,询其

---

① (清)章学诚:《与史余村》,《文史通义新编新注》,浙江古籍出版社 2005 年版,第 686 页。
② 同上书,第 687 页。
③ (清)章学诚:《与族孙汝楠论学书》,《文史通义新编新注》,浙江古籍出版社 2005 年版,第 800 页。

所学，戴为粗言崖略，仆即疑郑太史言不足以尽戴君。时在朱先生门，得见一时通人，虽大扩生平闻见，而求能深识古人大体，进窥天地之纯，惟戴氏可与几此。而当时中朝荐绅负重望者，大兴朱氏，嘉定钱氏，实为一时巨擘。其推重戴氏，亦但云训诂名物，六书九数，用功深细而已，及见《原善》诸篇，则群惜其有用精神耗于无用之地，仆当时力争朱先生前，以谓此说似买椟而还珠，而人微言轻，不足以动诸公之听。足下彼时，周旋嘉定、大兴之间，亦未闻有所抉择，折二公言，许为乾隆学者第一人也。[①]

从这两封书信中可以看出，章学诚初见戴震时，其思想型态尚未确定，因而为戴震浩博无涯的考证学知识所慑服，但同时也敏感地意识到戴震的学术型态与一般的考据学者不同，在考据学的层面之上尚有自己的义理追求，而戴氏的"义理追求"这一层面则为当时的考据学界所漠视，而戴氏之学正是由于"考据"和"义理"的结合才成为"乾隆学者第一人"。余英时认为戴、章初见时论学的内容即包括考据和义理，甚至有可能章学诚读到的《原善》稿本即直接得之于戴震。[②] 因此可以断定的是，在戴、章初次见面时，戴震对于章学诚的影响是双重的，一是考据学的压力，章学诚一生在学术方面的奋斗都是为了对抗这一"考据学的压力"；二是义理的追求，也就是从各种各样的具体经验知识中寻求其一以贯之的线索，用章学诚的话来说，也就是寻求事物"当然"背后的"所以然"，这与章学诚"读书通大意"的思想方法是一致的。因此他不仅当时就意识到了戴震"义理之学"在乾嘉学术界的特有意义，称许其为"求能深识古人大体，进窥天地之纯，惟戴氏可与几此"[③]。即使在晚年对戴震肆意讥评的时候，也依然不乏敬意地指出：

---

① （清）章学诚：《答邵二云书》，《文史通义新编新注》，浙江古籍出版社2005年版，第683页。

② 余英时曾对此分析推断说："实斋丙戌年在朱笥河、钱晓徵面前极力为东原的《原善》辩护，显见他已读过《原善》稿本。我相信实斋之知有《原善》其书或即直接得之东原。甚至东原当天在修宁会馆中即出示实斋以原稿，亦为情理所可有之事。"（余英时：《论戴震与章学诚》，生活·读书·新知三联书店2000年版，第15页。）

③ （清）章学诚：《答邵二云书》，《文史通义新编新注》，浙江古籍出版社2005年版，第683页。

"凡戴君所学，深通训诂，究于名物制度，而得其所以然，将以明道也。"① 可以说，对戴震"义理之学"的尊崇，在章学诚的一生中是一以贯之的，这一点迄至其晚年也没有改变。

章学诚对戴震的认识是从其"义理之学"的角度来认识的，这一点与乾嘉时期知识界的主流观点相异。就此点而论，应当说章学诚是戴震的学术知己，章学诚对于这一点也自居不疑："惟仆知戴最深，故勘戴隐情亦最微中。"② 但对于戴震而言，章学诚则不过是当时学术界的一名无名小卒，并非是理想中"可与论天人性命之学"的对象，身处乾嘉考据学实证主义的风气之下，其"义理之学"既不为人所认可，则戴震仍不得不以考据学家的面目示人，因此时隔七年之后（乾隆三十八年，1773）戴、章于宁波、杭州再次会面时，其言论的根据完全是从纯粹考据学的立场出发，而没有涉及"义理之学"。而章学诚已于前一年开始著作《文史通义》，并在《和州志·艺文书序例》初步提出了"六经皆史"的概念，③当然无法接受戴震关于地方志唯重"地理沿革"的考据学观点，而认为应将"文献"纳入方志的范围，以作为历史撰述的材料。因此章学诚在记叙这次会面时，以"经术"和"史学"区分戴震和自己的学术型态，已有与戴震分庭抗礼之势："戴君经术淹贯，名久著于公卿间，而不解史学。闻余言史事，辄盛气凌之。"④ 而在晚年对戴震"盖棺论定"的《书〈朱陆〉篇后》中则直斥戴震"其于史学义例，古文法度，实无所解，而久游江湖，耻其有所不知，往往强为解事，应人之求，又不安于习故，妄矜独断。如修《汾州府志》，乃谓僧僚不可列之人类，因取旧志名僧入于古迹。又谓修志贵考沿革，其他皆可任意，此则识解渐入庸妄"⑤。戴、

---

① （清）章学诚：《书〈朱陆〉篇后》，《文史通义新编新注》，浙江古籍出版社2005年版，第132页。

② （清）章学诚：《答邵二云书》，《文史通义新编新注》，浙江古籍出版社2005年版，第683页。

③ 章学诚在《和州志·艺文书序例》中说："六经皆属掌故，如《易》藏太卜，《诗》在太师之类。"（《文史通义新编新注》，第912页）

④ （清）章学诚：《记与戴东原论修志》，《文史通义新编新注》，浙江古籍出版社2005年版，第884页。

⑤ （清）章学诚：《书〈朱陆〉篇后》，《文史通义新编新注》，浙江古籍出版社2005年版，第132页。

章最后一次会面是在杭州吴颖芳座次，吴颖芳也是一名考据学者，曾作《吹幽录》五十卷以驳难郑樵《通志》，① 郑樵是清代考据学批评的主要对象之一，四库馆臣认为《通志》在"三通"中质量最为下乘，而其原因则在于考证方面的疏漏，戴震1753年在《与是仲明论学书》中论及郑樵时说："前人之博闻强识，如郑渔仲、杨用修诸君子，著书满家，淹博有之，精审未也。"② 将郑樵与明代的杨慎相提并论，而杨慎是被清代考据学奉为先导之一的："明之中叶以博洽著者称杨慎，……风气既开，国初顾炎武、阎若璩、朱彝尊等沿波而起，始一扫悬揣之空谈。"③ 将郑樵与杨慎等量齐观尤其是清代考据学者的共识，四库馆臣在论及杨慎的《丹铅录》时说："（杨慎）然渔猎既富，根柢终深，故疏舛虽多，而精华亦复不少，求之于古，可以位置郑樵、罗泌之间。"④ 因此戴震和吴颖芳等人是从考据学的角度来看待郑樵的，认为其考证虽勤，但疏漏亦多，从清代朴学的观点来看，是一名不太合格的考据学者。而在章学诚看来，以考据学作为衡量一切学术的标准，这一观点是十分狭隘的。郑樵的学术价值在于其"别识心裁"所创造的通史体例，而非其考据方面的成就，戴震等人以考据的得失作为准绳以纠量郑樵，非但失其公允，而且反映了清代考据学主流的一种偏颇意见，即视考据为唯一的学术型态，并将经学训诂的方法与标准延伸入一切学术领域之中。从章学诚的观点来看，经学训诂固然重要，但经、史有别，作为与经学不同的领域，史学有其特有的体例和方法，这是作为经学家的戴震所无法理解的，在《说林》中他以不指名的方式批评戴震："人各有能有不能，充类至尽，圣人有所不能，庸何伤乎！今之伪趋逐势者，无足择矣。其间有所得者，遇非己之所长，则

---

① 仓修良在章学诚《答客问》一文的注释中说："吴颖芳（1702—1781），清朝文人。字西林，号树虚，浙江仁和（今杭州市）人。博览群籍，'常怪郑樵《通志》，务与先儒为难，于是取《六书》《七音》《乐略》，一一尊先儒而探其源，成《吹幽录》五十卷，《说文理董》四十卷，《音韵计论》四卷，《文字源流》六卷，《金石文释》六卷'。又有《临江乡人诗集》四卷。"（《文史通义新编新注》，第254页）

② （清）戴震：《与是仲明论学书》，《戴震文集》，中华书局1980年版，第141页。

③ （清）永瑢：《四库全书总目》卷119"《通雅》条"，中华书局1983年版，第1028页。

④ （清）永瑢：《四库全书总目》卷119"《丹铅录》条"，中华书局1983年版，第1026页。

强不知为知，否则大言欺人，以谓此外皆不足道。……曾见其人，未暇数责。"① 在戴、章杭州晤面的当年，章学诚即作《申郑》以驳斥戴震的论点②，《文史通义》的校注者叶瑛曾指出《申郑》篇的主题是："当章氏之世，王鸣盛则指郑樵为妄人，戴震则斥之为陋儒，准经衡史，语有过当。章氏心不能平，特著此篇。"③ 可见经、史畛域的划分是当时章学诚对抗考据学的主要理论武器，而戴震以考据学家的面目出现指斥一切的态度则尤令其反感。余英时曾考察章学诚的成学历程，认为章学诚在1773年戴、章二度相见时已有一成熟的史学见解蕴于胸中，"故是年两度与东原会晤都能本其所学所信，与东原的经学考证之见分庭抗礼"④。这一分析大体反映了章学诚当时的真实思想状况，其已从考据学的压力下解脱出来，基本确立了自己的思想规模和学术领域，而戴震是时以举人入四库馆，⑤ 为举世学人所钦慕，故其言谈间对自己的"义理之学"深藏如晦，而一以考据学权威的面目示人，戴、章的分歧即源于此二度和三度的会面，由此章学诚对戴震的评论开始转入批评一途。

由戴、章三度会面的史迹以及章学诚的事后评论可以看出，作为"乾隆学者第一人"的戴震，其学术本有"义理"和"考据"两个方面，"考据"和"义理"在戴震本是绾合为一的，这一点作为戴震论敌的章学诚尤为清楚："凡戴君所学，深通训诂，究于名物制度，而得其所以然，将以明道也。"⑥ 但清代考据学者所重戴震者仅在其名物训诂，而对于其"义理之学"则置之弗讲，且有加以抨击者，如清末李慈铭记载翁方纲评论戴震之"义理学"说："惟评其论性诸篇，谓立意在驳朱子性即理也，

---

① （清）章学诚：《说林》，《文史通义新编新注》，浙江古籍出版社2005年版，第229页。
② 胡适《章实斋年谱》认为："先生（章学诚）由宁波返和州，道过杭州，闻戴震与吴颖芳谈次痛诋郑樵《通志》。其后学者颇有訾謷。先生因某君叙说，辨明著述源流。其文上溯马、班，下辨《文献通考》，皆史家要旨，不尽为《通志》发。初名《〈续通志〉叙书后》，后易名《申郑篇》。"（胡适：《章实斋年谱》，安徽教育出版社2006年版，第49页）
③ （清）章学诚：《文史通义校注》，叶瑛校注，中华书局1983年版，第465页。
④ 余英时：《论戴震与章学诚》，生活·读书·新知三联书店2000年版，第42页。
⑤ 据段玉裁编《戴东原先生年谱》："乾隆三十八年癸巳，五十一岁。……上开四库馆，……上素知有戴震者，故以举人特召，旷典也。"（《戴震文集》，中华书局1980年版，第233页。）
⑥ （清）章学诚：《书〈朱陆〉篇后》，《文史通义新编新注》，浙江古籍出版社2005年版，第132页。

常闻其口说缕缕矣,其实无所见;又云不过不甘以考订自居,欲显其进窥圣道耳,到底一字讲不出;又云此等文字颇与惠定宇《易述》后幅亦性相似,实皆与经义无涉。"① 在这种考据与义理的紧张关系中,戴震必须有意识地隐晦其"义理之学"而凸显其"考据学者"的身份,由此而出现章学诚所记述的"笔舌分施"的现象:"抑知戴氏之言,因人因地因时,各有变化,权欺术御,何必言之由中。"② 根据章学诚的分析,戴震的言论约有三种情况:"与中朝显官负重望者,则多依违其说,间出己意,必度其人所可解者,略见锋颖,不肯竟其辞也;与及门之士,则授业解惑,实有资益;与钦风慕名而未能遽受教者,则多为慌惚无据,玄之又玄,使人无可捉摸,而疑天疑命,终莫能定。"③ 从戴震的角度而言,章学诚无疑是属于第三种的"钦风慕名"之士,即不足与深论"天人理气"之"义理之学",则唯有张大考据学的立场,使对方仰慕信从而已。戴、章初见时,戴震即告以"今之学者,毋论学问文章,先坐不曾识字";二度相见之"方志唯重沿革";三度相见时之讥弹郑樵,所抱持的都是纯粹考据学者的立场,而丝毫没有涉及"义理之学"的藩篱,这对章学诚而言是不能令人惬意的,由此也埋下了戴、章关系破裂的根源,章学诚后来对戴震的一系列批评,其矛头指向都是针对戴震的考据学理论,在章学诚看来,戴震"口谈"中流露出的对考据学无节制的推崇,割断了其"义理之学"和"考据学"之间的有机联系,而贬斥朱熹,则是遗忘了考据学与宋学之间的学统关系,而企图掩宋学以代之,将考据学建立为唯一的学术"范式"。章学诚由此将戴震视为清代考据学的代言人而对其展开批判。

二 章学诚批评戴震的具体内容

系统梳理章学诚对戴震的批判,大致可以分为三个方面:一是对戴震"以考据明道"的学术方法及其"义理之学"的推崇,章学诚认为在这一

---

① (清)李慈铭:《越缦堂读书记》(中),由云龙辑,中华书局2006年版,第760页。
② (清)章学诚:《答邵二云书》,《文史通义新编新注》,浙江古籍出版社2005年版,第683页。
③ (清)章学诚:《书〈朱陆〉篇后》,《文史通义新编新注》,浙江古籍出版社2005年版,第133—134页。

层面上戴震有别于清代考据学的主流，是高于一般的考据学者的；二是批评戴震将考据学的方法无限夸大，甚至以此作为标准来衡量史学，这是不明经、史之流别，反映了戴震作为经学家的狭隘立场，同时也反映了清代考据学经学训诂方法的局限性；三是批评戴震贬斥朱熹是出于"心术未醇"，自忘其学统源流，这一方面是清代考据学纯粹"道问学"的精神导致了道德践履的失衡，同时也将考据学的发展方向引入了"狭窄化"的方向，"小学化"的经学研究取代了"明道"的要求，考据学与义理学彻底脱钩，从而成为乾嘉朴学发展中的隐忧。从章学诚的视野来看，戴震之学从早期的"义理""考据"通贯而走向了后期"义理""考据"相分离的单纯考据学立场，而这一走向也反映了乾嘉朴学的历史发展方向。客观公允地说，"章学诚视野中的戴震"与"思想史上的戴震"是有区别的，"思想史上的戴震"直至晚年仍坚持其"明道"的方向而发展其"义理之学"，卒年（乾隆四十二年，1777）丁酉五月二十一日与段玉裁书云："仆生平著述最大者，为《孟子字义疏证》一书，此正人心之要。今人无论正邪，尽以意见，误名之曰理，而祸斯民。故《疏证》不得不作。"[①]这是与"及门之士"而言，所谓"授业解惑，实有资益"，是戴震真诚心声的袒露。而"章学诚视野中的戴震"则主要从其"口谈"出发："独至戴氏，而笔著之书与口腾之说，或如龙蛇，或如水火，不类出于一人，将使后人何所准也！"[②]"由其笔著之书，证其口腾之说，不啻相为矛盾。"[③]戴震"口谈"中流露最多的当为"辟宋儒"，"辟宋儒"正是清代考据学的一贯见解，当"四库馆"开的清学全盛时期，"汉宋之分"的壁垒已隐然可见，余英时认为："东原平时昌言排斥程、朱而复诋弹逾量，并不反映程、朱思想的势力如何浩大；相反地，这恰表示当时的学术界中正激荡着一股反宋的暗流，东原虽标榜'空所依傍'的精神，但也不能不依违

---

① （清）戴震：《与段若膺书》，《戴震全集》（第1册），清华大学出版社1991年版，第228页。亦见于段玉裁编《戴东原先生年谱》，《戴震文集》，中华书局1980年版，第241页。

② （清）章学诚：《答邵二云书》，《文史通义新编新注》，浙江古籍出版社2005年版，第684页。

③ （清）章学诚：《与史余村》，《文史通义新编新注》，浙江古籍出版社2005年版，第686页。

其间，以争取考据学家的同情与支持。"① 就戴震而言，对程、朱的"昌言排斥"一方面是基于其哲学理念与程、朱的差异；另一方面则是为了突出考据学的地位。而就戴氏后学的发展来看，则由于鄙弃程朱而完全抛弃了对义理学的追求，将朴学引入了"小学化"的实证研究一途。由于戴震"口谈"对乾嘉朴学整体走向所产生的巨大影响力，因此章学诚不得不对此进行辩驳："不知诵戴遗书而得其解者，尚未有人，听戴口说而益其疾者，方兴未已，故不得不辨也。"②

以下就章学诚"戴震批评"的三个方面进行具体分析。

（一）戴震在乾嘉学界以名物训诂见重于时，而其"义理之学"并不为人所重视，推原乾嘉学者的看法，是认为"考据"（汉学）和"义理"（宋学）属于两个不同的独立领域，考据学的任务唯在于知识"量"的扩充，而不是从杂多的经验事实中追寻其一贯的线索，戴震的"义理学"研究在他们看来便是超越了"考据"的界限，这一态度有些类似于当代分析哲学中唯重分析语词意义而"拒斥形而上学"的立场。戴震之所以能够超越"考据"的界限而进入"形而上学"的哲学领域，则在于其独到的诠释学方法，即本书第五章中所论述的"语义诠释"和"心理诠释"相结合，也就是说，戴震的"考据"不止于语词意义的分析，而且通过心理体验的方式重构作者的"历史世界"以通乎"古圣贤之心志"。黄爱平指出："戴震既重视经书文字、音韵、训诂本身的客观考证，又强调并最终归结到个人心志的主观认同，并且把二者巧妙地结合起来，形成了其学术主张的独特风格。"③ 由"心志"的强调就突出了个人理性判断的作用，因而能对历史上存在的各种学说"空所依傍"而折衷其是，并进而贯通其线索上升到理性思考的哲学层次。戴震曾以"轿夫"和"轿中人"设喻，说明其"六书九数之学"与"义理之学"的关系，"六书九数"是客观实证之学，而"义理之学"则牵涉个人的主观判断，客观实证的知识最终服从于个体的主观判断，这就如同"轿夫"要服从"轿中人"的指挥一样，这一比喻所暗示的无非是学者之主体对于客观知识的统率作用。这

---

① 余英时：《论戴震与章学诚》，生活·读书·新知三联书店2000年版，第127页。
② （清）章学诚：《答邵二云书》，《文史通义新编新注》，浙江古籍出版社2005年版，第684页。
③ 黄爱平：《乾嘉汉学治学宗旨及其学术实践探析》，《清史研究》2002年第3期。

一见解与章学诚对知识主体的强调是一致的，章学诚曾以类似的比喻指出，"文辞"犹如三军，而"志识"则为其将帅，"考据"的知识经过"文辞"的润色，在"志识"的统领下才能纽合为一个"一贯"的系统而呈现"立言宗旨"。章学诚认为戴震有别于一般考据学家的地方即在于，在客观实证的"考据"上面设置了"心志"的作用，从而能够摆脱"墨守"，发挥出其独到的"义理"，在评论戴震的《郑学斋记》时，他认为戴震对于"郑学"（东汉郑玄之学）的态度是"会通"而非"墨守"，"大约学者于古，未能深究其所以然，必当墨守师说。及其学之既成，会通于群经与诸儒治经之言，而有以灼见前人之说之不可以据，于是始得古人大体而进窥天地之纯。故学于郑而不敢尽由于郑，乃谨严之至，好古之至，非蔑古也"①。而一般的清儒考据学者则唯以"古义"为尚而毫无心得："乃世之学者，喜言墨守，墨守固专家之业，然以墨守为至诣，则害于道矣。"② 考据学的"墨守""泥古"倾向导致其只注重语词意义而不关注观念之间的内在联系，这是由于缺乏主体之"心志"对于经验知识的统合作用，由此知识遂成为缺乏意义关联的"碎义逃难"，仅有"局部"而无"整体"，仅有"下学"而无"上达"。戴震在这一点上超越了考据学之局限，由客观实证之"考据"知识中凝练出一套系统的哲学观念，而又"文笔清坚，足以达其所见"③。因此章学诚认为："近日言学问者，戴东原氏实为之最。以其实有见于古人大体，非徒矜考订而求博雅也。"④

"博雅"是章学诚对乾嘉考据学的定评，但他认为戴震"实有见于古人大体，非徒矜考订而求博雅"，可见章学诚是将戴震区别于一般的考据学者的。而戴、章在学术理念上的相通之处即在于"求见古人之大体"，而在这一点上他们又共同遭到了清代考据学者的非难。洪榜在戴震身后为其作《行状》，将戴震与彭绍升论学的《与彭进士尺木书》全文录入，朱

---

① （清）章学诚：《〈郑学斋记〉书后》，《文史通义新编新注》，浙江古籍出版社2005年版，第581页。
② 同上。
③ （清）章学诚：《答沈枫墀论学》，《文史通义新编新注》，浙江古籍出版社2005年版，第715页。
④ （清）章学诚：《又与正甫论文》，《文史通义新编新注》，浙江古籍出版社2005年版，第807页。

筠则以为：" 可不必载，性与天道不可得闻，何图更于程、朱之外复有论说乎？"① 而其理由据洪榜推测则是：" 经生贵有家法，汉学自汉，宋学自宋，今既详度数，精训故，乃不可复涉及性命之旨意，反述所短以掩所长。"② 可见当时的考据学者是将戴震的"义理之学"作为"宋学"来看待的。而章学诚讨论其哲学观念的《原道》在当时也同样被目为"宋学"，据邵晋涵说："是篇（《原道》）初出，传稿京师，同人素爱章氏文者皆不满意，谓蹈宋人语录习气，不免陈腐取憎，与其平日为文不类，至有移书相规诫者。"③ 正是由于章学诚与戴震在为学取向上的一致，才使他能够看出戴震之学的底蕴和真正价值不在于"考据"而在于"义理"："世人方贵博雅考订，见其训诂名物有合时好，以谓戴之绝诣在此。及戴著《论性》《原善》诸篇，于天人理气，实有发前人所未发者，时人则谓空说义理，可以无作，是固不知戴学者矣。"④

（二）章学诚欣赏戴震的"义理之学"，主要是认为戴震摆脱了一般考据学者的成见，将"考据"和"义理"合一，以"考据"而"明道"。但章学诚同时认为，"明道"的途径并非只有"考据"一途，一切的知识门类，如史学、古文辞，只要深究其背后的"所以然"，都可以达到"明道"的目的，同时由于人的"天质之良"不同，也就是天性中的知识倾向和禀赋不同，客观上也造成了"明道"的途径不同。而戴震夸大考据学的作用，将"考据"视为"明道"的唯一途径，则是出于一种狭隘的考据学者的偏见，而无视于人类文化的丰富性："其自尊所业，以谓学者不究于此，无由明道；不知训诂名物，亦一端耳。"⑤

倪德卫曾指出，戴震与章学诚对自己的定位是不同的，戴震自认为是经学家，"道"虽然不离人伦日用，但其作为"必然之理"已经由古圣贤归纳为经典之命题，而语言学的方法（训诂）则是解开经典命题的钥匙。章学诚则认为自己是史学家和古文辞家，他必须思考自己的知识领域与

---

① 江藩：《国朝汉学师承记》，中华书局1998年版，第98页。
② 同上。
③ （清）章学诚：《文史通义校注》，叶瑛校注，中华书局1983年版，第140页。
④ （清）章学诚：《书〈朱陆〉篇后》，《文史通义新编新注》，浙江古籍出版社2005年版，第132页。
⑤ 同上。

"道"的关联，章学诚的思考结果是，"道"不能被归结为经书中的"命题陈述"（statement），而是与"事"结合在一起对终极价值的"表达"（expression），也就是所谓"即器以明道"。"道"不能脱离"事"而成为先验的抽象命题，而直接就是"事"的"表达"。因此一切作为"下学之器"的知识门类，都直接"表达"了作为"所以然"的"道"，而考据学只是其中之一种，并不占有特殊的地位。① 针对戴震对考据学的夸大之词，章学诚反驳说：

> 戴氏深通训诂，长于制数，又得古人之所以然，故因考索而成学问，其言是也。然以此概人，谓必如其所举，始许诵经，则是数端皆出专门绝业，古今寥寥不数人耳，犹复此纠彼讼，未能一定，将遂古今无诵五经之人，岂不诬乎！孟子言井田封建，但云大略；孟献子之友五人，忘者过半，诸侯之礼，则云未学，爵禄之详，则云不可得闻。使孟子生后世，戴氏必谓未能诵五经矣！马、班之史，韩、柳之文，其与于道，犹马、郑之训诂，贾、孔之疏义也。戴氏则谓彼皆艺而非道，此犹资舟楫以入都，而谓陆程非京路也。②

戴震说："诵《尧典》，至乃命羲和，不知恒星七政，则不卒业；诵《周南》《召南》，不知古音则失读；诵古《礼经》，先士冠礼，不知古者宫室衣服等制，则迷其方。"③ 这一说法与章学诚在《与族孙汝楠论学书》中所记述的戴震论学语相符，而更早则是见于戴震乾隆二十二年丁丑（1757）所作的《与是仲明论学书》，据段玉裁《戴东原先生年谱》记录："仲明名镜，是姓，江阴人，客游于扬者。欲索先生《诗补传》观之，先生答此书。'平生所志，所加工，全见于此'，亦以讽仲明之学非所学也。仲明筑室于江阴舜过山讲学，其人不为先生所重，故讽之。"④

---

① 参见［美］倪德卫《儒家之道》，［美］万白安编、周炽成译，江苏人民出版社2006年版，第322—323页。

② （清）章学诚：《又与正甫论文》，《文史通义新编新注》，浙江古籍出版社2005年版，第808页。

③ 同上书，第807页。

④ （清）段玉裁：《戴东原先生年谱》，《戴震文集》，中华书局1980年版，第223页。

第六章 章学诚的考据学批判

乾隆二十二年戴震与惠栋于扬州相见，论学由"汉宋并举"转入"尊汉反宋",[①] 是仲明是一名不为戴震所重视的学者，其论学似乎有"宋学"的倾向，是故戴震在书末结语中谓："如宋之陆，明之陈、王，废讲习讨论之学，假所谓'尊德性'以美其名，然舍夫'道问学'，则恶可命之'尊德性'乎？"[②] 是仲明与章学诚都是考据学圈外的学者，思想倾向也都带有"尊德性"的宋学气质，故戴震对二人论学的口气如出一辙，显示了考据学的绝对立场。

章学诚初见戴震时颇为这种精密的考据方法所震动，但是这一精密的考据方法与章学诚的气质及学术路向并不一致，章学诚经过长期思索确立了自己以"文史校雠"明道的方式，并对戴震的考据学理论进行了反思。他指出，乾嘉考据学中的大多数学者只是"器数之学"而没有一定的祈向和宗旨，即使像戴震这样通过"考据"而"得其所以然"，也只是因为戴震是属于天性"沉潜"的学者，"考据"这一知识类型和戴震的"资性"相吻合，无法强求所有的学者都按照戴震所设计的途径以求"明道"。如果以戴震的理论作为标准，那么数千年来的学者都将被摒弃于经学的大门之外，甚至连孟子也不能例外，这对以"直承孟子"自命的戴震而言无疑是一个巨大的反讽。而更重要的是，如果将"经学考据"树立为唯一的知识"范式"，那么史学和文学则将丧失其作为学问的根基，对章学诚而言，这将意味着他所从事的学术领域失去了"合法性"的根据，这是章学诚所无法接受的。因此章学诚一方面指出，就清儒考据学的一般型态而言（戴震似应除外），拘泥于"器数之学"的层面而缺乏心灵的会通并不足以"明道"，"曾子之于圣门，盖笃实致功者也，然其言礼，则重在容貌、颜色、辞气，而笾豆器数，非君子之所贵"[③]。另外，"考据"即使作为"明道"的有效工具，也仅是"道中之一事"，其地位与史

[①] 余英时论述戴震在1757年的学术转向时说："1757年东原游扬州，识定宇于都转运使卢雅雨曾署中，论学极为相得，这是乾、嘉学术史上一件大事。……积极方面，定宇是否影响了东原此后在义理方面的发展，是别一问题。但消极方面，惠、戴1757年扬州之会，彼此曾默默地订下了反宋盟约大概是可以肯定的。"（余英时：《论戴震与章学诚》，生活·读书·新知三联书店2000年版，第121—122页。）

[②] （清）戴震：《与是仲明论学书》，《戴震文集》，中华书局1980年版，第141页。

[③] （清）章学诚：《又与正甫论文》，《文史通义新编新注》，浙江古籍出版社2005年版，第808页。

学、文学相等，因为"经学训诂"的对象"经"也只是"器"而非经学家认为的"载道之书"，在这一点上"经"与诸子百家之书以及后世的一切著述、学术都是相同的，"经经史纬，出入百家，途辙不同，同期于明道也"①。"学术当然，皆下学之器也；中有所以然者，皆上达之道也。器拘于迹而不能相通，惟道无所不通，是故君子即器以明道，将以立乎其大也。"② 经、史之学的划分是从其外部型态着眼的，而就其内在精神而言，则是"同期于明道"而不分轩轾："经史者，古人所以求道之资，而非所以名其学也。经师传授，史学世家，亦必因其资之所习近而勉其力之所能为，殚毕生之精力而成书，于道必有当矣。"③ 乾嘉朴学崇尚经学而卑视史学和辞章之学，是狃于风气循环的拘墟之见，而对作为学术"所以然"的"道"没有真正的认识。

对"考据学"绝对性地位的强调导致了学术的分歧，乾隆年间的学风即陷于义理、考据、辞章三者的彼此消长和纠缠中，"而近人所谓学问，则以《尔雅》名物，六书训故，谓足尽经世之大业，虽以周、程义理，韩、欧文辞，不难一映置之。其稍通方者，则分考订、义理、文辞为三家，而谓各有其所长。不知此皆道中之一事耳，著述纷纷，出奴入主，正坐此也"④。这一分歧的局面与戴震对"考据"的片面强调是分不开的，章学诚通过对戴震的批判，揭示了考据学理论的片面性和局限性，同时将史学抬高到了与经学并列的位置，（而其晚年的"六经皆史"说则有将史学凌驾于经学之上的趋势）以为其"文史校雠"之学张目，这应当说是章学诚对戴震考据学批判的中心要旨所在。

（三）章学诚对戴震批评最为严厉的则是关于戴震的"心术"，这与章学诚对戴震学术的一个基本判断有关，即以"反宋学"面目出现的戴震，其学统源流正是出于朱熹的"道问学"系统。在《朱陆》篇中，他

---

① （清）章学诚：《与朱沧湄中翰论学书》，《文史通义新编新注》，浙江古籍出版社 2005 年版，第 708 页。

② 同上书，第 709 页。

③ （清）章学诚：《与朱沧湄中翰论学书》，《文史通义新编新注》，浙江古籍出版社 2005 年版，第 709 页。

④ （清）章学诚：《与陈鉴亭论学》，《文史通义新编新注》，浙江古籍出版社 2005 年版，第 717 页。

将这一学术谱系描绘为"朱熹—黄干、蔡沈—真德秀、魏了翁、黄震、王应麟—金履祥、许谦—宋濂、王祎—顾炎武、阎若璩—（戴震）"，在另一处《又与朱少白书》中，则将黄宗羲也列入这一谱系中。① 戴震之学出于朱熹，但却"饮水忘源"，对朱熹口诛笔伐，流风所及，"至今徽歙之间，自命通经服古之流，不薄朱子，则不得为通人，而诽圣排贤，毫无顾忌，流风大可惧也"②。

　　《朱陆》作于戴震生前，其中对戴震并未指名道姓，直到戴震去世十余年后的《书〈朱陆〉篇后》中才明言《朱陆》篇的宗旨在于批评戴震。仔细分析《朱陆》篇的结构，应当分为前、后两个层次，前一层次是批判有一种"伪陆王"的学者自命朱学以攻击陆王，而其实空疏不学，应当摒弃于朱学的源流之外而名之为"伪陆王"；后一层次则指出在乾嘉之世，真正出自朱学源流、承袭了朱子治学精神的学者则已忘却了自身的学术源流，反而因为考据精密程度的提高而贬斥朱熹，是"慧过于识而气荡乎志"，这一层次即是指戴震而言。历来学者对后一层次把握较为分明，而对前一层次的"伪陆王"学者则不知所指，叶瑛仅含糊认为："于当日骛博而学无归宿，快抨击以赴一哄之市者，实欲有所折衷而救其偏也。"③ 日本学者山口久和也认为，章学诚这一段文字的创作意图"非常难以理解"，因为康、乾之世的朱子学者并没有特别批判过陆王心学。④ 但是衡诸章学诚本人和当时人的记录，我们发现，康、乾之世的朱子学还是有着很大的势力，朱子学者对陆王的批判在一定的层面上还在进行。这里我们举三条史料为证据。

---

① 章学诚《又与朱少白书》认为："（朱子之教）一传而为蔡九峰、黄勉斋，再传而为真西山、魏鹤山，三传而为黄东发、王伯厚，气候如许白云、金仁山、王会之，直至明初宋潜溪、王义乌，其后为八股时文中断。至国初而顾亭林、黄梨洲、阎百诗皆俎豆相承，甚于汉之经师谱系。戴氏亦从此数公入手，而痛斥朱学，此饮水而忘其源也。"（《文史通义新编新注》，第783页）

② （清）章学诚：《书〈朱陆〉篇后》，《文史通义新编新注》，浙江古籍出版社2005年版，第133页。

③ （清）章学诚：《文史通义校注》，叶瑛校注，中华书局1983年版，第266页。

④ 详见［日］山口久和《章学诚的知识论》，王标译，上海古籍出版社2006年版，第56—57页。

1. 卢文弨批判李绂（陆王学者）

陆氏之学实出于禅，盖终其身弗变也。……吾怪夫人之惑，固有不可解者。近时人又有为《陆子学谱》及《朱子晚年全论》、《朱子不惑录》等书，不过复袭程王之唾余而少变其说，以为朱子晚年其学与陆氏合，其论与陆氏异。此语更龌龊不足辨，顾反痛诋此书。无知之人道听途说，是诚何心哉！①

2. 章学诚论张良御

《依归草》十卷，扬州张符骧良御所撰古文辞也。……学问墨守朱子，然识见猥陋，至论《毛诗》名物、叶韵，务守朱子之说，一字不容变通，可为颟且愚矣。其诋诃陆王，全是村学究讲章习气，其与陈大始书，至于恶声詈骂，彼此俱全失斯文雅道，讲朱学者，尤不应蹈此等气象。……且观符骧气象，全是当时趋风气而伪张紫阳帜者。②

3. 章学诚论陆陇其

程朱之学，乃为人之命脉也。陆王非不甚伟，然高明易启流弊。若谓陆王品逊程朱，则又门户之见矣。但程朱流弊，虽较陆王为轻，而迂怪不近人情，则与狂禅相去亦不甚远。如陆当湖，最为得程朱之深矣，犹附和砒霜可吃之谬论，况他人远不若当湖先生者乎？余干贡生张时，亦讲程朱，而荒陋不学，又喜附会穿凿，言之令人喷饭满案，程朱有灵，则当操杖而搏逐之矣。……然此等不足贬损程朱，则狂禅末流，又岂足贬损陆王乎？③

---

① （清）卢文弨：《书学蔀通辨后》，《抱经堂文集》，王文锦点校，中华书局 2006 年版，第 144 页。
② （清）章学诚：《信摭》，《章学诚遗书》，文物出版社 1985 年版，第 370 页。
③ （清）章学诚：《乙卯札记》，《章学诚遗书》，文物出版社 1985 年版，第 393 页。

卢文弨是乾嘉时期著名的考据学者，为学则不废程朱而非难陆王，亦可见当时的汉学阵营中程朱学还存在着一定的影响力。而从章学诚的论述中则可以看出，张良御、陆陇其等程朱学者即是他在《朱陆》篇前一段中所指斥的自命朱学而实无心得的"伪陆王"学者，《朱陆》篇称："今得陆、王之伪而自命朱学者，乃曰：'墨守朱子，虽知有毒，犹不可不食。'"① 这显然指的就是陆陇其的"砒霜可吃之谬论"。康熙年间，就理学与心学的地位问题曾引起过激烈的争论，在《明史》是否应设"道学传"以及王阳明是否应入"道学传"的问题上，程朱学者（如张烈）和陆王学者（如毛奇龄）持论互不相下，最后由于清圣祖倾向于程朱理学，程朱理学遂被定为官学而风靡一时，陆王心学则日渐微弱。② 在当时由于清廷文化政策的影响，出现了一大批如张良御这样的"趋风气而伪张紫阳帜"的学者，他们自命朱学，对陆王横加诋斥。"乃有崇性命而薄事功，弃置一切学问文章，而守一二章句、集注之宗旨，因而斥陆讥王，愤若不共戴天，以谓得朱之传授。"③ 在章学诚看来，这批伪冒的程朱学者"村陋无闻，傲狠自是"，甚至连"伪朱"也谈不上，只能名之为"伪陆王"。由此可见，《朱陆》篇的前半段实际针对的是康熙至乾隆初年学术界"崇朱贬陆"的风气而言，这也是《朱陆》篇部分的命意所在。

"伪陆王"实际是伪冒的程朱学者，应当摒弃于朱学的源流之外，揭示这一点是为了暗示，进入清代以后，真正承袭了朱学统绪的是以"经学训诂"面貌出现的考据学者，其中尤以戴震为首选的代表人物。"今人有薄朱氏之学者，即朱氏之数传而后起者也。其与朱氏为难，学百倍于陆、王之末流，思更深于朱门之从学，充其所极，朱子不免先贤之畏后生矣。然究其承学，实自朱子数传之后起也，其人亦不自知也。"④ 所谓"其人"即指戴震。戴震之学出于新安理学的婺源江慎修，李慈铭说："盖戴氏师江氏，而江氏之学由性理以通训诂，戴氏之学则由训诂以究性

---

① （清）章学诚：《朱陆》，《文史通义新编新注》，浙江古籍出版社2005年版，第127页。
② 参见汪学群《关于清前期学术思想的争论》第2节"理学与心学之争"，《清史论丛》2001年号，中国广播电视出版社2001年版，第202—207页。
③ （清）章学诚：《朱陆》，《文史通义新编新注》，浙江古籍出版社2005年版，第127页。
④ 同上书，第128页。

理。"① 则戴震之学确有其理学的根源，但戴震中年以后论学转入考据一途，在义理上也逐渐与程、朱发生差异，因而无论在著作、"口谈"中都对朱熹颇有微词。章学诚并不以戴震的义理为非，"其《原善》诸篇，虽先夫子（朱筠）亦所不取。其实精微醇邃，实有古人未发之旨，鄙不以为非也"②。同时他也承认，宋学确有可议之处，"第其流弊，则于学问、文章、经济、事功之外，别见有所谓'道'耳。……无怪通儒耻言宋学矣"③。但章学诚同时认为，朱学的真正面目是"求一贯于多学而识，寓约礼于博文，是本末之兼该也"④。戴震的学术正是从这一点上深得朱学之本源，但是戴震却因为自己在"训诂考据"方面的成就超越了朱熹，因而在"口谈"中流露出对朱学的鄙薄，甚至有取代宋儒学统的想法。"戴君学术，实自朱子道问学而得之，故戒人以凿空言理，其说深探本原，不可易矣。顾以训诂名义，偶有出于朱子所不及者，因而丑贬朱子，至斥以悖谬，诋以妄作。"⑤ 这是一种完全以考据论是非的立场。章学诚认为，考据学正如天文历法之学，后起者必然比前人精密，但却不能因后人的精密而贬低前人的成就，"因后人之密而贬羲、和，不知即羲、和之遗法也"⑥。戴震对朱熹的批评显示了考据学家的偏执之见，而更为严重的是，这一导向将使清代考据学进一步向狭义的"经学考证"的方向发展而失去义理追求。"以仆所闻，一时通人表表于人望者，有谓'异日戴氏学昌，斥朱子如拉朽'者矣。有著书辟宋理学，以谓六经、《论语》无理字，不难以《易传》'穷理尽性'为后儒之言，而忘'义理悦心'已见《孟子》者矣。"⑦ 这里所指的是戴震后学、扬州学派的凌廷堪，凌氏

---

① （清）李慈铭：《越缦堂读书记》（中），由云龙辑，中华书局2006年版，第760页。
② （清）章学诚：《又与朱少白书》，《文史通义新编新注》，浙江古籍出版社2005年版，第783页。
③ （清）章学诚：《家书五》，《文史通义新编新注》，浙江古籍出版社2005年版，第822页。
④ （清）章学诚：《朱陆》，《文史通义新编新注》，浙江古籍出版社2005年版，第127页。
⑤ （清）章学诚：《书〈朱陆〉篇后》，《文史通义新编新注》，浙江古籍出版社2005年版，第133页。
⑥ （清）章学诚：《朱陆》，《文史通义新编新注》，浙江古籍出版社2005年版，第128页。
⑦ （清）章学诚：《答邵二云书》，《文史通义新编新注》，浙江古籍出版社2005年版，第684页。

曾说:"《论语》皆孔门遗训,其中无一'理'字。……至'天理人欲'四字,始见于《乐记》,亦汉儒采诸《文子》,去圣人则已远矣。"① 可见戴震的"口谈"对其承学者之影响。戴震身后,"其小学之传,则有高邮王给事念孙、金坛段大令玉裁传之;测算之学,则有曲阜孔检讨广森传之;典章制度之学,则有兴化任御史大椿传之:皆其弟子也"②。唯独"义理之学"寂寂无闻,凌氏也仅委婉地指出:"而理义固先生晚年极精之诣,非造其境者,亦无由知其是非也。其书具在,俟后人之定论云尔。"③ 乾嘉朴学在戴震之后发展到了极盛的地步,梁启超论其学术方法与治学范围:"其治学根本方法,在'实事求是'、'无征不信'。其研究范围,以经学为中心,而衍及小学、音韵、史学、天算、水地、典章制度、金石、校勘、辑逸等等,……当斯时也,学风殆统于一。"④ 考据学学风"博而不约",无法从繁多的事实中透显出心灵的"独断",这与戴震"口谈"中贬低宋儒有着极大的关系,因此章学诚慨叹:"今日之患,又坐宋学太不讲也。"⑤ 对戴震"心术"的批判,不仅是"知人论世"的道德评价,同时也结合着章学诚对时代风气、学术路向的深沉忧虑。

三 关于"浙东学派"的问题

在《朱陆》篇和《书〈朱陆〉篇后》中,章学诚为戴震的朱学源流建立了一个谱系,但对朱学的对立面陆王心学在清代的发展并没有作出明确的表述,并且从总体而言,认为朱学的"流别"优于陆王。但在晚年的《浙东学术》篇中,这一论点有了转向,朱学在清代转型为以"博雅"见长的"浙西之学",被清代学者公认为"开国儒宗"的顾炎武是"浙西之学"的代表人物,则不言而喻戴震也应当属于这一系统;陆王学在清代则转型为以"专家"为特点的"浙东之学",这一系统上承阳明、蕺

---

① 张其锦:《凌次仲先生年谱》,载薛贞芳主编《清代徽人年谱合刊》(上),黄山书社2006年版,第551页。
② (清)凌廷堪:《戴东原先生事略状》,《校礼堂文集》,中华书局1998年版,第316页。
③ 同上书,第317页。
④ (清)梁启超:《清代学术概论》,上海古籍出版社2005年版,第4页。
⑤ (清)章学诚:《家书五》,《文史通义新编新注》,浙江古籍出版社2005年版,第822页。

山，下启万氏兄弟（万斯大、万斯同）、全祖望，而中间的枢纽人物则是与顾炎武并世齐名的黄宗羲，在另一处与友人（胡洛君）的书信中，他提出邵晋涵应当是"浙东史学"的后续人物："浙东史学，自宋、元数百年来，历有渊源。自斯人（邵晋涵）不禄，而浙东文献尽矣。"① 至此"浙东学术"有了一张清晰简明的谱系，章学诚作为《浙东学术》的作者，无疑就站在这一谱系的终点，后人也由此推断章学诚是"浙东学术"（或浙东史学）的"殿军"和"集大成者"。②

自章学诚提出"浙东学术"的概念之后，关于这一谱系是历史上的真实学统还是出于章学诚的"主观虚构"，在学术史上众说纷纭，引起了众多争议。早期学者从章太炎、梁启超直至何炳松（《浙东史学溯源》）、杜维运（《黄宗羲与清代浙东史学派之兴起》）等人都认可这一"学统"的存在，章太炎且将其下衍至清末的黄式三，何炳松则将其上溯至北宋的程颐（伊川）。金毓黻则持反对意见，谓"至于章、邵二氏，异军突起，自致通达，非与黄、全诸氏有何因缘，谓为壤地相接，闻风兴起则可，谓具有家法互相传受则不可"③。钱穆初期在《中国近三百年学术史》中认可"浙东学派"的提法，后期在《中国史学名著》中则推翻前说，认为章学诚"自居为阳明传统或浙东史学，则是不值得我们认真的"④。现当代研究章学诚的学者，大都对"浙东史学"的谱系持怀疑态度，认为是章学诚的"主观虚构"。如倪德卫认为："章学诚对一个特殊的浙江传统的自我认同是一种晚年的事后追思。"⑤ 余英时则从心理背景入手指出章学诚撰《浙东学术》是为了抗衡戴震的经学考证，周积明分析了章学诚、章太炎、梁启超、钱穆、何炳松等人不同的"浙东学派"说，指出"浙东学派"的谱系呈现出一个不断构建的过程，而章学诚构建"浙东学派"的意图除了与戴震的"朱学源流"相匹敌之外，也有突出史学地位、与

---

① （清）章学诚：《与胡洛君论校〈胡稚威集〉二简》，《文史通义新编新注》，浙江古籍出版社 2005 年版，第 703 页。

② 参见仓修良、叶建华《章学诚评传》第 11 章 "浙东史学的殿军"，南京大学出版社 2002 年版。

③ 金毓黻：《中国史学史》，中华书局 1962 年版，第 252 页。

④ 钱穆：《中国史学名著》，生活·读书·新知三联书店 2001 年版，第 313 页。

⑤ [美] 倪德卫：《章学诚的生平与思想》，杨立华译，台北唐山出版社 2003 年版，第 374 页。

当时盛极一时的经学分庭抗礼的企图。①

就以上诸种意见，笔者认为，如将"浙东学术"坐实视为一个绵延不断的"实体性"学派，确实会发生许多滞碍不通的现象。

首先，阳明、蕺山并不以史学见长，即使章学诚在《浙东学术》一文中也仅称道其"事功"与"节义"，浙东之学以史学著称是在黄宗羲之后，但黄宗羲的学问也包涵"经学"与"史学"两个方面，而万斯同除史学外，更以经学中的"礼学"见长，因此章太炎认为"浙东学派"除了"史学"之外，还有"重视礼学""兼采汉宋"这两个特点，凡此皆与章学诚所称"浙东学术""言性命者必究于史"不符。

其次，邵晋涵是章学诚论学挚友，章学诚似乎有意将邵氏也列入"浙东学术"的传承谱系，这是因为邵氏与章学诚有共同撰写《宋史》的志愿，而在许多细节处，章学诚对邵晋涵也有不满之词，如认为邵氏"博综"而缺乏"立言宗旨"，犹是考证家的面貌："足下于文，漫不留意，立言宗旨，未见有所发明，此非足下有疏于学，恐于闻道之日犹有待也。足下博综十倍于仆，用力之勤亦十倍于仆，而闻见之择执，博综之要领，尚未见其一言蔽而万绪该也。"② 对邵晋涵的考据学名著《尔雅正义》则认为未能深达"性命之故"："足下《尔雅正义》，功赅而力勤，识清而裁密，仆谓是亦足不朽矣。抑性命休戚之故，亦有可喻者乎？"③ 对于邵晋涵学术的总体评价，章学诚认为是"君之于学，无所不通，然亦以是累志广脺，不易裁见"④。也即邵晋涵的学术体现了清代考据学广博的特点而没有心灵的综合裁断，即章学诚最为重视的"别裁心识"。从这一点上看，邵晋涵是否有当于"浙东学术"的"专家"之学，也是大有疑义的。

最后一点，章学诚言"浙东学术"在清代以前的传承，虽以陆王心学为主线，但在别处又认为："南宋以来，浙东儒哲讲性命者，多攻史

---

① 参见周积明《清代学术研究若干领域的新进展及其述评》，人大复印报刊资料《明清史》2006 年第 3 期。

② （清）章学诚：《与邵二云论学》，《文史通义新编新注》，浙江古籍出版社 2005 年版，第 665 页。

③ 同上书，第 664 页。

④ （清）章学诚：《邵与桐别传》，《章学诚遗书》，文物出版社 1985 年版，第 177 页。

学，历有师承，宋明两朝，纪载皆稿荟于浙东，史馆取为衷据。"[1] 似乎将元、明以来浙东地区的史学家都牵扯入这一"浙东学术"的谱系，在与阮元的信中他进一步明确指出："盖元、明两史，其初稿皆辑成于甬东人士。故浙东史学，历有渊源。"[2] 此处的"浙东儒哲""甬东人士"是指元末的袁桷、明初的宋濂、王祎和清初的万斯同，[3] 其中宋濂、王祎是明初修《元史》的史馆总裁，万斯同则是清初《明史稿》的作者，他们在此处都被章学诚作为"浙东史学，历有渊源"的证据。但除万斯同在《浙东学术》中作为黄宗羲的传人列入这一谱系之外，宋濂、王祎在《朱陆》篇中是作为朱子学的第四代传人（"四传而为潜溪、义乌"）出现的，这里就出现了一个明显的差异现象。此外，在嘉庆二年（1797）的《又与朱少白书》中，黄宗羲与宋濂、王祎一起被列为朱学的传人："然通经服古，由博返约，即是朱子之教，……直至明初宋潜溪、王义乌，其后为八股时文中断。至国初而顾亭林、黄梨洲、阎百诗皆俎豆相承，甚于汉之经师谱系。"[4] 因此可以看出的是，在章学诚心目中，对于"浙东学术"的谱系并没有一个固定的看法，如果将其拘泥执定为一个"实体性"的学派传承，则必然在解释上会发生上述这些窒碍不通的现象。

从以上分析的三点来看，章学诚的"浙东学术"确实是一个主观构建的谱系，如倪德卫所言，是"一种晚年的事后追思"（a lifetime afterthought），与其将其视为思想史的真实状况，不如将其视为章学诚"最后的思想宣

---

[1] （清）章学诚：《邵与桐别传》，《章学诚遗书》，文物出版社1985年版，第177页。
[2] （清）章学诚：《与阮学使论求遗书》，《文史通义新编新注》，浙江古籍出版社2005年版，第755页。
[3] 杜维运在《黄宗羲与清代浙东史学派之兴起》一文中指出："元明之世，浙东史学虽趋衰微，而其统不绝。以元代而论，浙东学者讲性理之学以外，往往兼治史学，如元末诏修宋辽金三史，甬人袁桷出其先世遗书有关史事者上之，诸史之成，多所取资。袁氏当从王应麟游，以学显于朝。降至明初，浦江宋濂、义乌王祎、宁海方孝孺，危学笃行，见重于时，亦皆有其史学。明初以后，浙东史学诚衰，至清初黄宗羲出，则骤成中兴之新局面，此下遂开宁波万斯同、全祖望与绍兴章学诚、余姚邵晋涵之史学。数百年间，师教乡习，濡染成风，前后相维，若脉可寻，此'浙东史学派'之可以成立者也。"[转引自何冠彪《浙东学派问题平议》，《清史论丛》（第七辑），中华书局1986年版，第221页。] 唯何冠彪认为此段文字抄袭自陈训慈《清代浙东之史学》。
[4] （清）章学诚：《又与朱少白书》，《文史通义新编新注》，浙江古籍出版社2005年版，第783页。

言"。不可否认的是，浙东地区源远流长的人文传统对章学诚的思想产生了重大影响，而陆王心学"先立其大"的整体主义方法论尤与章学诚的精神气质相吻合，因此章学诚在晚年孤寂的学术环境中，亟须为自己的思想寻找一个精神传统，以"陆王学"为主干的"浙东学术"便成了他最佳的选择。"浙东学术"这一概念必须从章学诚与清代考据学、尤其是与戴震的错综复杂关系中去理解，其所透显的创作意图依然是对以戴震为代表的清代考据学的批判。

总结《浙东学术》的创作意图，其大旨大约有三。

（一）以"博雅"为特点的清代考据学源于朱子学"道问学"的精神，这就是以顾炎武为代表的"浙西之学"，"浙西之学"所偏重于知识的量的扩充，于是形成了清代考据学的一般特点；"浙东之学"以"专家"为旨归，源于陆王学"尊德性"的精神，偏重于知识的质的深化。这两种知识型态的对立源自人性中"高明""沈潜"这两种特殊的禀赋，因而应当并行而不悖。应当指出的是，章学诚的"尊德性"并没有陆王心学传统的伦理道德实践含义，而是如山口久和所言："章学诚试图在清代寻求陆王后继者的目的是，想恢复道问学中的尊德性精神——学术活动中的主体性。"[1]

（二）经学即史学。章学诚早年仅讥评戴震不通史学，并认为经、史之学同趋于"道"因而不分轩轾，而在晚年"六经皆史"的理论形成之后，则有将史学凌驾于经学之上，并进而将经学消融于史学之中的趋势。章学诚认为"经术"就是"三代之史"："三代学术，知有史而不知有经，切人事也。"[2] 清代考据学的理论基础在于顾炎武所提倡的"经学即理学"，而在章学诚看来，清儒和宋儒虽然在学术方法上有着重大差异，但在对待"六经之道"的态度上是一致的，即都将"道"视为"人事"之外的抽象存在，"儒者欲尊德性，而空言义理以为功，此宋学之所以见讥于大雅也"[3]。"近儒谈经，似于人事之外别有所谓义理矣。"[4] 这两种态

---

[1] ［日］山口久和：《章学诚的知识论》，王标译，上海古籍出版社2006年版，第61页。
[2] （清）章学诚：《浙东学术》，《文史通义新编新注》，浙江古籍出版社2005年版，第121页。
[3] 同上。
[4] 同上。

度都忽视了"道器合一"的基本原理。"经学即理学"导致了训诂考证的盛行，但如果脱离了"事"的范围，则与理学同样为一种"支离"的"空言"："今日性理连环，全藉践履实用以为金椎之解，博征广喻，愈益支离，虽夫子生于今日，空言亦不能取信于人也。"① 因而经学应当从史学的角度来理解，而所谓"史"就是"人事"。"经学即史学"抽空了清代考据学的理论基点，是清代考据学发展过程中的转向标志之一，同时也是章学诚晚年的思想要旨所在。

（三）史学经世论。清代考据学沉溺于繁琐而无主体性的训诂考据之中，知识范围被压缩在狭小的"六经"范围之内，② 已经丧失了"经世"的冲动。这是由于经学家视"六经"为"空言著述"，而没有与具体的人事联系起来。由此要扭转这一方向，必须将经学还原为史学，而史学的特点则在于"经世"，"史学所以经世，固非空言著述也"③。六经中的《春秋》作为"史学之祖"，"正以切合当时人事耳"④。史学在事物的流变中阐发"道要"，而不"离事而言理"，这也正是史学能够"经世"的原因所在。而浙东先贤，如阳明、蕺山、梨洲等，都以各自不同的生命型态践行了这一"史学经世"的立场，故"浙东之学，言性命者必究于史，此其所以卓也"⑤。

综章学诚所论，溯源陆王，以"尊德性"对照"道问学"，消弭学术上的门户之见，同时亦暗喻清儒考据学主体性不足的理论弱点；以"经学即史学"取代"经学即理学"，消融经学于史学之中，体现"道器合一"的观点；以"经世"为眼目点出史学的根本义旨，抨击清儒考据学独抱遗经而遗落世事的学术倾向。《浙东学术》继续了《朱陆》篇对戴震的批判，而以"浙东"和"浙西"的地域区分隐喻了这种思想上的根本

---

① （清）章学诚：《书孙渊如观察原性篇后》，《文史通义新编新注》，浙江古籍出版社2005年版，第570页。

② 清代考据学尽管后期也将"诸子学"包含在内，并在一定程度上也发展了以钱大昕、王鸣盛等人为代表的"历史考据学"，但总的来说，对"诸子"和历史的考证都是为了"经学考证"而服务的，"诸子"和历史只是用来"援引"以证明经义，本身并没有独立的地位。

③ （清）章学诚：《浙东学术》，《文史通义新编新注》，浙江古籍出版社2005年版，第122页。

④ 同上。

⑤ 同上书，第121页。

对立，以"思想史"的方式曲折隐晦地道出了章学诚对清代考据学，同时也是对戴震的批判，并完整地表达了章学诚晚年的思想全貌。

第二节 "六经皆史"——解构经学

一 "六经皆史"说的形成

"六经皆史"是章学诚思想的核心理论，历来学者均无异说，唯关于"六经皆史"的内涵则有着不同的界说，这牵涉到对"史"的具体理解。"六经皆史"说在学术史上发源很早，钱钟书在《谈艺录》中广罗博搜，引证计有刘道原《通鉴外纪序》、王通《文中子·王道》、陆龟蒙《复友生论学书》、王阳明《传习录》卷一、王元美《艺苑卮言》、胡元瑞《少室山房笔丛》卷二、顾炎武《日知录》卷三，与章学诚同时的袁枚在《小仓山房文集·史学例议叙》中也有类似的说法。① 钱钟书最后认为"六经皆史"肇端于道家学说。山口久和以"道家、王充、王通、陆龟蒙、邵雍、南宋事功学派、刘因"作为章学诚"六经皆史"说的"前史"，并认为这些"前史"与章学诚学说之间的影响关系十分稀薄，"六经皆史"应当是人类思想史上反复出现的那种"普世性观念"。②

从章学诚本身思想的形成过程来看，"六经皆史"说成型于他的晚年。陈祖武论述这一观念的成型过程时说："章学诚一经选定以史学为救正风气之道，便义无反顾，矢志以往，倾注全身心于《文史通义》撰写。从乾隆五十三年致函孙星衍，首次提出'盈天地间，凡涉著作之林，皆是史学'；中经五十四年至五十七年间所写《经解》、《原道》、《史释》、《易教》及《方志立三书议》诸篇的系统阐释而深化；至嘉庆五年撰成《浙东学术》，彰明'史学所以经世'的为学宗旨，他完成了以'六经皆史'为核心的史学思想的建设。"③ 统计章学诚本人关于"六经皆史"的说法，约有以下几种。

---

① 参见钱钟书《谈艺录》（补订本），中华书局1984年版，第262—264页。
② [日]山口久和：《章学诚的知识论》，王标译，上海古籍出版社2006年版，第91页。
③ 陈祖武：《读章实斋家书札记》，《清史论丛》2001年号，中国广播电视出版社2001年版，第221页。

1. 《报孙渊如书》（成文于 1788 年）

　　愚之所见，以为盈天地间，凡涉著作之林，皆是史学，六经特圣人取此六种之史以垂训者耳。子集诸家，其源皆出于史，末流忘所自出，自生分别，故于天地之间，别为一种不可收拾、不可部次之物，不得不分四种门户矣。①

2. 《方志立三书议》（成文于 1792 年）

　　古无私门之著述，六经皆史也。后世袭用而莫之废者，惟《春秋》、《诗》、《礼》三家之流别耳。②

3. 《易教》（上）

　　六经皆史也。古人不著书；古人未尝离事而言理，《六经》皆先王之政典也。③

4. 《浙东学术》

　　三代学术，知有史而不知有经，切人事也。后人贵经术，以其即三代之史耳。……且如《六经》同出于孔子，先儒以为其功莫大于《春秋》，正以切合当时人事耳。④

事实上"六经皆史"的观念虽发自章学诚晚年，但在其早期思想中

---

① （清）章学诚：《报孙渊如书》，《文史通义新编新注》，浙江古籍出版社 2005 年版，第 721 页。
② （清）章学诚：《方志立三书议》，《文史通义新编新注》，浙江古籍出版社 2005 年版，第 827 页。
③ （清）章学诚：《易教》（上），《文史通义新编新注》，浙江古籍出版社 2005 年版，第 1 页。
④ （清）章学诚：《浙东学术》，《文史通义新编新注》，浙江古籍出版社 2005 年版，第 122 页。

已见端倪，如乾隆三十八年（1773）在修《和州志》时，在《艺文书序例》中即已提出："三代之盛，法具于书，书守之官。天下之术业，皆出于官师之掌故，道艺于此焉齐，德行于此焉通，天下所以以同文为治。……六经皆属掌故，如《易》藏太卜，《诗》在太师之类。"① 所谓"掌故"也就是古代的官书，如《周礼》的《司马法》和《考工记》之类，记载了古代社会的政教和典章制度。刘歆在《七略》中认为诸子百家都出于古代的王官之学，这一观点为班固的《汉书·艺文志》所沿用，章学诚认为这一观点同样可以运用于"六经"的产生过程，也就是说，"六经"起源于古代的官书，是"三代之史"，"六经"之所以成为中国文化的源泉而为后人所珍视，是因为"六经"体现了文明巅峰时期（"三代"）"治教合一"的理想知识状态，而这一作为儒家乌托邦社会理想的"治教合一"，如果用哲学术语进行表述的话，也就是"道器合一"。章学诚"六经皆史"的观念即建筑在这一"道器合一"的哲学基础之上，并由此对乾嘉考据学"经学至上"的观念进行了反思性的批判。由此也可见，"六经皆史"虽然是章学诚晚年提出的命题，并且与历史上诸思想家的命题有着重合之处，但章学诚赋予了这一命题更为深广的哲学含义，并且形成了章学诚一生思想的基调。这也是为什么在历史上存在的众多"六经皆史"说中，唯独章学诚的"六经皆史"产生了巨大的思想影响力的原因所在。

二 对于"六经皆史"的不同理解

在后人对"六经皆史"的理解中，对于"史"的内涵有着不同的界说。其中较具影响力的有胡适的"史料说"和钱穆的"史官说"，以及建立在这二者基础之上的"调和说"（仓修良）。

胡适对"六经皆史"的理解主要立足于《报孙渊如书》，章学诚在《报孙渊如书》中明确提出"凡涉著作之林，皆是史学"，胡适则认为这是"六经皆史"的根本含义："我们必须先懂得'盈天地间，一切著作，皆史也'这一句总纲，然后可以懂得'六经皆史也'这一条子目。……

---

① （清）章学诚：《和州志·艺文书序例》，《文史通义新编新注》，浙江古籍出版社 2005 年版，第 912 页。

其实先生的本意只是说'一切著作,都是史料'。如此说法,便不难懂得了。先生的主张以为六经皆先王的政典;因为是政典,故皆有史料的价值。……以子、集两部推之,则先生所说'六经皆史也',其实只是说经部中有许多史料。"① 张舜徽的看法与胡适类似,也以"史料说"解释"六经皆史":"举凡六籍所言,可资考古,无裨致用。六艺经传以千万数,其在今日,皆当以史料目之。"②

对于胡适以"史料说"解释"六经皆史",钱穆颇不以为然,钱穆认为章学诚写作《报孙渊如书》时思想尚未臻于成熟的境地,故不足以成为"六经皆史"的解释依据:"是书(《报孙渊如书》),实斋初发'六经皆史'之论,其时《文史通义》中重要诸篇均未作也。……近人皆以本篇义说'六经皆史',实未得实斋渊旨。"③ 关于"六经皆史"的"史"字,钱穆认为应当从章学诚的《史释》篇中寻找答案,在晚年的《中国史学名著》中,他更进一步明确说:"(六经皆史)此四字中的这个'史'字,我们近代学者如梁任公,如胡适之,都看错了。他们都很看重章实斋,但他们对实斋所说'六经皆史'这一个'史'字,都看不正。梁任公曾说:卖猪肉铺柜上的账簿也可作史料,用来研究当时的社会经济或其他情况。这岂是章实斋立说之原意?章实斋《文史通义》里所谓的'六经皆史'这个'史'字,明明有一个讲法,即在《文史通义》里就特写了一篇文章名《史释》,正是来解释这'史'字,并不像我们近人梁、胡诸氏之所说。……此'史'字犹如说'书吏',他所掌管的这许多档案也叫'史',这即是'掌故',犹说老东西叫你管着。六经在古代,便是各衙门所掌的一些文件,所以说是王官之学。那么我们真要懂得经学,也要懂得从自身现代政府的官司掌故中去求,不要专在古经书的文字训诂故纸堆中去求。这是章实斋一番大理论。清代人讲经学却都是讲错了路,避去现实政治不讲,专在考据古经典上做工夫,与自己身世渺不相涉,那岂得谓是经学?"④ 钱穆认为按照章学诚《史释》篇的提示,"六经皆史"的"史"字应当是指"史官","史官"所掌的官书也称为"史",这就是

---

① 胡适:《章实斋年谱》,安徽教育出版社2006年版,第119—120页。
② 张舜徽:《张舜徽集·文史通义平议》,华中师范大学出版社2005年版,第519页。
③ 钱穆:《中国近三百年学术史》(上),商务印书馆2005年版,第465页。
④ 钱穆:《中国史学名著》,生活·读书·新知三联书店2001年版,第255—256页。

"六经"的起源。经书首先是记事之书,"理"即寓于"事"中,而所记之事多为古代先王"经纶治化"的实迹,因此从"六经皆史"可以自然地推导出"史学经世"的结论:"苟明六经皆史之意,则求道者不当舍当身事物、人伦日用,以寻之训诂考订,而史学所以经世,固非空言著述,断可知矣。"① 与钱穆持同样看法的有日本学者岛田虔次,岛田虔次分析了中国传统"史"的三种含义即史实、史学和史官,并认为"其中最根本最原始的意思是所谓记录者、史官",② 而章学诚"六经皆史"的"史"字所意指的就是这种原始意义上的"史官"。

仓修良则在"史料说"和"史官说"的基础上调和二者的说法,认为"六经皆史"的"史"字兼具"史料之史"和"经世之史"两重含义。"我们说章学诚'六经皆史'的'史',既具有具体的历史事实、历史资料的'史',又有抽象的、经世致用的'史'。正因为如此,我们才说它为历史研究、史料搜集开辟了广阔的天地。"③

综合以上这三种说法,我们认为,"史料说"存在着明显的误读,"调和说"则有立场不够分明的嫌疑,唯有"史官说"彰显了章学诚"六经皆史"的深切含义。按照胡适的"史料说",则经部之书只是作为后人考订古史的"史料"而存在,这显然是20世纪"古史辨"派的观点,而非乾嘉时期的章学诚所可以想见。此外,章学诚的历史编撰理论固然重视史料的搜集,但更为重要的是融通裁剪以透显主体意识,他曾自述其撰写《宋史》的意图为:"余谓当取名数事实,先作比类长编,卷帙盈千可也。至撰集为书,不过五十万言,视始之百倍其书者,大义当更显也。"④ 单纯将一切著述视为"史料"加以排比考订,是乾嘉考据学"贪多务博"的风气,这恰是章学诚所激烈反对的。在乾嘉时期由四库馆臣所引导的学术风气,动辄以刘歆所谓"与其过废,无宁过存"作为借口,在"有益考订"的旗号下,不加选择地将一切文献作为"史料"加以保存,章学诚叹息说:"真孽海也。夫千百年前物,可为千百年后之考订者,虽市井

---

① 钱穆:《中国近三百年学术史》(上),商务印书馆2005年版,第432页。
② [日]岛田虔次:《六经皆史说》,载刘俊文主编、许洋主等译《日本学者研究中国史论著选译》(第七卷"思想宗教"),中华书局1993年版,第190页。
③ 仓修良、叶建华:《章学诚评传》,南京大学出版社2002年版,第177页。
④ (清)章学诚:《邵与桐别传》,《章学诚遗书》,文物出版社1985年版,第177页。

簿帐，孺子涂鸦，胥吏案册，夫妇家书，甚至井臼砖石，厕圊柱础，无不可以取证，岂能赅存以待后哉？"① 可见章学诚对"史料"的保存是有选择的，将一切著作（包括经部之书）作为"史料"来对待应当不是章学诚的观点。

钱穆的"史官说"之所以切近章学诚的原义，是因为"史官说"揭示了"六经"作为"古史之遗"的地位，"六经皆史"并非是要将经书作为"史料"看待，从而彻底取消经学的地位；而毋宁说，是通过还原经学的本来面目，指出经书作为"三代之史"，其实质是典章制度的记录而非"空言著述"，"六经"与史官记录的"官司掌故"紧密地结合在一起，其特点是"事理合一"或者"道器合一"，这就是所谓"三代学术，知有史而不知有经，切人事也"。经学的根本意义应当从"事"的角度而非从"言"的角度来理解，而后世的儒者恰恰误解了这一点。"学者崇奉六经，以谓圣人立言以垂教。不知三代盛时，各守专官之掌故，而非圣人有意作为文章也。"② 从"言"的角度理解经学，从而认为语言学的方法是解读经书的良法捷径，是清代考据学的一贯态度。章学诚则认为经书所记录的并不是圣人主观的言论，而是古代社会的历史事实，"道法"即寓于"事实"之中，因此"以史释经"才是理解经学的正确途径。

三 "六经皆史"对于经学的解构

（一）经与史

在中国早期学术史上，经与史本无严格的区分。章太炎认为，"经"的本义是用丝线联缀简册，在古代一切官私文书皆可称"经"，如兵书、法律、疆域图志乃至诸子书，"此则名实固有施易，世异变而人殊化，非徒方书称经云尔"③。在《汉书·艺文志》中，《史记》被列入"六艺"的"春秋"类，而直至《隋书·经籍志》时，经、史才开始正式分途。而以经学凌驾于史学之上则是从宋明理学开始的，宋明理学将"理"本

---

① （清）章学诚：《丙辰札记》，《章学诚遗书》，文物出版社1985年版，第390页。
② （清）章学诚：《史释》，《文史通义新编新注》，浙江古籍出版社2005年版，第271页。
③ 章太炎：《国故论衡》，上海古籍出版社2006年版，第45页。

体化，认为经书体现的是超越具体时空领域的"形上之理"，而史书所表现的则是"形下之迹"，二者有精粗之别。朱熹反对浙学的吕祖谦读史，说"伯恭于史分外子细，于经却不甚理会。……史甚么学？只是见得浅"①。对于吕祖谦推崇司马迁的史学，朱熹也不以为然："伯恭子约宗太史公之学，以为非汉儒所及，某尝痛与之辨。……圣贤以《六经》垂训，炳若丹青，无非仁义道德之说。今求义理不于《六经》，而反取疏略浅陋之子长，亦惑之甚矣。"② 清代考据学以顾炎武的"经学即理学"相号召，治学途径群趋于经学一途，在经与史的关系上基本沿袭了宋明理学的看法，认为经书中寄寓了圣人的"常道"。"道在六经"成为了清代学者的普遍信念，"经禀圣裁，垂型万世，删定之旨，如日中天"③。相形之下，史学只是有助于考订事实，以帮助人们理解经书中抽象的义理观念，"史之为道，撰述欲其简，考证欲其详"④。四库馆臣举例说，《春秋》简约而《左传》详赡，由《左传》的事迹可以了解《春秋》的"褒贬义例"，这是史学"有资考证"的明证。换言之，史学本身并没有独立的地位，而只是经学的辅助工具，在"考证事实"方面帮助人们理解经书中的义理。在这一观念的影响下，即使是一些专攻史学的学者，也自觉地将自身的史学研究与经学区别开来，如赵翼在《廿二史札记小引》中说："闲居无事，翻书度日，而资性粗钝，不能研究经学，惟历代史书，事显而义浅，便于浏览，爰取为日课，有所得，辄札记别纸，积久遂多。"⑤ 王鸣盛则认为，治经当墨守师说家法，治史则不妨大胆驳正前人，"治经断不敢驳经，而史则虽子长孟坚，苟有所失，无妨箴而砭之"⑥。由此也可以看出，在乾嘉学人的心目中，经与史的地位无论如何不可同日而语，"经精而史粗，经正而史杂"，经书体现的是义理，史书表现的是事迹，在乾嘉学术的语境中，经与史构成了一项二元对立

---

① （宋）朱熹：《朱子语类》（第八册），（宋）黎靖德编、王星贤点校，中华书局1986年版，第2951页。
② 同上书，第2952页。
③ （清）永瑢：《四库全书总目》卷1"经部总叙"，中华书局1983年版，第1页。
④ （清）永瑢：《四库全书总目》卷45"史部总叙"，中华书局1983年版，第397页。
⑤ （清）赵翼：《廿二史札记小引》，《廿二史札记》，中国书店1987年版，第3页。
⑥ （清）王鸣盛：《〈十七史商榷〉序》，《十七史商榷》，中国书店1987年版，第2页。

的关系，而这一二元关系的结构隐含的是"理"与"事"、"道"与"器"的区分，前者在价值上优越于后者，后者只是前者的一个不完整的表达，因此相应地经的地位要高于史。乾嘉考据学"经学至上"的观念即源于这一形上学的"假定"。

对于这一"经学至上"的观念，也有一部分清代学者表示不满，钱大昕认为经与史在源初意义上并无区别："经与史岂有二学哉！昔宣尼赞修六经，而《尚书》《春秋》实为史学之权舆。汉世刘向父子校理秘文为六略，而《世本》《楚汉春秋》《太史公书》《汉著记》列于春秋家，《高祖传》《孝文传》列于儒家，初无经史之别。厥后兰台、东观，作者益繁，李充、荀勖等创立四部，而经史始分，然不闻陋史而荣经者。"[1] 经学的地位凌驾于史学之上是从宋代开始的，这与王安石改革科举制度、以《三经新义》取士以及理学的盛行有关。"自王安石以猖狂诡诞之学，要君窃位，自造《三经新义》，驱海内而诵习之，甚至诋《春秋》为断烂朝报。章、蔡用事，祖述荆舒，屏弃《通鉴》为元祐学术，而十七史皆束之高阁矣。嗣是道学诸儒，讲求心性，惧门弟子之泛滥无所归也，则有诃读史为玩物丧志者。又有谓读史令人心粗者。此特有为言之，而空疏浅薄者，托以藉口，由是说经者日多，治史者日少。"[2] 王安石鄙薄史学，认为《春秋》是"断烂朝报"，而在（宋）哲宗、徽宗年间的新、旧党争中，执政的新党人士出于政治斗争的需要，禁毁旧党领袖司马光的《资治通鉴》，史学研究遂陷入一蹶不振的地步；而"道学诸儒"从哲学思辨出发，认为史书所记载的"事迹"无助于人们领会玄奥的"形上本体"，从而对史学地位的没落起到了推波助澜的作用。但是宋明理学虽然"尊经贱史"，其经学研究却是通过"哲学思辨"的形式来进行的，因而远离了人伦日用，成为一种"哲学玄谈"，如果从经学"明伦""致用"的实用性角度出发，那么经学和史学其实担负着共同的社会功能，二者应当并行而不悖，在知识格局中取得相同的地位："太史公尊孔子为世家，谓载籍极博，必考信于六艺，班氏古今人表，尊孔孟而降老庄，皆卓然有功于

---

[1] （清）钱大昕：《〈廿二史札记〉序》，（清）赵翼撰《廿二史札记》，中国书店1987年版，第1页。

[2] 同上。

圣学，故其文与六经并传而不愧。"① 乾嘉时期著名的"性灵派"诗人袁枚也有类似的议论："古有史而无经，《尚书》、《春秋》，今之经，昔之史也；《诗》、《易》者，先王所存之言，礼、乐者，先王所存之法，其策皆史官掌之。"② 袁枚从文学发展的观念出发，认为"六经"是古今文章之源，但如果一味"尊经"，将知识范围收缩于这一"源头"，则无法领略江河湖海的气象万千，因此研究经学重在推陈出新而不再拘泥于经书本身。钱大昕、袁枚的观点都从不同方面针砭了乾嘉考据学"独尊经学"的立场，如何平衡经与史的地位，以纠正乾嘉考据学片面性的学术路向，已成为当时知识分子思考的重要问题之一，章学诚的"六经皆史"论则为这一思考提出了总结性的回答。

　　章学诚天性近于史学，经学则非所长，他自述早年的读书经历："二十一二岁，骎骎向长，纵览群书，于经训未见领会，而史部之书，乍接于目，便似夙所攻习然者，其中得失利病，随口能举，举而辄当。"③ 在修撰地方志的过程中，他以地方志实践自己的史学理论，"丈夫生不为史臣，亦当从名公巨卿，执笔充书记，而因得论列当世，以文章见用于时，如纂修志乘，亦其中之一事也"④。也正因为如此，章学诚的学术路径与乾嘉考据学有着极大的差异，在以经学为风尚的乾嘉时期几乎无人问津，即使与他交契甚密的刘端临也无法确切了解他的学问真相："爱我如刘端临，见翁学士询吾学业究何门路，刘则答以不知，盖端临深知此中甘苦，难为他人言也。故吾最为一时通人所弃置而弗道。"⑤ 乾嘉考据学以经学"明道"，而以史学为"有资考证"，面对这种通行的观念，章学诚提出了自己对"史学"的独特定义。乾嘉考据学以训诂考据治经，亦兼用其法

---

① （清）钱大昕：《〈廿二史札记〉序》，（清）赵翼撰《廿二史札记》，中国书店 1987 年版，第 1 页。
② （清）袁枚：《史学例议序》，《小仓山房诗文集·文集》卷 10，上海古籍出版社 1988 年版，第 1382 页。
③ （清）章学诚：《家书六》，《文史通义新编新注》，浙江古籍出版社 2005 年版，第 823 页。
④ （清）章学诚：《答甄秀才论修志第一书》，《文史通义新编新注》，浙江古籍出版社 2005 年版，第 842 页。
⑤ （清）章学诚：《家书二》，《文史通义新编新注》，浙江古籍出版社 2005 年版，第 817 页。

治史，陈寅恪曾说："清代之经学与史学俱为考据之学，故治其学者亦并号为朴学之徒。"① "历史考据学"在乾嘉之世曾兴盛一时，而章学诚则认为，史学的要旨在于"史义"，也就是通过史学著述所表现的作者之"别识心裁"，如果以"史义"作为衡量标准的话，唐宋以来一直到清代的史著都没有达到"史学"的水准："世士以博稽言史，则史考也；以文笔言史，则史选也；以故实言史，则史纂也；以议论言史，则史评也；以体裁言史，则史例也。唐宋至今，积学之士，不过史纂、史考、史例；能文之士，不过史选、史评，古人所为史学，则未之闻矣。"② 章学诚心目中的"史学"不是这类考据式的"史考""史纂"，也不是文学评论式的"史选"和"史评"，而是源于《春秋》家学、体现作者主体创造力的"撰述"，这一"史学"甚至和经学一样，有着自身的学术系谱。"然古文必推叙事，叙事实出史学，其源本于《春秋》'比事属辞'，左、史、班、陈家学渊源，甚于汉廷经师之授受。马曰'好学深思，心知其意'，班曰'纬六经，缀道纲，函雅故，通古今'者，《春秋》家学，递相祖述，虽沈约、魏收之徒，去之甚远，而别识心裁，时有得其仿佛。"③ 由于史学蕴涵了"史义"，这就与清儒朴学式的"史考"截然不同，如果说"史考"只在考订事迹上发挥作用，而将"明道"的知识目标让渡给了经学，那么以"史义"为灵魂的"史学"则与经学不分轩轾而"同期于明道"，在这个意义上，章学诚认为经与史没有门户之分，如果"史学不明"，那么经学所明的"道"也不是完整意义上的"道"。"且古人之于经史，何尝有彼疆此界，妄分孰轻孰重哉！小子不避狂简，妄谓史学不明，经师即伏、孔、贾、郑，只是得半之道。《通义》所争，但求古人大体，初不知有经史门户之见也。"④

章学诚以"史义"作为史学的标目，这与清代考据学视"史学"为

---

① 陈寅恪：《陈垣〈元西域人华化考〉序》，载《陈寅恪史学论文选集》，上海古籍出版社1992年版，第505页。
② （清）章学诚：《上朱大司马论文》，《文史通义新编新注》，浙江古籍出版社2005年版，第767页。
③ 同上。
④ （清）章学诚：《上朱中堂世叔》，《文史通义新编新注》，浙江古籍出版社2005年版，第760页。

"史考"有着根本的不同。由"史考"说,"史学"仅是客观历史材料的排比纂辑,而"史义"则赋予了客观的历史材料以生动的灵魂。六经作为"古史之遗",本身是"事"与"义"的合一,孔子作《春秋》取材于鲁史旧文,但孔子的"笔削大义"才是《春秋》的灵魂,因此后世的"载笔之士,有志于《春秋》之业,固将惟义之求,其事与文,所以藉为存义之资也"[①]。岛田虔次就此评述说:"六经皆史说既如同把义(bible)消解在事(history)中,又依然强烈地求'义'。……尽管《史记》是记载事(人事、行事、实事)的,但伟大的史书同时必须包含对义的探究,亦即道的探究。"[②] 史既以"事"为表现,又以"义"为蕴涵,就不能简单地作为"事迹"来对待,章学诚批评宋代苏辙的史论时说:

> 六艺皆古史之遗,后人不尽得其渊源,故觉经异于史耳。其云经文简约,以道法胜;史文详尽,以事辞胜,尤为冒昧。古今时异,故文字繁简不同,六经不以事辞为主,圣人岂以空言欺世者耶?后史不能尽圣人之道法,自是作者学力未至,岂有截分道法与事辞为二事哉?孟子言《春秋》之作,则云其事齐桓晋文,其文则史,孔子曰:其义则某窃取之。然则事辞犹骸体也,道法犹精神也,苟不以骸体为生人之质,则精神于何附乎?[③]

"尊经贱史"的核心是以经为"常道"而史为"事迹",苏辙的史论即集中体现了这一观点。章学诚认为"道法"(义)与"事辞"(事)不能截然区分,二者犹如"精神"与"骸骨"的关系,从这一点来看,六经并非"空言",而是"义由事显","义"是"事"的灵魂;史书也并非单纯的"事迹"汇编。而是"以事寓义","事"是"义"的寄寓。经与史在这一点上毫无二致,经即是原初的史,而史(后世之史)则以经为源头,二者是一元性的关系,而非如后世所认为的二元性结构对立。章

---

① (清)章学诚:《言公》(上),《文史通义新编新注》,浙江古籍出版社2005年版,第202页。

② [日]岛田虔次:《六经皆史说》,载刘俊文主编《日本学者研究中国史论著选译》(第七卷"思想宗教"),许洋主等译,中华书局1993年版,第198—199页。

③ (清)章学诚:《丙辰札记》,《章学诚遗书》,文物出版社1985年版,第388页。

学诚以"史义"说拔高了史学的地位,又指出经书中的"义"是通过"事"来表达的,从而将经学还原为史学。"六经皆史"则正本清源,从学术源流的角度消融经、史之分,六经为"三代之史",也是一切学术之源,从这个意义上讲,史学也就是著述的源头,"(似)古人著述,必以史学为归"①。经、史非但不应该分门别户,而且经学必须消融为原本意义上的史学,而非仅自拘于诂训字义、考证制度,才能体现出经学的真精神和原本底蕴。"六经皆史"是对清代考据学的极大批判,这一理论不仅为史学研究争取独立地位,同时也为经学考证指明了新的方向,章学诚的"六经新论"(《易教》《书教》《诗教》《礼教》,《乐经》本佚,《春秋教》则未及完成)就是体现其"熔经入史"新型学术观念的典范作品。

(二) 道与器

章学诚对于"六经皆史"还有另一个表达方法,那就是"六经皆器"。如果说"六经皆史"是针对清儒通行的经、史分层观念,填平了二者之间的鸿沟,那么"六经皆器"则以"道器合一"的观念阐述了"六经皆史"说的哲学意蕴。章学诚在《原道》中说:

> 《易》曰:"形而上者谓之道,形而下者谓之器。"道不离器,犹影不离形。后世服夫子之教者自六经,以谓六经载道之书也,而不知六经皆器也。②

"道器之分"是中国哲学的传统概念,其源头即出于章学诚所引用的《易经》"系辞传"中的那段话。"道"与"器"的区分所隐含的是"形上世界"和"形下世界"的区分,这一区分类似于古希腊柏拉图哲学中的"理念世界"和"现象世界"。但是与柏拉图哲学不同的是,"道"与"器"之分在中国哲学传统中并不是截然分明的"二元对立",而是二者

---

① (清)章学诚:《上朱大司马论文》,《文史通义新编新注》,浙江古籍出版社2005年版,第767页。按:章学诚《报孙渊如书》中所云"盈天地间,凡涉著作之林,皆为史学",也应当从这个意义上理解,所谓"史学",是以"史义"为中心的著述,而不是胡适所理解的仅供纂辑考订之用的"史料"。

② (清)章学诚:《原道》(中),《文史通义新编新注》,浙江古籍出版社2005年版,第100页。

互为表里，"道"并不是如"理念"一样的实体性存在，而是寄寓于"器"中，以"器"作为载体和场域来展现自身，这也就是章学诚所说的"道不离器，犹影不离形"。但是宋明理学（程朱一系）所发展出的"本体论"哲学极大地扭转了这种"道器一元"论，而将"理"（道）视为一种先验的绝对性存在，从而"道"与"器"被割裂而处于一种"二元对立"的格局之中。由这一存在论上的"理气（道器）二元观"所引发的人性论上的"天地之性"与"气质之性"，以及知识论上的"德性之知"与"闻见之知"，乃至学术分类上的"经"与"史"，这种种对立差别造成了知识界的极大困扰。自元、明以来，理学自身的反思渐渐触及了这一问题，并且发展出一条"理学思维去实体化的路向"[①]，易言之，也就是将"理"由"先验之理"重新诠释为"事物之条理"。这一存在论上的"转向"在思想史上有着重大的意义，晚明以来的思想家如黄宗羲、王夫之乃至陈确、颜元、戴震无不受其影响，章学诚的"道器观"也是这一潮流中的产物。山口久和就此指出："章学诚的'六经皆器'说必须放在明代中叶以降，即王阳明出现以降越来越显著的'唯名论'思潮中进行理解。实斋的唯名论倾向在显示'道'与'器'关系的比喻中是很明显的。"[②]

胡适在《章实斋年谱》中说："《原道·中》说：'道不离器，犹影不离形'，自是一种卓识。此意清初颜元、李塨、费密诸人皆主之，浙东学术亦与此派有相近处，但不必说实斋之论必本于前人耳。"[③] 可见"道器合一"论在清初是一种普遍的思潮，章学诚在《书〈贯道堂文集〉后》一文中称费密父子"当风气禅易之际，而卓然有守，能自信之于心，亦可为豪杰士矣"[④]。尤可值得注意的是，章学诚在文中引述费滋衡（字锡

---

① 参见陈来《元明理学的"去实体化"转向及其理论后果》，载《诠释与重建》，北京大学出版社 2004 年版。

② ［日］山口久和：《章学诚的知识论》，王标译，上海古籍出版社 2006 年版，第 82 页。唯名论是中世纪西方经院哲学的一种，认为存在的都是个别事物，没有作为"实体"存在的"共相"；与之相对的是实在论，认为"共相"是实体性的存在。（参见赵敦华《西方哲学简史》，北京大学出版社 2003 年版，第 127 页。）

③ 胡适：《章实斋年谱》，安徽教育出版社 2006 年版，第 74 页。

④ （清）章学诚：《书〈贯道堂文集〉后》，《文史通义新编新注》，浙江古籍出版社 2005 年版，第 561 页。

璜，费密之子）的经学理论："圣人言事实，不言虚理，《易》言天地，不言天地之先；有物混成，先天地生，圣人之所不知则不言之，所以立教也。"① 这里的意思有两层，一是经书所言是"实事"而非"虚理"；二是经书所关注的是人类实际生活，"天地之先"等玄奥的形而上学观念不在经书关注的范围之内。这两层意思也是章学诚"六经皆史"论的核心根柢，章学诚在《易教》中开宗明义地说："六经皆史也。古人不著书；古人未尝离事而言理，《六经》皆先王之政典也。"② 在《原道》中则阐述"道"产生于人类社会形成之后而不在"天地之先"："天地之前，则吾不得而知也。天地圣人，斯有道矣，而未形也。"③ 章学诚关于"经"与"道"的观念与费密父子有明显的类似之处，虽然如胡适所言，章学诚所论未必是本于前人，但这一"道器合一"的思潮对章学诚"六经皆史"论的形成有着相当的影响则是显而易见的。

"道器合一"论的宗旨是认为"器"在价值上优先于"道"，"道"依附于"器"而存在，"道"并不是永恒不变的绝对规范，而是随着"器"的变动而适时地变化，明末清初的学者王夫之这样表述说：

> 天下惟器而已矣。道者，器之道；器者，不可谓之道之器也。……洪荒无揖让之道，唐虞无吊伐之道，汉唐无今日之道，则今日无他年之道者多矣。未有弓矢而无射道，未有车马而无御道，未有牢醴璧币钟磬管弦而无礼乐之道，则未有子而无父道，未有弟而无兄道，道之可有而且无者多矣。故无其器则无其道，诚然之言也，而人特未之察耳。④

章学诚的"六经皆器"论正是从"道器合一"的观念出发，认为六

---

① （清）章学诚：《书〈贯道堂文集〉后》，《文史通义新编新注》，浙江古籍出版社 2005 年版，第 561 页。

② （清）章学诚：《易教》（上），《文史通义新编新注》，浙江古籍出版社 2005 年版，第 1 页。

③ （清）章学诚：《原道》（上），《文史通义新编新注》，浙江古籍出版社 2005 年版，第 94 页。

④ （清）王夫之：《周易外传》（卷五），转引自嵇文甫《王船山学术论丛》，生活·读书·新知三联书店 1962 年版，第 51 页。

经所记载的是典章制度的"事实",因而是"器"而非"道"。"三代以前,《诗》、《书》、六艺,未尝不以教人,非如后世尊奉六经,别为儒学一门而专称为载道之书者。盖以学者所习,不出官司典守、国家政教,而其为用,亦不出于人伦日用之常,是以但见其为不得不然之事耳,未尝别见所载之道也。"① 所谓"六经",事实上就是这样一种"器","器"中固然蕴涵了"道",但"道"却不可脱离"器"而存在,二者如同"形"和"影"的关系:"道不离器,犹影不离形"。经书中的"道"是和三代社会中的政教制度紧密结合在一起的,具有强烈的现实意义。孔子删述六经,也是从保存"器"的角度对古代的典章制度进行整理:"夫子述六经以训后世,亦谓先圣先王之道不可见,六经即其器之可见者也。后人不见先王,当据可守之器而思不可见之道,故表章先王政教,与夫官司典守以示人,而不自著为说,以致离器言道也。"② 孔子的历史地位决定了他不能实践自己的政治理想,因而通过修订、整理六经的方式以昭示后人,这绝非孔子的本来意愿:"孔子不得位而行道,述六经以垂教于万世,孔子之不得已也。"③ 但后世的儒者却误解了孔子的本意,从"道"而非"器"的角度来理解经书,认为经书中所体现的"道"是万世不易的永恒规范,可以脱离具体的个别事物而独立存在,并且认为阐述这一"常道"就是孔子修订六经的意旨所在:"然自孟子以后命为通儒者,率皆愿学孔子之不得已也。以孔子之不得已而误谓孔子之本志,则虚尊道德文章,别为一物,大而经纬世宙,细而日用伦常,视为粗迹矣。"④ 六经本是王官之学,当六经表现为王官的职掌时,"道"与"器"朴素地结合为一体;而当六经由王官学演变为儒家的私家著述时,"道"与"器"就发生了分离,此时的"道"就如同失去了"形体"之依托的"影子",只是儒者心目中的"幻影"而已,历代儒者以经书为"载道之书",皓首穷经所追求的只是如水月镜花般的"幻影"。"而儒家者流,守其六籍,以为是特

---

① (清)章学诚:《原道》(中),《文史通义新编新注》,浙江古籍出版社2005年版,第101页。

② 同上。

③ (清)章学诚:《与陈鉴亭论学》,《文史通义新编新注》,浙江古籍出版社2005年版,第717页。

④ 同上书,第718页。

载道之书耳。夫天下岂有离器言道，离形存影者哉！彼舍天下事物人伦日用，而守六籍以言道，则固不可与言夫道矣。"① 而这样做的结果恰恰背离了六经"道器合一"的宗旨，对"道"的认识成了一种个人主观的知识活动，"六经未尝离器言道，道德之衰，道始因人而异其名"②。一句话，章学诚在这里所要暗示的是，作为历史上王官之学的六经，本身是"道器合一"的体现，而儒家的经学研究恰恰违背了这一宗旨，"离器而言道"，因而造成了对"道"的遮蔽。经学这一形式的知识活动虽然以经书为载体而垄断了"道统"，但实际上不是"六经"这一王官学知识传统的继承者，对"道"的认识必须另辟蹊径。"六经皆器"的中心意旨即凝结于此处。

---

① （清）章学诚：《原道》（中），《文史通义新编新注》，浙江古籍出版社2005年版，第101页。

② （清）章学诚：《与陈鉴亭论学》，《文史通义新编新注》，浙江古籍出版社2005年版，第718页。

第七章　章学诚与清代思想史的诸问题

第一节　章学诚与"汉宋之争"

一　"虚理"与"实事"：汉宋之争的思想内涵

在章学诚生活的年代，朴学是知识界的主流，朴学以考释字义、辨正典章制度为主，注重征实而反对空谈，因其奉汉人的训诂之学为宗主，因此又称为"汉学"或"考据学"。作为学术形态而言，所谓"朴学""汉学""考据学"，这三者是一体的，是同一事物的三种不同称谓，"朴学"言其学风朴实无华，"汉学"言其学术趋向归宗汉儒，"考据"则指出其方法进路。总之，这一学术形态与宋明理学有着极大的差异，宋明理学在思想渊源上源自思（子思）、孟（孟子）心学，同时又汲取了佛学的本体论观念，是一套思辨性的形而上学体系，在学术方法上则摆脱汉唐笺注经学的形式，注重心性的直觉体悟，宋儒中的大程子明道先生曾说："理之一字，是自家体贴出来。"因而考据在宋学的知识体系中仅具有辅助性的地位。

如以宋儒中最注重"道问学"的朱熹为例，朱熹为其"格物致知"的方法论提出了"理一分殊"的本体论依据，由于"理"散殊于万物，因此为了达到对"形上之理"的认识，必须深入探究事物的分殊之"理"，其中读书、作文、考据都是这一认识过程中的必要环节，但是"格物致知"作为一种修养工夫，最终是为了达到对"本体之理"的认识，而这一"本体之理"则是一伦理道德的范畴。换言之，对于如朱熹一类的宋学家来说，"道问学"是手段，"尊德性"才是目的，离开"尊德性"的单纯"道问学"是没有意义的。而对于如戴震之类的"汉学家"而言，"道问学"本身就已是目的，所谓"德性"则是在知识探索过程中

所产生的自然结果,《孟子字义疏证》就此问题阐发说:

> 试以人之形体与人之德性比而论之,形体始乎幼小,终乎长大;德性始乎蒙昧,终乎圣智。其形体之长大也,资于饮食之养,乃长日加益,非"复其初";德性资于学问,进而圣智,非"复其初"明矣。①

戴震认为,所谓"德性"和人的"形体"一样,是一个自然生长的过程,"形体"的生长有赖于饮食的滋养,而"德性"的生长则有赖于知识学问的灌沃,二者同为一个自然生命的成长过程,宋明理学家用"复其初"的方法追寻"先天地而存在"的超越本体,其结果只会废弃知识学问,而所谓"德性"也终将沦于神秘空虚之域,戴震对此尖锐质问说:

> 如宋之陆,明之陈、王,废讲习讨论之学,假所谓"尊德性"以美其名,然舍夫"道问学"则恶可命之"尊德性"乎?②

"尊德性"与"道问学"是朱(熹)、陆(九渊)鹅湖之会的传统论题,所讨论的是道德实践中知识的地位问题。在清代思想史的背景中,这一命题的"辩论境域"已有所转换,在朱、陆之辩中,尽管就知识的地位问题论点有别,但道德的优先性却是无可置疑的。而在清代思想的发展过程中,如龚自珍所总结的,就其整体而言,是一个"道问学"的时代,知识被置于优先的地位,而道德则必须附翼于知识之下,如余英时所论:"这是儒家智识主义发展至成熟阶段才会出现的新观点。这样的观点,在以'尊德性'为第一义的宋、明理学中,是难以想象的。"③ 就此而言,知识和道德的冲突构成了清代"汉学"与"宋学"的主要分歧点,也是所谓"汉宋之争"的核心问题。作为两种相互竞争的知识体系,"汉学"与"宋学"的论辩采取了传统的"尊德性"与"道问学"等命题形式,

---

① (清)戴震:《孟子字义疏证》卷上"理"字条,《戴震全集》(第1册),清华大学出版社1991年版,第166—167页。
② (清)戴震:《与是仲明论学书》,《戴震文集》,中华书局1980年版,第141页。
③ 余英时:《论戴震与章学诚》,生活·读书·新知三联书店2000年版,第26页。

但其论辩的问题实质已经超出了理学的范围,就"汉学家"而言,"道问学"才是实质,"尊德性"则不过是一句虚言而已;用凌廷堪的话来说,二者是"实事"与"虚理"的关系:

> 夫实事在前,吾所谓是者,人不能强辞而非之,吾所谓非者,人不能强辞而是之也,如六书九数及典章制度之学是也。虚理在前,吾所谓是者,人既可别持一说以为非,吾所谓非者,人亦可别持一说以为是也,如理义之学是也。①

此论推衍至极,清代的"汉学家"遂只承认"典章制度""字义训诂"之类"实学"的价值,而反对一切概括、总结性质的理论探讨,将其一概斥之为"虚理",如凌廷堪即对戴震的"义理之学"深不以为然:

> 又吾郡戴氏,著书专斥洛闽,而开卷仍先辨"理"字,又借"体用"二字以论小学,犹若明若昧,陷于阱攫而不能出也。②

在凌廷堪看来,"理事""体用"等概念出自禅学,而建立在这些概念基础之上的宋明理学实际上是禅学的变种,无论是程朱还是陆王都是如此:

> 然则宋儒所以表章四书者,无在而非理事,无在而非体用,即无在而非禅学矣。鄙儒执洛闽以与金溪争,或与阳明争,各立门户,交诟不已,其于圣学何啻风马牛乎?明以来,讲学之途径虽多,总之不出新安、姚江二派,盖圣学为禅学所乱将千年矣。自唐以后,禅学盛行,相沿已久,视为固然,竟忘"理事"、"体用"本非圣人之言也,悲哉!……其余学人,但沾沾于汉学、宋学之分,甚至有云"名物则汉学胜,理义则宋学胜"者,宁识宋儒之理义乃禅学乎?③

---

① (清)凌廷堪:《戴东原先生事略状》,《校礼堂文集》,中华书局1998年版,第317页。
② (清)凌廷堪:《好恶说》,《校礼堂文集》,中华书局1998年版,第144页。
③ 同上书,第143页。

凌廷堪将宋学视为禅学，这样宋学就被摒于儒学的门户之外，而汉学"返诸六经"则是再次体现了孔门"原始儒学"的纯正精神，"汉宋之争"的内涵被转化为纯真儒学与异端之学的思想交锋。这事实上是当时大部分汉学家的共同看法，直到江藩的《国朝汉学师承记》出版，以学术史的方式记录了清代汉学的发展历程，将"汉学"树立为清代学术的正统，汉学和宋学之间的门户壁垒遂坚不可破，卢钟锋在《中国传统学术史》一书中曾这样概括江藩的编撰意图：

> 如果说，《国朝汉学师承记》的编修是将汉学作为清代学术史的主线，旨在重振汉学，突出汉学的地位；那么，《国朝宋学渊源记》的编修则是将宋学作为清代学术史的辅线，旨在彰显汉学，而不是突出宋学。①

"汉宋之争"作为清代思想史的一条主线，虽然自清初以来就已存在，但大部分学者在崇尚汉学的同时，"格于"朝廷的功令（清政府始终以程朱理学作为官方学术）以及其他种种原因，对理学虽然疏离，但始终保持着表面上的尊敬，即使被梁启超誉为"汉学思想的结晶体"的《四库全书总目》，也以"汉宋兼采"为号召。但自戴震以后，汉学的发展进入高峰期，其思想分歧与宋明理学日益明显，"汉宋之争"日趋表面化，汉学家的强势地位也终于遭到宋学家的挑战，桐城派文人方东树对汉学的思想方法作了全面清算：

> 顾、黄诸君，虽崇尚实学，尚未专标汉帜。专标汉帜，则自惠氏始。惠氏虽标汉帜，尚未厉禁言"理"；厉禁言"理"则自戴氏始。自是宗旨祖述，邪诐大肆，遂举唐、宋诸儒已定不易之案，至精不易之论，必欲一一尽翻之，以张其门户。江氏作《汉学师承记》，阮氏集《经解》，于诸家著述，凡不关小学，不纯用汉儒古训者，概不著录。……夫说经不衷诸义理，辨伪得真，以求圣人之意，徒以门户之

---

① 卢钟锋：《中国传统学术史》，河南人民出版社1998年版，第385—386页。

私，与宋儒为难，非徒不为公论，抑岂能求真得是？①

夫汉学家，既深忌痛疾义理之学堕禅，申严厉禁。以行事易之，是自为一大宗旨门户矣。而夷考其人，居身制行，类皆未见德言之相顾也。是其视讲经本与躬行判而为二，固不必与其言相应。原无意于求真得，是但务立说，与宋儒争胜耳。②

方东树从宋学的立场出发，认为汉学家反对宋学纯粹是出于门户"私见"而非"公论"，而且汉学家的道德践履也远不及宋明学者，因而其学术的可信度便发生了问题；同时方东树认为，治经必以义理为先，而对义理的认识有时不能用语言文字的真伪作为裁判的标准，因为义理是超乎语言文字的，"义理有时实有在语言文字之外者"③。汉学家以训诂作为其方法论的基础是有问题的。方东树及其所从属的桐城派以"程朱义理"作为学问宗旨，在对汉学的批评中有时流露出极其狭隘的学术偏见，但不可否认的是，方东树的汉学批评在一定程度上也击中了汉学的要害，暴露出汉学偏重实证、缺乏形上思考的理论弱点，王汎森认为《汉学商兑》的出版"打破了汉学一元垄断之局"④。尽管据有关学者研究，此书在当时的影响并不大，⑤ 但方东树对汉学的公开批评本身即已显示，在清代中期的思想史上，"汉宋之争"已由思想界的伏流而演化为公开论争的话题，汉学家尽管依然坚守"训诂考据"的传统方法，但也不得不面对宋学家的批评质疑，在学术方法和理论思维上酝酿着新的转变，诚如王汎森所论，汉学的一统局面已经被打破，各种新的思想、理论逐步出现，构成了清中期思想界的多元化局面，章学诚的史学思想便是其中的一种。

---

① （清）方东树：《汉学商兑》（卷上），商务印书馆1937年版。
② （清）方东树：《汉学商兑》（卷中之上），商务印书馆1937年版。
③ （清）方东树：《汉学商兑》（卷中之下），商务印书馆1937年版。
④ 王汎森：《中国近代思想与学术的系谱》，河北教育出版社2001年版，第24页。
⑤ 朱维铮说："胡适当年的一个意见，还是有道理的。胡适不同意《汉学商兑》书出而汉学之焰'渐熄'的皮相见解，以为咸丰以后，'汉学之焰确然渐熄'，但此中功罪，'不如归到洪秀全和杨秀清的长发军'。"（朱维铮：《中国经学史十讲》，复旦大学出版社2002年版，第152页。）

二 "因事寓理"：章学诚在汉宋之争中的立场

从"汉宋之争"的思想背景来观察章学诚的历史形象，有时会得出章学诚是一个宋学家的结论，如最早为章学诚编撰年谱的日本学者内藤湖南即认为章学诚的理论思维是一种宋学的思维方式，[①] 柴德赓在比较章学诚与汪中的思想学术差异时也得出了同样的结论。[②] 但仔细探究章学诚的思想实质就会发现，尽管章学诚同当时的宋学家一样，对考据学（也就是所谓"汉学"）有着种种责难，同时对宋学也表示出一定程度的认同，但其思想的构造与关注点和当时的"宋学"有着很大的不同，章学诚并无意要回归宋明理学的本体论思维方式，他的"道论"以"事变"为基础，在时间性的框架下周流变化，实质上与王船山的"道器一元""势变理亦变"的思想有着共通之处，而与宋明理学超越于时间之表的"形上之理"有着很大区别，反映出一种泛历史主义的观点。在汉学与宋学的关系上，章学诚也持有一种很特殊的观点，他从他惯有的考察学术源流的方法出发，认为清代考据学（汉学）实质上是宋学的支派，"空言义理"是宋学末流的流弊，"通经服古"才是程朱之学的本色，以戴震为代表的考据学者所继承的实际上是"朱子之教"：

> 夫空谈性理，孤陋寡闻，一无所知，乃是宋学末流之大弊。然通经服古，由博返约，即是朱子之教，一传而为蔡九峰、黄勉斋，再传而为真西山、魏鹤山，三传而为黄东发、王伯厚，其后如许白云、金仁山、王会之，直至明初宋潜溪、王义乌，其后为八股时文中断。至国初而顾亭林、黄梨洲、阎百诗皆俎豆相承，甚于汉之经师谱系。戴氏亦从此数公入手，而痛斥朱学，此饮水而忘其源也。然戴实有所得力处，故《原善》诸篇，文不容没。[③]

[①] 参见［日］山口久和《章学诚的知识论》第1章"序说——兼研究史摘要"，王标译，上海古籍出版社2006年版。

[②] 参见柴德赓《章实斋与汪容甫》，《史学丛考》，中华书局1982年版。

[③] （清）章学诚：《又与朱少白书》，《文史通义新编新注》，浙江古籍出版社2005年版，第783页。

第七章 章学诚与清代思想史的诸问题

"东原出自朱子"的论点章学诚曾在《朱陆》篇以及《书〈朱陆〉篇后》中屡次加以阐发,在晚年的《浙东学术》一文中,更以自朱熹至顾炎武一系的学术为"浙西之学",其隐含的观点即以戴震为"浙西之学"的后继者,而自居为"浙东之学"的传人。考据学(汉学)既为宋学的直线发展,则考据学者对宋学的批判是"饮水忘源",这就是章学诚一再批评戴震的"心术"问题,其言下之意是戴震等汉学家的道德践履远不如程、朱严谨。在这种情况下,汉学家对宋学的批评就成了"风气",只是为汉学争地位,并不具有严肃的学术意义,章学诚批评戴震对学术风气的影响说:

> 戴东原训诂解经,得古人之大体,众所推尊。其《原善》诸篇,虽先夫子亦所不取。其实精微醇邃,实有古人未发之旨,鄙不以为非也。(姚姬传并不取《原善》,过矣。)戴君之误,误在诋宋儒之躬行实践,而置己身于功过之外,至于校正宋儒之讹误可也,并一切抹杀,横肆诋诃,至今休、歙之间,少年英俊,不骂程、朱,不得谓之通人,则真罪过。戴氏实为作俑。其实初听其说,似乎高明,而细核之,则直为忘本耳。[①]

章学诚一方面不满于戴震对宋儒"一切抹杀",一方面又称许戴震的《原善》诸篇"有古人未发之旨",在训诂和义理方面都取得了高度的成就,并表示不赞成桐城派姚鼐等人基于宋学义理对《原善》的批评。这表明章学诚在基本的义理思想方面与传统的宋学是有距离的,其"道器一元"论的思想更接近戴震而非宋学,但是章学诚认为学术思想的发展是一个连续的过程,反对人为地划分畛域,汉学家依仗其考据训诂方面的成就而讥评宋学,以至于发展到在戴震的家乡,"休、歙之间,少年英俊,不骂程、朱,不得谓之通人",这是章学诚所不能接受的,章学诚认为宋儒的义理虽然有错误,考证也不够细密,但其"躬行实践"仍然值得后人取法,而不应该一概抹煞,这是章学诚在"汉宋关系"说方面与

[①] (清)章学诚:《又与朱少白书》,《文史通义新编新注》,浙江古籍出版社 2005 年版,第 783 页。

当时的汉学家之间的思想距离。

章学诚虽然肯定宋儒的"躬行实践",但并不认同于宋儒的"心性之学",这与章学诚的经学观点有关。章学诚认为六经是"因事寓理",而宋儒的"理学"则"离经言理","理"离开了其依托的历史语境,转化为一套自明性的语言系统,这就是所谓的"空言义理",章学诚认为正是由于宋儒"专门说理","理"成了超越的观念形态而与"事"发生了分离,这样就违背了六经"道器合一"的原则,从而使"理"的真正意义晦塞不明,造成了汉宋之学的对立以及理学内部的门户分裂:

> 古无专门说理之书,说理有专书,理斯晦矣。六艺,先王旧典,圣人即是明理,而教亦寓焉。①

> 宋儒专门说理,天人性命,理气精微,辨别渺茫,推求铢黍,能发前人所未发矣。然离经而各自为书,至于异同之争,门户之别,后生末学,各守一典,而不能相通,于是流弊滋多,而六经简明易直,古人因事寓理之旨,不可得而知矣。故曰说理有专书,而理斯晦也。②

章学诚认为要发明六经之理,重要的是要认识到,"理"附着于"事","事"构成了"理"的语境,而且这一语境是历史性的,因为六经事实上就是历史上某一特殊阶段的产物,当作为语境的"事"产生变化时,"理"自然也随之变化。六经仅明三代之"理",三代之后的"理"必须从三代之后的"事变"中进行归纳总结。汉宋之争争执于六经之是非,完全脱离了六经之"理"所依托的历史语境,而纯粹以字义的真伪、考据的疏密来论断义理之是非,是一种僵板拘执的做法,不足以达到六经的真义。乾嘉时期的著名汉学家孙星衍在《问字堂集》中曾著有《原性》篇,杂引周秦古书,讨论人性的善恶问题,并批驳反对宋明理学

---

① (清)章学诚:《〈四书释理〉序》,《文史通义新编新注》,浙江古籍出版社2005年版,第535页。

② 同上。

的人性论观点，反映了汉宋之学在理论上的分歧。章学诚对这篇文章进行了系统的批驳：

> 夫言各有所谓，不可文义拘牵；同一夫子之言，又同出于经论，非驳书杂记不可征信者比，而拘文牵义，已不可通；况萃集百家，不求所谓，但冀穿贯，谓非周纳傅会，吾将谁欺！①

> 宋儒轻实学，自是宋儒之病，孙君以谓三代之学异于宋学，当矣；顾以性命之理，徒博坚白同异之辨，使为宋学者反唇相讥，亦曰但腾口说，身心未尝体践，今日之学，又异宋学；则是燕伐燕也。②

> 秦王遗玉连环，赵太后金椎一击而解；今日性理连环，全藉践履实用以为金椎之解，博征广喻，愈益支离，虽夫子生于今日，空言亦不能取信于人也。③

在章学诚看来，汉宋之争的要害是以语言文字争义理之是非，将语言文字看成是一套自明性的系统，而没有看到经书的语言文字都是"有为之言"，对语言文字的阐释必须依据于其产生的语境，拘泥于语言本身必然会产生"理解的迷失"，也就是章学诚所谓的"空言义理"。在这一点上，汉宋学者都因循了同样的错误，宋儒的弊病在于"轻实学"，心性之学的极端发展使宋儒的思想形态高度内敛，沉迷于哲学概念的思辨演绎，而缺乏对于生活世界的关注；汉学家看到了宋学的这一理论弱点，但却继续通过语言学的方法与宋儒争辩概念的是非，这在章学诚看来，无异于"以燕伐燕"，难免会遭到宋学家的反唇相讥。比较而言，宋学对于义理是非的判断是从心性的觉悟出发，而汉学对于义理是非的判断则是从语言的真伪出发，这二者的共同之处是都没有注意到义理所据以生长的生活土壤，这就使儒学失去了"经世"的依据。"性理"等概念的争辩从宋明延

---

① （清）章学诚：《书孙渊如观察〈原性〉篇后》，《文史通义新编新注》，浙江古籍出版社2005年版，第570页。
② 同上。
③ 同上。

续到了清代中期，已经成了一个不可解之局，无论从心性出发，还是从语言出发，都无法得到一个令人信服的最终答案，"博征广喻，愈益支离"，即使孔子复生，空言也不能取信于人。经典的义理必须通过其生长、形成的生活场景才能得到阐明，纯粹的概念思辨和分析都不足以揭示经书之意义，而唯有生活实践才是"性理连环"的"金椎之解"。在章学诚心目中，符合这一"金椎之解"的理想学术形态无疑就是史学。

三 "以班、马之业明程、朱之道"：章学诚对汉宋之争的超越

余英时在《清代思想史的一个新解释》一文中曾提出，清代的经史考证之学来源于宋明理学内部的义理之争，理学和心学长期就"理气""心性"等问题争论不休，最后不得不回归原典，以追询经典的原始意义，作为义理裁断的标准，这就导致了清代经学考据的兴起。[①] 但是经学考据依然不足以平息思想界的纠纷，这从"汉宋之争"中就可以明显地看清这一点。清中期以后，汉学的弊端逐步显现，思想界的有识之士对汉学发动了新一轮的批判，并提出了各种新的思想建设方案，如常州学派的今文经学、凌廷堪的"以礼代理"说，其中也包括章学诚的"新史学思想"。从章学诚本身的思想来说，他对当时的汉、宋之学皆有所不满，但总体上来说，他的思想更接近考据学而非宋学，在《朱陆》篇一文中，章学诚对当时的汉宋学者都提出了批评，对汉学家（主要是戴震）的批评是"心术"，对宋学家的批评是学识疏漏，其论调之严厉以至于不屑于称他们为"程朱学者"而只是称之为"伪陆王"，其中就包括清代前期著名的理学家陆陇其。日本学者山口久和在论证章学诚的思想构造时说：

> 实斋自己认为，如果必须在空疏的思辨（宋学）和缺乏哲学的实学（文献学）中选择一个的话，自己将选择实学。或者说在章学诚眼里，经学家顾炎武和阎若璩才是朱子的正统弟子，并不把当时的理学家看得如何重要。
>
> 我想这是因为，在产生出顾炎武、阎若璩、戴震这些优秀考据学

[①] 详见余英时《清代思想史的一个新解释》，载辛华、任菁编《内在超越之路——余英时新儒学论著辑要》，中国广播电视出版社1992年版，第468—505页。

者的实证主义的时代精神之下，而像宋儒所做的那样，不以经书或相当于经书的典籍的文献理解为媒介，直接赤裸裸地陈述自己的哲学、思想的独断论（dogmatism），在章学诚那里是不能被容许的。……在这一点上，应该说章学诚也仍然还是时代精神的产物。①

诚如山口久和所论，章学诚确实是乾嘉"时代精神的产物"，他一生与考据学抗争，只是因为考据学已失去了知识方向的引领，而沦为工具性的"文献学"，他必须为重建这一知识方向而努力，在章学诚看来，这一知识方向就是对文辞和考据具有引领性作用的"义理"，"义理"是一个知识体系的灵魂和眼目，有了"义理"对知识方向的贞定，文辞和考据才有了内在的灵魂而成为"学问"，否则只是零散的材料而已。但是"义理"并不是思想凌虚架空的思辨过程所产生的"纯概念"，而是与"事迹"密合为一体，通过"事迹"所展示的事变背后变化运动的"不得不然"，因此，揭示"义理"的最佳途径就是史学。章学诚曾经构想通过《宋史》的撰述以阐明程朱义理，这就是所谓"以班、马之业明程、朱之道"：

> 宋儒之学，自是三代以后讲求诚正治平正路，第其流弊，则于学问、文章、经济、事功之外，别见有所谓"道"耳。以"道"名学，而外轻经济事功，内轻学问文章，则守陋自是，枵腹空谈性天，无怪通儒耻言宋学矣。然风气之盛，则村荒学究，皆可抵掌而升讲席；风气之衰，虽程、朱大贤，犹见议于末学矣。君子学以持世，不宜以风气为重轻；宋学流弊，诚如前人所讥，今日之患，又坐宋学太不讲也。往在京师，与邵先生言及此事，邵深谓然。二十一史中，《宋史》最为芜烂，邵欲别作《宋史》。吾谓别作《宋史》成一家言，必有命意所在，邵言即以维持宋学为志。吾谓维持宋学，最忌凿空立说，诚以班、马之业而明程、朱之道，君家念鲁志也，宜善成之！②

---

① ［日］山口久和：《章学诚的知识论》，王标译，上海古籍出版社2006年版，第21页。
② （清）章学诚：《家书五》，《文史通义新编新注》，浙江古籍出版社2005年版，第822页。

章学诚在这里提出了超越汉宋学者的另一条学术进路，那就是以史学明"义理"，这样就可以减轻宋学"凿空立说"的弊病，同时也避免了汉学缺乏"立言宗旨"的文献学倾向，将"理"和"事"完美地结合在一起，通过二者的"交互循环"以阐明其意义。章学诚认为，清初浙东学者邵廷采在《思复堂集》中就已经体现了这一倾向："（邵廷采）盖马、班之史，韩、欧之文，程、朱之理，陆、王之学，萃合以成一子之书，自有宋欧、曾以还，未有若是之立言者也。"[①] 邵廷采在清初阳明学式微的形势下，以蕺山"诚意慎独"之学为依归，在《思复堂集》中以大量篇幅保存了王门学者的史迹，并通过这些具体的史迹描述彰显王学的精神意脉，章学诚称之为"洪炉鼓铸，自成一家"[②]。章学诚试图追寻邵廷采的学术途辙，通过与挚友邵晋涵合作撰写《宋史》，将程朱义理体现在宋代史迹的撰述之中，并以此作为全书的"命意所在"，这实际上道出了章学诚以历史为思想之体现的慧识，如钱钟书所说："不读儒老名法之书，而徒据相砍之书，不能知七国；不究元祐、庆元之学，而徒据系年之录，不能知两宋。"[③] 程朱理学作为两宋时代精神的体现，是这一阶段历史的灵魂；但这一"时代精神"必须体现在具体的史迹描述中，才能避免"凿空立说"。章学诚意图以史学为当时的汉宋之学"补偏救弊"，而章学诚心目中的史学并不是单纯的事迹描述，而是以"史义"为主，"史义"是对历史事实的形上思考，或者说，是一种历史哲学的意识，用章学诚的语言来表述，这种"历史哲学意识"也就是所谓"以班、马之业明程、朱之道"。

章学诚的"历史哲学意识"也结合着他对于自身历史情景的思考。在"汉宋之争"的情势下，道德与知识的冲突呈现出尖锐化的趋势，章学诚倾向于知识，他是一个接近现代意义上的"学者"（Scholar）而非传统的"儒者"（Confucian），[④] 但他并没有完全脱离传统，对于道德问题他

---

① （清）章学诚：《家书三》，《文史通义新编新注》，浙江古籍出版社2005年版，第819页。
② （清）章学诚：《邵与桐别传》，《章学诚遗书》，文物出版社1985年版，第178页。
③ 钱钟书：《谈艺录》（补订本），中华书局1984年版，第266页。
④ 参见高瑞泉《〈章学诚的知识论〉序》，载［日］山口久和《章学诚的知识论》，上海古籍出版社2006年版，第1—7页。

依然有着深重的忧虑，这从他屡次批评汉学家的"心术"就可以看出，他与邵晋涵商定的《宋史》的"立言宗旨"是"宋人门户之习，语录庸陋之风，诚可鄙也。然其立身制行，出于伦常日用，何可废耶！士大夫博学工文，雄出当世，而于辞受取与，出处进退之间，不能无箪豆万钟之择，本心既失，其他又何议焉？此著《宋史》之宗旨也"①。这一"宗旨"无疑显示了章学诚对乾嘉时代风气的反思，但是章学诚对这一问题的思考依然是在清代思想的总体框架之内的，那就是作为清代思想基调的"道器合一"论，道德问题作为"形上之道"，不能离开"形下之器"，道德不能空言，将道德问题作为"纯概念"思辨的宋学应该遭到鄙弃，而汉学家除戴震等少数人之外，大多数流于琐碎的"文献主义"，拘于"器"而不能"明道"，章学诚的"以史明道"论以鲜明的历史哲学意识试图超越"汉宋交争"的思想格局，将史学撰述和义理追求结合为一体，对这一时代问题提出了自己独特的解答，同时也预示着清中期的思想界从汉学一统的局面下脱离出来，正在发生着某种多元化的转变。

第二节　章学诚与"今古文经学之争"

一　今古文经学之争的历史背景

对章学诚的认识经历了一个长久的过程，尤其是牵涉到乾嘉以后中国学术思想的变迁发展。乾隆末年，以古文经学为主要研究对象的乾嘉朴学途穷思变，以公羊学"微言大义"为研究对象的今文经学渐次兴起，常州学派（刘逢禄、庄存与）即为今文经学的先声。今古文经学之争肇端于西汉末年，西汉立为学官的十四博士所传皆为汉代通行文字隶书所书写的今文经，而古文经则出自屋壁所藏，用汉代之前的"古文"书写，刘歆在《移让太常博士书》中说："鲁共王得古文，《逸礼》有三十九篇，《书》十六篇，及《春秋》左氏丘明所修，皆古文旧书。"② 刘歆向当时的西汉政府建议将古文经立于官学，遭到尊奉今文经学的博士学官的激烈

---

① （清）章学诚：《邵与桐别传》，《章学诚遗书》，文物出版社1985年版，第177页。此语为邵晋涵所言，但章学诚赞成之，故视为章、邵二人之共同宗旨。
② （清）皮锡瑞：《经学历史》，中华书局1989年版，第83页。

反对，由此今古文经学之争遂成为经学史上的一大议题。

今古文经学争论的焦点不仅在于经书版本的差异，更有思想义旨的不同。简略地说，古文经学更多地包含着一种历史的观点，认为儒家的"六经"是古代政教典籍的遗留，而孔子则是"六经"的守护者和整理者；今文经学则断言"六经"皆创制于孔子，其中蕴含着一种"天启"的观念和神秘主义思想，也就是今文经学经常宣称的"微言大义"。在这一争端中，孔子与周公的地位问题便凸显出来。为古文经《左氏春秋》作注的杜预认为经中的"凡例"皆出于周公，而"变例"才出于孔子，清末今文经学家皮锡瑞就此指责道："如此，则周公之例多，孔子之例少；周公之功大，孔子之功小。夺尼山之笔削，上献先君；饰冢宰之文章，下诬后圣。"[①] 古文经学认为经书源自于周代的礼乐制度，故"制礼作乐"的周公应在经学中占据中心的位置；而今文经学则认为"六经"皆孔子删修，并赋予其超越世俗制度的神圣含义，"故必以经为孔子作，始可以言经学；必知孔子作经以教万世之旨，始可以言经学"[②]。

二 章学诚与古文经学

从章学诚的思想立场来看，他似乎更近于古文经学。他对于儒学历史的发展有一个鲜明的观点，那就是"集大成者"为周公而非孔子，这与他"道器合一"的思想是一致的。在章学诚看来，作为人类文化生活发展总趋势的"道"，必须体现在现实的政教制度中，离开现实制度来讨论"道"，则"道"必将沦为"空言"。周公的礼乐制度源自唐、虞、夏、商悠久传统的传承，是"道"在人类历史上最完美的体现，周公"集大成"的意义在于集上古礼乐之大成；孔子作为儒家学派的开创者，只是一个民间的学者，没有制作礼乐的权力，因而也就谈不上"集大成"，他的功绩只是保存了记载"先王经纶之迹"的"六经"以昭示后代的学者，然而从"道器合一"的观点来看，这毕竟只是一种"不得已"的行为，他在《原道》篇中阐述说：

[①] （清）皮锡瑞：《经学历史》，中华书局1989年版，第93页。
[②] 同上书，第27页。

自有天地而至唐、虞、夏、商，皆圣人而得天子之位，经纶治化，一出于道体之适然。周公成文、武之德，适当帝全王备，殷因夏监，至于无可复加之际，故得藉为制作典章，而以周道集古圣之成，斯乃所谓集大成也。孔子有德无位，即无从得制作之权，不得列于一成，安有大成可集乎？①

以周公而非孔子为"集大成"的观点显然更近于古文经学，皮锡瑞在《经学历史》中叙述了东汉以后的"疑经"风气，将章学诚与杜预、孔颖达并立，显然认为他是古文经学阵营中的一员。② 章学诚的校雠学自称："上探班、刘，溯源官礼。"③ 班、刘指《汉书艺文志》的作者班固和《七略》的作者刘歆，《汉书艺文志》以《七略》为蓝本，"刘歆《七略》亡矣，其义例之可见者，班固《艺文志》注而已"④。章学诚将刘歆奉为学术上的先导，这从《校雠通义内篇二》标题为"宗刘"就可以看出。余英时曾就此评述说："乾嘉的经学训诂奉许慎、郑玄为宗师，号称'汉学'，而章氏的文史校雠则立足于刘向、刘歆的业绩之上，也恰好是汉人之学。章氏并不标榜'汉学'以与'宋学'争衡，但他特提倡刘、班校雠，则非出于偶然，恐不免有与许、郑训诂暗中争胜之意。"⑤ 章学诚"宗刘"是否有和"许郑训诂"争衡之意在此不论，但刘歆是古文经学的积极倡导者，其《七略》中的历史主义观点为章学诚所汲取并发展为"六经皆史"的理论，这一点却是无可否认的。从章学诚与刘歆的学术渊源关系来看，似乎章学诚的思想中包含着古文经学的成分。

---

① （清）章学诚：《原道》，《文史通义新编新注》，浙江古籍出版社2005年版，第96页。
② 皮锡瑞说："经学开辟时代，断自孔子删定《六经》为始。孔子以前，不得有经；⋯⋯汉初旧说，分明不误；东汉以后，始疑所不当疑。⋯⋯孔（颖达）《疏》乃谓文王、周公所作为经，孔子所作为传矣。⋯⋯杜预乃谓周公所作为旧例，孔子所修为新例矣。⋯⋯章学诚乃谓周公集大成，孔子非集大成矣。"〔（清）皮锡瑞：《经学历史》，中华书局1989年版，第20页。〕
③ （清）章学诚：《与严冬友侍读》，《文史通义新编新注》，浙江古籍出版社2005年版，第706页。
④ （清）章学诚：《校雠通义》，《章学诚遗书》，文物出版社1985年版，第96页。
⑤ 余英时：《论戴震与章学诚》，生活·读书·新知三联书店2000年版，第178页。

三　章学诚与今文经学

但从历史的观点来看，清代今文经学的发展似乎也从章学诚的思想中汲取了养分。这恐怕与章学诚的核心理论"六经皆史"的多层含义有关。日本学者岛田虔次曾分析"六经皆史"中"史"的三种意思：一是事件的历史，也就是史实、史事等；二是事件的记录、叙述、研究，甚至可以说，作为史的理；三是史官、记录者。前两个意思是中西史学家所共通的，而第三个意思则是中国所独有的，也是"史"最根本和原始的含义。① 推原"史"作为"史官"的原始含义，则"史"与当时的政治生活有着紧密的关系，柳诒徵说："民之所仰，职有所专，由是官必有史。而吾国之有史官乃特殊于他族。《说文》释'史'字曰：'史，记事者也。'是为通义吾国与他族之史，皆记事也。《周官》释史曰：'史掌官书以赞治。'此为吾史专有之义。由赞治而有官书，由官书而有国史。视他国之史起于诗人，学者得之传闻，述其轶事者不同。世谓吾民族富于政治性，观吾史之特详政治及史之起原，可以知其故矣。"② 柳诒徵认为，"史"的原始功能是治理教化，由治理教化这才衍生出"记事"的职能，其所记录的则是当时的政教典章，柳诒徵并由《周官》的"五史"进一步阐明"史"的职能："自《隋志》以来，溯吾史原，必本之周之五史。……总五史之职，详析其性质，盖有八类。执礼，一也。掌法，二也。授时，三也。典藏，四也。策命，五也。正名，六也。书事，七也。考察，八也。归纳于一则曰礼。"③ "史"同政治生活的各个方面有着广泛的联系，而不单纯是历史事实的记录者，从中国史学的源头来看，"史"不仅是从外部静观"历史世界"，而是实践地参与其中，这也是章学诚"六经皆史"的重要含义。

"经世"是中国史学的一大特色。中国史学家历来相信，孔子据鲁史旧文而作《春秋》，将"褒贬"的义例寓于其中而使"乱臣贼子惧"，于王纲解纽、礼崩乐坏的情势下维持西周礼乐文明于一线而不绝，这体现了

---

① 详见［日］岛田虔次《六经皆史说》，载刘俊文主编《日本学者研究中国史论著选译》（第七卷"思想宗教"），许洋主等译，中华书局1993年版，第181—210页。
② 柳诒徵：《国史要义》，华东师范大学出版社2000年版，第2页。
③ 同上书，第96页。

《春秋》"微言大义"的特色。《孟子》有这样的记载:"晋之《乘》,楚之《杌》,鲁之《春秋》,一也。其事则齐桓、晋文,其文则史;孔子曰:其义则丘窃取之矣!"① 汉代的司马迁指出:"春秋之义行,则天下乱臣贼子惧焉。"② 历史的价值在于其蕴含的"意义"而不在单纯的事实记录。章学诚说:"史所贵者义也,而所具者事也,所凭者文也。"③ 在"意义"与"事实"之间,章学诚更重视前者,这是他与清代历史考据学者(如钱大昕、王鸣盛等人)之间的差距,也是对中国史学"经世"传统的继承。④

相对于传统的"义法褒贬说"(即依据道德观念对历史事实作出价值上的判断)而言,章学诚的"史义"说或许包含着更为丰富的含义。(倪德卫认为章学诚的"史义"包含着一种对于事物总体的直觉)但不管怎么说,透过事物的表面现象追求其整体意义也是一种与今文经学相吻合的知识趋向,他们共同表现出对于乾嘉考据学追求细节知识"以资考证"这一繁琐学风的扬弃。比较一下三者对于《春秋》的看法就可以清晰地认识这一点。

(一)《四库全书总目提要》

> 史之为道,撰述欲其简,考证则欲其详。莫简于《春秋》,莫详于《左传》。鲁史所录,具载一事之始末,圣人观其始末,得其是非,而后能定以一字之褒贬,此作史之资考证也。丘明录以为传,后人观其始末,得其是非,而后能知一字之所以褒贬,此读史之资考证也。苟无事迹,虽圣人不能作《春秋》,苟不知其事迹,虽以圣人读《春秋》,不知所以褒贬。儒者好为大言,动曰舍传以求经,此其说

---

① 《孟子·离娄章句下》。
② 《史记》卷47《孔子世家》。
③ (清)章学诚:《史德》,《文史通义新编新注》,浙江古籍出版社2005年版,第264页。
④ 仓修良认为:"章学诚所强调的'史义',又非一般人所能掌握的浅显的'义',而是具有很高的标准和深刻的内涵,那就是要掌握那些能反映历史运动发展趋势的历史理论和观点,能'推明大道'、'持世救偏'的历史理论和观点。这就把'史义'论与'经世'论有机联系起来,使其成为不可分割的两个方面和层次。"(仓修良、叶建华:《章学诚评传》,南京大学出版社2002年版,第203页。)

必不通。①

(二) 章学诚《言公》

　　夫子因鲁史而作《春秋》。孟子曰：其事齐桓、晋文，其文则史，孔子自谓窃取其义焉耳。载笔之士，有志《春秋》之业，固将惟义之求，其事与文所以借为存义之资也。②

(三) 庄存与《春秋要旨》

　　《春秋》非记事之史也，所以约文以申义也。③

　　四库馆臣立足于考据学的观点，认为"事"是"义"的基础，虽然他们狃于传统的见解，不能公然否认《春秋》中含有孔子的"义法"，但从"资考证"的角度看，"事"无疑有着优先于"义"的价值。在《史部总叙》的下半段，四库馆臣盛赞北宋司马光在著《资治通鉴》之前，先采取"长编"的办法对各类史料网罗搜辑，而后加以裁取，对于宋明时期的各种"史论"则严加指斥，认为无助于揭示历史真相而只会增长门户偏见。凡此皆足以说明，四库馆臣的史学思想是立足于考证之上的，将乾嘉时期盛行的"经学考证"方法延伸到了史学领域，重视局部的分

---

① （清）永瑢：《四库全书总目》卷45 "史部总叙"，中华书局1983年版，第397页。
② （清）章学诚：《言公》（上），《文史通义新编新注》，浙江古籍出版社2005年版，第202页。
③ （清）庄存与：《春秋要旨》，转引自 [美] 艾尔曼《经学、政治和宗族——中华帝国晚期常州今文学派研究》，赵刚译，江苏人民出版社1995年版，第129页。艾尔曼在书中分析庄存与的"《春秋》学"思想时说："庄分析《春秋》要旨时解释道：世人尊崇《春秋》不是因为它是一部记事的史书，其言外之意超乎其记载内容。据其言外之意，可通其所记之事的意蕴，据其所记之事，可明其言外之意。因此，《春秋》的价值在于它的义法，不是它的记事。……历史摆脱了'事'的禁锢，重新回归万古常新的'义'。……《春秋》记载的事件本身是前途暗淡的，是动乱、死亡、毁灭的写照。但是，这些事指向更高层次的义旨，也即孔子借《春秋》阐发的圣人思想。"（《经学、政治和宗族——中华帝国晚期常州今文学派研究》，第127页）从艾尔曼的上述分析中可以看出，常州今文学派对历史之"义"的重视方面与章学诚实有诸多的共通之处。

析而轻视整体的综合。与此截然相反的是，章学诚与庄存与（今文经学）都体现出一种整体主义的方法论，他们透过《春秋》所记载的历史现象看到了其中所蕴含的"意义"，这"意义"赋予历史以灵魂，使历史从"已逝之事实"转化为与当代人呼吸相通的"活的事件"。就章学诚与庄存与而言，他们所体会到的"历史意义"也许是不同的，章学诚的"史义"较少有道德含义，而更多地体现为历史发展过程中的"一阴一阳之迹"和"不得不然之势"；而庄存与则是要借助孔子的"义例"对历史建立起一套整体的道德评价体系，然而从"意义"对于"事实"的价值优先地位而言，二者在思想方法上无疑有着共通之处。从这一点上说章学诚的思想中蕴含着今文经学的因子，也许并不为过。

  研究者们早就注意到，清末以来信奉"六经皆史"的学者大都出自今文经学的阵营，这似乎是一个颇为有趣的现象。钱穆最早注意到了"六经皆史"说的经世色彩对于今文经学的影响，在早年的《中国近三百年学术史》中他别出心裁地安排了一个从李塨（清初颜李学派）、章学诚到龚自珍的"经世学"谱系："章氏六经皆史之论，本主通今致用，施之政事。其前有李恕谷，后有包慎伯、周保绪、魏默深，与实斋皆与游幕而主经世。其大胆为朝廷改制者，则始于包氏之《说储》。时文网尚密，故书未刊布。经生窃其说治经，乃有公羊改制之论。龚定庵言之最可喜，而定庵为文，固时袭实斋之绪余者。公羊今文之说，其实与六经皆史之意相通流，则实斋论学，影响于当时者不为不深宏矣。"[1] 在1966年致余英时的一封信中更抉发"六经皆史"说影响及于龚自珍的深意："实斋史学之第二长处，在其指导人转移目光治现代史，留心当代政制，此乃其六经皆史论之应有含义，亦是其六经皆史论之主要含义。此一意见，又落入此下经学家手里，遂有今文学派之兴起。龚定庵思想则显然承袭自实斋。"[2] 如前所述，章学诚"六经皆史"的"史"，其原始意义是以《周官》"五史"为原型的"史官"，是实际政治的参与者和操作者，"六经"则是"史官"所掌握的"典章制度""经纶治化之迹"，从这个意义上讲，章学诚更希望人们关注当代的"典章制度"，因为这正是"道"在历史世界

---

[1] 钱穆：《中国近三百年学术史》（上），商务印书馆2005年版，第433页。
[2] 余英时：《钱穆与中国文化》，上海远东出版社1994年版，第236页。

中不断变迁、"因革损益"之后的体现,相对于经学家们所关注的体现了古代世界神圣规则和理想的"六经之道",章学诚对"时王之制度"——"道"在当代世界的展现——更感兴趣。钱穆认为,正是章学诚对当代世界政治制度的兴趣,作为契机之一促成了今文经学在清代的兴起。

倪德卫认为章学诚的哲学思想包含着两个相互矛盾的意涵:权威主义("治教合一")和现代主义("贵时王之制度")。在龚自珍生活的时代,政治和学术都发生着微妙的变化,从龚自珍早年的一篇文章来看,他接受了章学诚"六经皆史"思想中的权威主义倾向。龚氏《乙丙之际箸议第六》云:

> 自周而上,一代之治,即一代之学也;一代之学,皆一代王者开之也。有天下,更正朔,与天下相见,谓之王;佐王者谓之宰,天下不可以口耳喻也,载之文字谓之法,即谓之书,谓之礼,其事谓之史,职以其法载之文字而宣之士民者,谓之太史,谓之卿大夫。[1]

但是"现代主义"这一倾向也许对龚自珍的影响更大,他明确反对乾嘉朴学的"复古主义":

> (后之师儒)故书雅记,十窥三四,昭代功德,瞠目未睹,上不与君处,下不与民处,由是士则别有士之渊薮者,儒则别有儒之林囿者,昧王霸之殊统,文质之异尚。其惑也,则且援古以刺今,嚣然有声气矣。[2]

乾嘉汉学的"名物度数之学"放弃了知识分子的社会责任,章学诚追原"史"的原始含义,指出"史"——中国传统知识分子的前身——原是政治生活中的重要角色,而经学家所研究的"六经"也富含有政治实践的意味,推原溯始的意义无非是要乾嘉时期的知识分子纠正自己在国

---

[1] (清)龚自珍:《乙丙之际箸议第六》,《龚定庵全集类编》,夏田蓝编,中国书店1991年版,第66页。

[2] 同上书,第67页。

家政治生活中的不恰当定位，重新面向现实生活。龚自珍继承了章学诚的这一思想，并将其与今文经学相结合提出了一种新的改良主张，从这一意义上说，章学诚的"现代主义"构成了今文经学（至少是龚自珍）"改制"思想的起点。倪德卫就此评述说：

> 在反对传统主义这一点上，改良派也同样尊崇他（指章学诚）。一位现代学者钱穆实际上认为章学诚的"六经皆史"在本质上具有改良主义者的意味。在这样一个意义上，钱穆是正确的：如果一个人与章一样认为道体现在政府的日常职能和人的最普通的社会行为中，那么他将倾向于主张不仅六经不是对道的、远离具体存在的抽象称述，而且也不应该有作为道的守卫者的孤立的士绅精英，否则他们将缺乏技艺上的能力。……章学诚的理论暗含了一个作为技术型专家的新的知识分子概念，就是这一概念导致了最终废除科举系统的要求。[①]

就这样，在今文经学的谱系中，确立了章学诚作为"改良主义者"的形象。

四　今古文经学之争背景下的章学诚思想底蕴

章学诚的思想尽管在许多方面与今文经学和古文经学都有接近之处，但就其自身而言，却并不属于这两个学派中的任何一个。按照传统的理解，乾嘉朴学的所谓"汉学"是"东汉之学"，以许慎和郑玄为崇尚的对象，在经学系统上属于"古文经学"；而"今文经学"则是"西汉之学"，这一学派在清代的兴起是在乾嘉后期，以常州学派的庄存与、刘逢禄为其先声，讲求经文的"微言大义"而不屑于琐碎的训诂，在当时被视为乾嘉朴学的"支子"和"别派"，经过龚（自珍）、魏（源）等人的推波助澜，在晚清康有为的"孔子改制说"中达到了高潮。今文经学虽在乾嘉之世已见端倪，但这是顺着清代学术自身的内在逻辑而发展出来

[①] [美]倪德卫：《章学诚的生平与思想》，杨立华译，台北唐山出版社2003年版，第380页。

的，岛田虔次指出："清朝考证学的内在的运动方向，只要是属于儒教范围的，自然也就带有溯本求源的复古倾向。这点是必须指出的。经典越接近于时代越发值得信赖，从后汉郑玄之学到今文学的推移也是必然的。"[①]因而在乾嘉之世，今文经学与当时的所谓古文经学（戴震等人的经学）并不对立，所谓今、古文经学的壁垒要迟至晚清时期才正式出现，这与当时政治形势的激荡有着密切的联系。在章学诚的时代，今文经学和古文经学既未形成正式的对立，则将章学诚的思想划入任何一个阵营都属于一种"时代的迷乱"。但是不可否认的是，章学诚的思想对于乾嘉之后的今文经学和古文经学都存在着一定的影响。日本学者井上进的论文《六经皆史说的系谱》"主要结合章学诚之后的道光、咸丰、同治、光绪朝有名无名学者的发言，细致地记述了《文史通义》的评价和受容的痕迹"[②]。该论文列举的学者有龚自珍、蒋湘南、张宗泰、谭莹、刘师培、章太炎等人，这些学者分别属于今文经学和古文经学两个不同的阵营，但都从章学诚的思想中汲取了适当的营养。

近代的历史学家何炳松曾就章学诚对于今、古文经学的影响评论说：

> 识见较高一点的（学者），用经今古文的眼光来观察章实斋，硬要把他拖到"门户"里面去，把"六经皆史"这句话看作章氏一生学问的唯一贡献。而所谓今文家中人亦就扭住了这句话来打倒《文史通义》的全部书。古文家误以为章实斋的《文史通义》是拥护他们的护符；今文家又误以为章实斋的《文史通义》是打倒他们的凶器。结果他们两家都把章实斋看作"门户"中人了。[③]

章学诚固然不是"门户"中人，但清代学者却大多用"门户"的眼光来看待章学诚的思想。降至晚清，其实不只今文经学中人如皮锡瑞指责

[①] ［日］岛田虔次：《六经皆史说》，载刘俊文主编《日本学者研究中国史论著选译》（第七卷"思想宗教"），许洋主等译，中华书局1993年版，第205页。

[②] 陈鹏鸣：《试论章学诚对于近代学者的影响》，载《章学诚国际学术讨论会论文集》，北京图书馆出版社2004年版。

[③] 何炳松：《〈章实斋年谱〉序》，载胡适《章实斋年谱》，安徽教育出版社2006年版，第7页。

章学诚"不解《春秋》，专信《官礼》"①，古文经学的健将章炳麟也在《国故论衡》中对章学诚多有指斥，如云："凡说古艺文者，不观会通，不参始末，专以私意揣量，随情取舍，上者为章学诚，下者为姚际恒，疑误后生多矣。"② 当章学诚的某些思想见解不符合他们的口味时，今、古文经学者都对章学诚采取了鄙弃的态度，这也从另一方面反映出，章学诚的思想尽管对今、古文经学都存在一定的影响，但他本身却不属于这两大对立阵营中的任何一派。

但从思想史的发展趋势来看，清代今文经学的兴起绝不只是由"东汉之学"向"西汉之学"的倒溯，而是蕴含着思想方法的根本逆转，即由"事"向"义"的转换，由考据"名物制度"转而讲求"微言大义"，章学诚的思想果不其然地暗合了这一思想变动的趋势，岛田虔次指出：

> 今文学（其中心经典是《春秋公羊传》）的特性是"经世致用"。它并不是简单的"事"，而是强烈地指向"义"的。考证学唤起了作为"微言大义"之学的公羊学。如果从大的历史潮流来看，这和同时被唤起的宋学复兴的机运和对佛教的关心的复兴，恐怕不无关系。归根到底，公羊学超出了简单的经学范围，首先在龚自珍那里作为"思想"而喷出，随之在十九世纪末期以后作为改革主义运动起了激烈的作用。如今这点已属常识。清朝学术史存在着从"事"向"义"的转换，章学诚的"六经皆史"应该说是与这种机运并行不悖吧。③

由此可以从今、古文经学变动的思想背景下对章学诚的思想作一个基本判断，章学诚的思想有着古文经学的外貌，但在思想底蕴上却与今文经学相通。"六经皆史"说将经书视为历史的自然产物，古文经学赞赏这种提法，认为："言六经皆史者，贤于《春秋》制作之论，巧历所不能计

---

① （清）皮锡瑞：《章实斋文史通义书后》，《师伏堂骈文》（四），《续修四库全书》集部第1567册，影印清光绪二十一年师伏堂刻本。
② 章太炎：《国故论衡》，上海古籍出版社2006年版，第47页。
③ ［日］岛田虔次：《六经皆史说》，载刘俊文主编《日本学者研究中国史论著选译》（第七卷"思想宗教"），许洋主等译，中华书局1993年版，第205页。

也。"① 民国以来的学者如胡适等人甚至从"六经皆史"中读出了"史料"的含义，这是彻底将经书历史化了。但"六经皆史"说在指出经书为古史的同时，也指出了史学的根本目的在于"经世"，这一以"经世"为目标的史学与客观的历史研究实有天壤之别，相反却与崇尚"通经致用"的今文经学有着气脉相通之处。因此晚清以来的学者多能在今文经学的基础上会通章学诚的思想，如钱基博在《复堂日记序》中论述清末学者谭献的学术时说：

> 以吾观于复堂，就学术论，经义治事，蕲向在西京，扬常州庄氏（庄存与、述祖、绥甲祖孙父子）之学；类族辨物，究心于流别，承会稽章氏（学诚）之绪。②

曾为《章氏遗书》作序言的张尔田也属于此类学者：

> 近人钱唐张尔田孟劬著为《史微》一书，以《公羊》家言而宏宣章义，实与谭氏气脉相通。③

"以《公羊》家言而宏宣章义"在嘉道以来的今文经学家中是一个很普遍的现象，相反，古文经学家发现章学诚的意义则要迟至晚清以后的章炳麟和刘师培。这一现象本身就反映出，章学诚的思想与今文经学有着更多的契合之处。这一契合并非是思想结构的类似，而是精神气脉的相通。清中期思想史的特征是由"事"向"义"的转变，一切具有鲜明思想意义的学术都渐次兴起，在经学领域，今文经学取代了乾嘉朴学；同时宋学甚至佛学都得到了一定程度的复兴。这一思想变动的趋势由起初的涓涓细流而终于汇成江河大海，在晚清时期的政治变革运动中发出"大海潮"般的声音，章学诚"独抒性灵""推原道术"的文史思想正是对这一变动趋势的生动反映。

---

① 章太炎：《国故论衡》，上海古籍出版社 2006 年版，第 53 页。
② 钱基博：《复堂日记序》，载谭献《复堂日记》，河北教育出版社 2001 年版，第 5 页。
③ 同上。

第三节　章学诚与乾嘉考据学的内在转向

一　从"经世"到"考据"：经学的自我脱魅

乾嘉考据学作为一种独特的学术形态，历来在中国学术史上享有崇高的声誉，研究者将它与先秦子学、两汉经学、魏晋玄学以及宋明理学相并立，是研治中国传统思想文化不可逾越的一座高峰。近代以来的学者如梁启超更将其视为"中国的文艺复兴运动"，对乾嘉考据学的理论和成就作出了高度的评价。尤其值得重视的是，乾嘉考据学的思想方法对中国的近代学术产生了深远的影响，民国以来胡适、傅斯年等人的"科学主义"治学方法即深受乾嘉遗风的影响，梁启超即认为胡适的治学方法承袭了清儒的"正统派遗风"："绩溪诸胡之后有胡适者，亦用清儒方法治学，有正统派遗风。"[①] 傅斯年从清代朴学家阮元的著作《性命古训》中得到启发，用语文历史的方法处理思想问题，更是将这一路讲求"客观实证"的学风发挥得淋漓尽致。傅斯年的治学方法承自阮元，并将其归纳为"以语言学的方法解释思想史的问题"，而于戴震则有所不取，傅氏自言曰："然而戴氏之书犹未脱乎一家之言，虽曰疏证《孟子》之字义，固仅发挥自己之哲学耳。至《性命古训》一书而方法丕变。阮氏聚积《诗》《书》《论语》《孟子》中之论性、命字，以训诂学的方法定其字义，而后就其字义疏为理论，以张汉学家哲学之立场，以摇程朱之权威。夫阮氏之结论固多不能成立，然其方法则足为后人之思想史者所仪型。其方法唯何？即以语言学的观点解决思想史中之问题是也。"[②] 因此，对于当代的研究者来说，检讨乾嘉考据学在理论上的是非得失，并不仅仅是一个历史性的问题，而是与当下的学术处境密切相关的一个"时代性"问题。

乾嘉考据学的成因十分复杂，考据学又称"汉学"，这是因为考据学者以汉唐的经学训诂作为学术的追求方向，十分反对宋明学者以主观主义的态度处理经学上的问题，这一倾向在明代中后期就已经在部分学者中出现了，明代学者钱谦益提出治经应当"以汉人为宗主"：

[①] 梁启超：《清代学术概论》，上海古籍出版社 2005 年版，第 6 页。
[②] 傅斯年：《性命古训辨证·引语》，广西师范大学出版社 2006 年版，第 1 页。

>学者之治经也，必以汉人为宗主。……汉不足，求之于唐，唐不足，求之于宋，唐宋皆不足，然后求之近代。①

治经"以汉人为宗主"的理论基础是"经道合一"论，道蕴于经书之中，因此求道必须从经学入手：

>汉儒谓之讲经，而今世谓之讲道。圣人之经，即圣人之道也。离经而讲道，贤者高自标目，务胜前人，而不肖者汪洋自恣，莫可穷诘。②

"圣人之经"是"圣人之道"的客观标准，讲经也就是讲道，这是针对宋明理学重"四书"而轻"五经"的学风而言的，宋明理学的理论核心是"心性论"，其总体的方法论特征是以心性的直觉把握道体，《四书》中的《中庸》《孟子》都出自先秦的"思孟学派"，有着浓厚的"心学"特征，其"本心""良知"等思想都与宋明理学的方法论相配合。这一思想发展到极至，即对经书的客观价值产生了怀疑，甚至以经书为"糟粕"，这在明代的阳明学中表现得十分明显，王阳明宣称为学须"求之于心"：

>夫学贵得之心。求之于心而非也，虽其言之出于孔子，不敢以为是也，而况其未及孔子者乎？求之于心而是也，虽其言之出于庸常，不敢以为非也，而况其出于孔子者乎？③

在阳明学的思想体系中，"心"的地位甚至超过了孔子的言论，这一

---

① （清）钱谦益：《与卓去病论经学书》，《牧斋初学集》卷79，上海古籍出版社1985年版，第1706页。

② （清）钱谦益：《新刻十三经注疏序》，《牧斋初学集》卷28，上海古籍出版社1985年版，第851页。

③ （明）王阳明：《传习录中·答罗整庵少宰书》，《王阳明全集》，上海古籍出版社1992年版，第76页。

理论的积极意义在于重塑了人的主体性地位；而其消极意义则是消解了经书以及知识的客观地位，造成了明末社会"以良知为见在"的"狂禅"作风，顾炎武曾痛斥王阳明的"良知"学说：

> 以一人而易天下，其流风至于百有余年之久者，古有之矣，王夷甫之清谈，王介甫之新说，其在于今，则王伯安之良知是也。①

阳明学由于强调"现成良知"，客观上造成了明末社会道德解体的现象，梁启超曾说："故晚明'狂禅'一派，至于'满街皆是圣人'，'酒色财气不碍菩提路'，道德且堕落极矣。"②这导致了知识界对于心学的批判，在"经道合一"论基础上的经学复兴与心学批判是同时进行的，明代的归有光和钱谦益等人是这一"经学复兴"运动的先驱，陈祖武在《乾嘉学派研究》一书中对这一问题论述说：

> 作为心性空谈的对立物，在晚明的学术界，已经出现了"通经学古"的经学倡导。此风由嘉靖、隆庆间学者归有光开其端。③

> 万历年间，焦竑、陈第继之而起，皆以"明经君子"而著称一时。天启、崇祯两朝，钱谦益成为归有光学术主张的后先呼应者。钱氏倡导"古学"，认为宋明以来的道学，并非儒学正统，而是犹如八股时文般的"俗学"。④

这一"通经学古"的学风延续到了明末清初，遂成为思想界的共识。明清易代的痛苦经验使当时的学者意识到，"通经学古"必须和"明经致用"结合起来，"经学"同时也就是"经世"，在这一思想前提下，"明心见性"的理学被"明经致用"的经学所取代，顾炎武以"经学即理学"

---

① （清）顾炎武：《日知录集释》卷18"朱子晚年定论"条，黄汝成集释，上海古籍出版社1985年版，第832页。
② 梁启超：《清代学术概论》，上海古籍出版社2005年版，第7页。
③ 陈祖武、朱彤窗：《乾嘉学派研究》，河北人民出版社2005年版，第80页。
④ 同上。

的简明号召揭示了这一时代特征：

> 愚独以为理学之名，自宋人始有之。古之所谓理学，经学也。非数十年不能通也。故曰：君子之于《春秋》，没世而已矣。今之所谓理学，禅学也。不取之五经，而但资之语录，校诸贴括之文而尤易也。又曰，《论语》，圣人之语录也。舍圣人之语录，而从事于后儒，此之谓不知本也。①

顾炎武的经学思想构成了清代考据学的源头，清代考据学者即奉顾炎武为"不祧之宗"，在方法和精神上深受顾氏的影响。钱穆曾谓："亭林为《音学五书》，大意在据唐以正宋，据古经以正唐，即以复古者为反宋，以经学之训诂破宋明之语录，其风流被三吴，是即吴学之远源也。"②但顾炎武的思想是以"经世"为核心，"经学"为形式，在"考文审音"的学术方式背后隐藏着对于现实政治的强烈批判，"经学"不仅是一种单纯的知识体系，更寄寓了价值判断的标准，这就是所谓"三代之治"的理想。而清代考据学自惠栋到戴震的发展历史显示，其所继承的只是顾炎武的"经学"形式，而遗落了其"经世"的思想内核，考据学越来越成为一种缺乏价值判断的、中性的客观知识体系，对工具性的技术之关心超过了对价值和理想的关怀，其造成的结果是"附庸蔚为大国"。有清一代在音韵、文字等专门领域的成就超越前古，而考据学者的角色也接近于近代社会专业分工体系中的"学者"而非传统意义上的"儒者"，反映在考据学的学术形式上，即是漠视和淡化价值理想，而殚心竭虑于某一狭小的专门领域，作"窄而深"的研究，如戴震的弟子、清代著名的文字语言学家王引之曾自述：

> 吾治经，于大道不敢承，独好小学。夫三代之语言，与今之语言，如燕越之相语也，吾治小学，吾为之舌人焉。其大归曰：用小学

---

① （清）顾炎武：《与施愚山书》，《顾亭林诗文集》，华忱之点校，中华书局1959年版，第58页。

② 钱穆：《中国近三百年学术史》（上），商务印书馆2005年版，第353页。

说经，用小学校经而已。①

王引之自承其治经的重点在于"小学"，而对于大道则"不敢承"，这不啻是清代考据学者的自我面目写照。这同时也反映在乾嘉考据学界对戴震"义理学"成就的普遍性冷漠上，对于乾嘉时期的考据学而言，清初考据学所据以成立的"经道合一论"基础已经破裂，经学研究不再指向某种超越而普遍性的价值，而是试图在语言文字与事实之间建立联系的"知识之学"，汪晖在《现代中国思想的兴起》中用"脱魅"一词形容经学由"价值体系"向"知识体系"转变的这一过程：

> 在许多乾嘉学者那里，经学不再具有顾炎武所谓"理学"（"理学，经学也"）的道德冲动，他们所考的对象虽然还是三代之制（吴派）或名物典章制度（皖派），但考证方法所预设的研究对象——"物"——的性质已经发生了变化。它不是顾炎武、黄宗羲意义上的"物"，而是具体的事实——即使这些事实是礼仪、规则或规范。在朴学和史学的视野中，礼仪、规范以及某些儒学的教条都是特定历史情景中出现的"事实"，而不是一套普遍的价值。②

二 乾嘉考据学的自我反省和内在转向

这一思想转变的过程和原因都是错综复杂的，其中有社会、政治的原因，如文字狱、清代的思想文化专制，章太炎最早从这个方面认识乾嘉考据学的形成原因；钱穆、余英时等人则另辟蹊径，从思想文化的"内在理路"认识这一问题，指出乾嘉考据学的形成发展实缘于明清之际知识论的转向，由"德性之知"折入"闻见之知"而产生的一股"智识主义"思潮，实为乾嘉考据学的底色。但不管怎么说，乾嘉考据学与清初顾（炎武）、黄（宗羲）、王（船山）等人倡导的"实学"在思想形态上有着很大的不同，其根本性的差异在于"实学"是经史考证的学问，但

---

① （清）龚自珍：《工部尚书高邮王文简公墓表铭》，《龚自珍全集类编》，中国书店1991年版，第233页。

② 汪晖：《现代中国思想的兴起》（上卷），生活·读书·新知三联书店2004年版，第384页。

同时也蕴有一套道德评价体系，这从顾、黄、王等人皆不废宋学这一点就可以看出；而经过自清初至乾嘉的各种复杂事变（包括社会、政治、思想等各个层面），乾嘉考据学已丧失了思想上的"道德冲动"，而演变为一种冷静、客观、价值中立的"专家之学"。这一学术形态在中国学术史上固然有着不可磨灭的价值和贡献，但从乾嘉考据学所处的具体历史情景而言，所谓经学的"脱魅"并不是一个思想自身充分发展的自然过程，而是各种力量激荡造成的人为后果。对于当时思想界而言，乾嘉考据学最为严重的问题就是缺乏价值理念的引领，学者没有"问题意识"，单纯追求知识量的扩充而没有质的深化，考据学成为学界的"风气"，对宋学盲目抨击，而自身又没有学术的宗旨，这一点不仅引起了宋学家的反对，而且在当时杰出的考据学者中也有所意识，可以说，考据学到了乾嘉时期，已经陷入了发展的"瓶颈"之中，其自身也在酝酿着某种转向，这从当时一些考据学知识精英的言论中就可以看出端倪。以下用凌廷堪、焦循和段玉裁等人的言论来证明这一点。

> 凌廷堪：元和惠氏、休宁戴氏继之，谐声诂字必求旧音，援传释经必寻古义，盖彬彬乎有两汉之风焉。浮慕之者，袭其名而忘其实，得其似而遗其真。读《易》未终，即谓王韩可废；诵《诗》未竟，即以毛郑为宗；《左氏》之句读未分，已言服虔胜杜预；《尚书》之篇次未悉，已云梅赜伪古文。甚至挟许慎一编，置《九经》而不习；忆《说文》数字，改六籍而不疑。不明千古学术之源流，而但以讥弹宋儒为能事，所谓天下不见学术之异，其弊将有不可胜言者。嗟乎！当其将变也，千百人哗然而攻之者，庸人也；及其既变也，千百人靡然而从之者，亦庸人也。矫其弊，毅然而持之者，谁乎？[①]

> 焦循：本朝经学盛兴，在前如顾亭林、万充宗、胡胐明、阎潜丘。近世以来，在吴有惠氏之学，在徽有江氏之学、戴氏之学。精之又精，则程易畴名于歙，段若膺名于金坛，王怀祖父子名于高邮，钱竹汀叔侄名于嘉定。其自名一学，著书授受者，不下数十家，均异乎

[①] （清）凌廷堪：《与胡敬仲书》，《校礼堂文集》，中华书局1998年版，第203—206页。

补苴掇拾者之所为。是直接当以经学名之,乌得以不典之称之所谓考据者,混目于其间乎!①

段玉裁:愚谓今日大病,在弃洛、闽、关中之学不讲,谓之庸腐。而立身苟简,气节败,政事芜,天下皆君子,而无真君子,未必非表率之过。故专言汉学,不治宋学,乃真人心世道之忧,而况所谓汉学者,如同画饼乎!②

凌廷堪、焦循、段玉裁都是乾嘉时期杰出的考据学者,段玉裁亲承戴震之学,凌廷堪与焦循则都发展了戴震的某些思想主张,可以说他们代表了乾嘉考据学的主流方向。但从他们的言论中可以看出,他们都对考据学的发展有着深重的忧虑。其中凌廷堪认为考据学已成"风气",与章学诚的"风气论"有着某种不谋而合之处;焦循则认为应当以"经学"这一名称取代"考据",同时焦循主张经学应当以"性灵"为主,"无性灵不可以言经学"③,对经学这一知识形态提出了主体性的要求,这与章学诚提出的为学"以性情为主、工力为辅"的主张也十分相似;段玉裁则直接主张以宋学补汉学之阙漏,验之章学诚的主张"宋学流弊,诚如前人所讥,今日之患,又坐宋学太不讲也"④,二者也若合符节。陈祖武对乾嘉时期学坛的这一"内在转向"评论说:

18世纪末、19世纪初,质疑和否定主盟学坛的考证学,已经是中国学术界存在的一个普遍倾向。惟其如此,不惟一时宋学中人诋斥其病痛无异词,而且汉学中人于自家学派积弊亦多所反省。凌廷堪、焦循、王引之诸儒,不谋而合,此呼彼应,皆有高瞻远瞩之论。……(段玉裁)以汉学大师而抨击汉学弊病,昌言讲求宋儒理学,足见嘉

---

① (清)焦循:《与孙渊如观察论考据著作书》,《雕菰集》卷13,中华书局1985年版。
② (清)段玉裁:《与陈恭甫书》,(清)陈寿祺撰《左海文集》卷四《答段懋堂先生书》附录,《续修四库全书》集部第1496册,影印华东师范大学图书馆藏清刻本。
③ (清)焦循:《与孙渊如观察论考据著作书》,《雕菰集》卷13。
④ (清)章学诚:《家书五》,《文史通义新编新注》,浙江古籍出版社2005年版,第822页。

庆中叶以后，学风败坏，已然非变不可。①

三 性灵与风气：章学诚对考据学的批评

从凌、焦、段等考据学者自身的检讨和批评来看，章学诚对考据学的批评并没有越出考据学的自身范围，考据学在乾嘉时期发展到了如日中天的地步，但也处在了变化的前夜，章学诚的批评则从一个侧面印证了这种变化的趋势。总结章学诚对考据学的批评，大致有如下几种，首先是肯定考据为"学中之一事"，有其不可废的价值，清儒普遍提倡的"札录"体裁是学术研究的必要准备工作，"故为今学者计，札录之功必不可少"②。顾炎武和阎若璩在这方面的著作实践为学者作出了优秀的示范：

> 顾氏之《日知录》，则空前绝后矣，其自序乃曰逐札存，晚年删定而类次者也。阎氏之《潜丘札记》，则例类未清而编次杂乱，盖其未定之本，然其随时札录，中有定见，故义例虽未清析，而书足自成一家，不可废也。③

顾、阎之学虽然值得重视，但仅涉及经学方面的考证，章学诚则同时认为考据也是史学中的应有之义：

> 马、班诸史，出入经传百家，非其亲指授者，未由得其笔削微意。音训解诂，附书而行，意在疏通证明，其于本书，犹臣仆也。考订辨论，别自为书，兼正书之得失，其于本书，犹诤友也。求史学于音训解诂之外，考订在所必资。④

考据虽值得重视，但必须辨别的是，考据只是学术研究中的必要步骤

---

① 陈祖武：《关于乾嘉学派研究的几个问题》，《文史哲》2007年第2期。
② （清）章学诚：《与林秀才》，《文史通义新编新注》，浙江古籍出版社2005年版，第741页。
③ 同上书，第740页。
④ （清）章学诚：《史考摘录》，《文史通义新编新注》，浙江古籍出版社2005年版，第460页。

和准备工作,用章学诚的话来说,考据是学者"求知之工力"而非"成家之学术",而要达到具有"一家之言"标准的"成家之学术",则必须有"性情"的配合,这就引出了章学诚对考据学缺点的第一点批评:考据学徒存"工力"而缺乏"性情",将"考据"这一特殊步骤作为学术研究的全部过程,而没有价值理想对于具体知识的方向引领,因而是一种"俗学",无法窥见古圣先贤在经书中所寄托的精纯义理,"俗儒"对经书中的事迹一一加以考订,却对经书作者之所以如此裁断删削的用心一无所知:

  今之俗儒,且憾不见夫子未修之《春秋》,又憾戴公得《商颂》而不存七篇之阙目,以谓高情胜致,互相赞叹。充其僻见,且似夫子删修,不如王伯厚之善搜遗逸焉。盖逐于时趋,而误以襞绩补苴谓足尽天地之能事也。①

  近日考订之学,正患不求其义,而执形迹之末,铢黍较量,小有同异,即嚣然纷争,不知古人之真,不在是也。②

  六经是"先王之政典""三代之史",体现了知识与实践合一的理想社会状态,但"官师分而治教出于二途",理想的状态已经打破,大道既隐,诸子百家纷纷以私家学术阐释道要,孔子于是删修六经,"因事寓理"而"即器明道",尤其是《春秋》一经,为后世史学的源头,其缘由即是因为孔子在史事的叙述中寄寓了人文理想,因此,在后世六经已成为史迹的情况下,理解六经就着重在其"义"而非"事",这也是章学诚"史义"说的来源。而清代考据学者却以"文献主义"的态度对待经书,对六经中为孔子删削的部分未能存留于世颇感遗憾,章学诚对此讥讽说:"幸而生后世也,如生秦火未毁以前,典籍具存,无事补辑,彼将无所用其学矣。"③

---

① (清)章学诚:《博约》(中),《文史通义新编新注》,浙江古籍出版社2005年版,第118页。

② (清)章学诚:《说文字原课本书后》,《文史通义新编新注》,浙江古籍出版社2005年版,第74页。

③ (清)章学诚:《博约》(中),《文史通义新编新注》,浙江古籍出版社2005年版,第118页。

考据学缺乏"性情"反映了乾嘉时期许多学者的共同看法,并不是章学诚的一家私见,如焦循提出的经学以"性灵"为主,以及袁枚基于其"性灵"说的文学理论对考据学的批判,都与章学诚有类似之处。日本学者岛田虔次认为,事实上章学诚的理论反映了清代考据学在乾嘉时期由"事"向"义"的转变。吴震在其书评中概括岛田虔次的观点说:"岛田指出,章学诚的'六经皆史'说,是一种'超越了考据学的哲学,同时也是考据学的哲学'(第475页)。意思是说,'六经皆史'说既是对当时的主流学术思潮——文献考据学的一种有力的思想批判,同时又预示着考据学的新的学术走向:完成由'事'向'义'的转换(第501页)。而章本人所抱有的'事'与'义'的合一理想,往往表现为偏重于'义理'。究其原因,与章学诚追求'发挥'(义理性之解释)、注重'撰述'(并非单纯的历史性记述)这一'个人性情'(同上)有关。基于这一考察,岛田认为阳明学派的那种注重'心情'的历史潜流在章的身上重又得到了展现。"[①] 章学诚思想的特殊之处在于将"性情"说与其历史哲学的意识结合起来,并由此发展出其独特的文本诠释理论。也就是说,在"治教合一"的理想无法恢复的前提之下,对经学必须以历史的方法进行理解,而在这一理解过程中,"工力"必须与"性情"相结合,诠释者主观的生存感受对于理解活动有着重大的意义,对于文本的理解不能拘泥于表面的"字义"而必须达到深层的"意义",而文本的这一深层"意义"往往是超乎语言文字之外的。章学诚的这一文本诠释思想近于现代德国哲学解释学的一些见解,是对清代考据学"客观实证主义"学风的一种抨击。

由于考据学者缺乏"性情",因此除了少数杰出的知识精英犹能意识到这一学派作为"时代思潮"的内在趋向,大多数考据学者已经无法理解考据之意义所在,而只是随波逐流,为时代风气所囿,在完全盲目的情况下进行这一知识活动,而清廷以"四库全书馆"作为汉学家的大本营,有意识地扶持这一学术活动,更将考据学变为一种"利禄之途",章学诚据此对考据学作出了第二点批评:考据学徇于时代风气而不能卓然自立,已经完全丧失了作为一种学术思想的自觉意识:

[①] 吴震:《岛田虔次:〈中国思想史的研究〉》,《中国学术》2003年第2期。

第七章　章学诚与清代思想史的诸问题

> 近日学者多以考订为功，考订诚学问之要务，然于义理不甚求精，文辞置而不讲，天质有优有劣，所成不能无偏，纷趋风气，相与贬义理而薄文辞，是知徇一时之名，而不知三者皆分于道，环生迭运，衰盛相倾，未见卓然能自立也。①

"考订"成为"风气"反映了考据学在乾嘉时期达到极盛的状况，据美国学者艾尔曼的研究，考据学最初只是江南地区部分学者的一种研究活动，其影响的区域极为有限。② 清廷提倡的意识形态是程朱理学，但在乾隆时期，清廷开始有意识地打压理学而扶持汉学，这反映在乾隆帝本人在历次经筵中对朱子学说的驳斥以及《四库全书》的征集编撰，③ 由此考据学遂成为一时的学术"风气"，正如程朱理学由最初的在野学术而演变成官方学术之后逐渐丧失了其政治批判的锋芒一样，考据学在官方的刻意提倡下，也逐渐遗落了其在明清之际发轫之初"明经致用"的学术本怀，而演变成为一种没有明确思想宗旨的"伪体"，拘泥于字义形迹之间，而于古人之用心无所发明，章学诚认为这种学术最大的弊病即在于"无用"：

> 学资博览，须兼阅历，文贵发明，亦期用世，斯可与进于道矣。夫博览而不兼阅历，是发策决科之学也；有所发明而于世无用，是雕龙谈天之文也；然而不求心得而形迹取之，皆伪体矣。④

与这种随波逐流、面目雷同的"风气之学"相对应，章学诚理想的学术形态是刊落声华，而呈现出自身独特的精神意趣：

---

① （清）章学诚：《与朱少白论文》，《文史通义新编新注》，浙江古籍出版社2005年版，第770页。
② 参见艾尔曼《从理学到朴学——中华帝国晚期思想与社会变化面面观》，赵刚译，江苏人民出版社1995年版。
③ 参见陈祖武、朱彤窗《乾嘉学术编年》，河北人民出版社2005年版。
④ （清）章学诚：《答沈枫墀论学》，《文史通义新编新注》，浙江古籍出版社2005年版，第714页。

薄俗好名，争为无本之学，如彼草木荣华，纷纭莫定，然一旦落其实而取其材，必其精神所独结者也。①

乾嘉学术"风气"的弊病，考据学者本身也有所察觉，如凌廷堪在与友人书中批判汉学的"风气"说：

所云近之学者，多知崇尚汉学，庶几古训复申，空言渐绌。是固然已。第目前侈谈康成、高言叔重者，皆风气使然，容有缘之以饰陋，借之以窃名，岂如足下真知而笃好之乎？②

同时凌氏对乾嘉考据学独重经学而不讲求史学的学术趋向也有所不满：

近日学者风尚，多留心经学，于辞章则卑视之，而于史事，又或畏其繁密。辞章之学，相识中犹有讲求之者。而史学惟钱辛楣先生用功最深，江君郑堂亦融洽条贯，相与纵谈今古，同时朋好，莫与为敌，盖不仅经学专门也。③

凌廷堪为当时著名的汉学家，曾与章学诚在武昌毕沅的幕府中共同编校《史籍考》，二人虽然在论学观点上互有歧异，但对当时学风的见解则不无相合之处。事实上章学诚虽以考据学的批评者而著名，对当时戴震以下的汉学家如孙星衍、洪亮吉、汪中都大肆讥评，但据很多学者研究，其思想的底色实与这些考据学者有着共通之处。如章学诚最为鄙薄汪中，而清光绪年间"黔刻本"《文史通义》"跋语"的作者徐树兰就曾经指出：

（章学诚）凡所论著，皆胎原《周官》，脉法《春秋》，归魂太

---

① （清）章学诚：《候国子司业朱春浦先生书》，《文史通义新编新注》，浙江古籍出版社2005年版，第752页。
② （清）凌廷堪：《与胡敬仲书》，《校礼堂文集》，中华书局1998年版，第203—206页。
③ （清）凌廷堪：《与张生其锦书》，《校礼堂文集》，中华书局1998年版，第227页。

史，以经旋史，以复官师联事之规，与汪容甫先生之言，若合符节。①

后来钱穆在《中国近三百年学术史》中也发表过类似的意见：

> 据此则容甫《述学》之所拟议，大体可见。其说与实斋《文史》、《校雠》两通义所论，古者官师流变，政学分合，意见殆相近似。②

章学诚对汉学的批评与汉学家的自我批评相互呼应，而章学诚自身的学术见解也与汉学家有相通之处，这二者在许多方面的"若合符节"并不是偶然的巧合，而是说明了这样一个基本事实，即作为"汉学批评者"的章学诚，其本身也是"广义的汉学阵营"中的一员。他曾在与孙星衍的书信中论述其"文史校雠"之学与考证学"途辙虽异，作用颇同"：

> 鄙人所业，文史校雠，文史之争义例，校雠之辨源流，与执事所为考核疏证之文，途辙虽异，作用颇同，皆不能不驳正古人，譬如官御史者不能无弹劾，官刑曹者不能不执法，天性于此见优，亦我辈之不幸耳。③

章学诚与《汉学商兑》的作者方东树的不同之处在于，方东树批判汉学的目的在于以宋学取代汉学，使"程朱之道大明于天下"；而章学诚则志在对汉学"补偏救弊"，使汉学的方法理论更加完善，他指出历史上凡能够卓然自立的思想和学术都是对时代风气的救正：

---

① （清）徐树兰：《〈文史通义〉跋六》，《章学诚遗书》，文物出版社1985年版，第623页。
② 钱穆：《中国近三百年学术史》（上），商务印书馆2005年版，第486页。
③ （清）章学诚：《与孙渊如观察论学十规》，《文史通义新编新注》，浙江古籍出版社2005年版，第398页。

刘歆《七略》，论次诸家流别而推官礼之遗焉，所以解专陋之瘴厉也。唐世修书置馆局，馆局则各效所长也。其弊则漫无统纪而失之乱。刘知几《史通》，扬榷古今利病而立法度之准焉，所以治散乱之瘴厉也。①

章学诚在这里的言下之意是，《文史通义》事实上是继承了刘歆和刘知几的优良传统、对清代学风的针砭之作，在晚年的《上辛楣宫詹书》中他更为明确地提出了这一层意思：

惟世俗风尚，必有所偏。达人显贵之所主持，聪明才隽之所奔赴，其中流弊必不在小。载笔之士不思救挽，无为贵著述矣。②

章学诚的思想与清代考据学脉络相通，并且形成了相互补充的关系，对于这一点看得最清楚的是清末民初的学者张尔田，他在《章氏遗书》卷首的序言中这样说：

学之为术，有统有宗，必伦必脊，或治其分，或揽其总，虽相近而实相济，譬则振裘然，先生絜其领，而休宁高邮诸儒则理其毳。为先生之学，而不以休宁高邮精密徵实之术佐之，凭臆肤受，其病且与便词巧说者，相去不能以寸；为休宁高邮之学者，苟无先生，则经艺大原，学之恒干，必至尽亡。③

这段话提纲挈领，要言不烦，实际上早在钱穆和余英时之前，就指出了章学诚在清代思想上的地位。章学诚虽然对考据学进行了激烈的批评，但其批评本身并不是如方东树那样站在考据学的对立面，而是试图提出主体对于经验知识的统合作用，将考据学浩瀚无涯的知识成就整合成有条不紊的完整体系，并将考据学单纯从字义出发的文本诠释方法改造为以心灵

---

① （清）章学诚：《说林》，《文史通义新编新注》，浙江古籍出版社2005年版，第228页。
② （清）章学诚：《上辛楣宫詹书》，《文史通义新编新注》，浙江古籍出版社2005年版，第657页。
③ 张尔田：《〈章氏遗书〉序》，《章学诚遗书》，文物出版社1985年版，第2页。

相契合的"理解的艺术"。如张尔田所云,以"休宁(戴震)高邮(王引之)"为代表的清代考据学者是"治其分",而章学诚则是"揽其总"。在这个意义上,章学诚的思想是对清代考据学思想方法的"会通"和"综合",① 如果没有章学诚的思想,清儒的考据成就始终只是一堆凌乱的材料,而无法显示出其思想意义。就这一点而论,章学诚在清代考据学的发展历史上理应享有和戴震同样的声誉。余英时曾做过一个形象的比喻,如果把整个的清代考据学运动比作一条龙的话,那么戴震和章学诚的思想就是这条龙的眼睛。② 无论如何,对于章学诚的思想和学术而言,这确是一个恰当的定评。

---

① 刘承干在《〈章氏遗书〉序》中阐发过这层意思:"吴皖淮鲁诸儒所用以为学之术径,惟先生能会其通,亦惟先生能正其谬。以唐宋以下言之,吴皖淮鲁诸儒实为古学之功臣,而以国朝一代言之,则先生又为吴皖淮鲁诸儒之诤友。"(《章学诚遗书》,文物出版社1985年版,第2页。)

② 余英时:《论戴震与章学诚》,生活·读书·新知三联书店2000年版,第5页。

第八章　史蕴诗心
——章学诚文史之学的总结

　　章学诚是清代思想史上的重要人物，一方面他以史学作为自己的专长，长期从事地方志的修撰工作，并在晚年时帮助毕沅编纂《史籍考》，对中国的传统史籍进行了系统的整理。在此过程中，章学诚自觉继承了中国史学的优秀传统，并将其发展成为一套系统性的史学理论，尤为值得注意的是，章学诚的史学理论并不限于史书的整理、编撰等技术性的层次，而是将其上升到了历史哲学的层次，对历史的整体意义、历史认识的方法以及如何书写历史等问题作了系统性的研究，并提出了自己独到的见解。另一方面，章学诚对乾嘉时代考据学的思想原则以及方法论提出了自己的批评，乾嘉考据学主张"道在六经"，提倡以训诂字义、考据典章制度的方法以推明经书中所蕴含的"圣人之意"，这一方法论在戴震那里被总结为"由字以通词，由词以通道"，或者更为扼要地说，"由训诂以通义理"。而在考据学的实际发展过程中，学者通常只停留在训诂字义或考据事实的层面上，极少有人将其上升到思想理论的层面上。章学诚认为这是由于考据学者过于强调了"训诂考据"等客观实证性的方法，而忽视了自身主体性的创造转化作用。概括地说，所谓"考据"只是"工力"而非"学问"，考据有其客观的价值，但考据并不能尽学问之全貌。客观的"考据"必须和主观的"性情"相结合，才能直探作者之"心志"，并形成研究者自身的"立言宗旨"，否则考据所得的大量材料就如同一盘散珠，没有一以贯之的线索，也就失去了研究的意义。章学诚对乾嘉考据学作了深入细致的批评，这种批评在当时的学术界并没有引起应有的重视，而在当代研究者的视野之中，这一批评切中了乾嘉汉学的弊病，是清代考据学理论反省的一部分。因此章学诚和戴震一起被推崇为"清代考证学运动理论的代言人"。

综观章学诚思想研究一百多年来的发展历程，一方面可以看出，章学诚的学术成就并不仅限于史学领域，而是对人文学（也就是章学诚所称的"文史之学"）的各个领域都有广泛的论述。章学诚的思想有着一种前瞻性的目光，对于当代学术的发展亦具有一定的启示作用；另一方面，章学诚的思想本身十分丰富，包含着多种的解释可能，近代以来的学者对其思想意义的抉发远未做到"题无剩义"，因此本文试图在前人的基础之上，全面分析章学诚的思想结构，并重点阐发其历史哲学和文本诠释思想，以彰显章学诚在清中期思想史上的重要意义。

章学诚反对清代考据学"经以明道"的观念，提倡以史学而"明道"，因此其史学思想就有异于一般性的史学理论，而是自觉地以"究天人之际，通古今之变"作为自己的责志，表现出鲜明的历史哲学意识。中国的传统史籍浩繁丰富，但在历史哲学的建树方面向付阙如，唐代的柳宗元、明末的王船山在这方面曾做过有意识的探索，直至章学诚才正式奠定了历史哲学思想在史学研究领域的重要地位，这也反映了中国传统史学发展到了成熟阶段的一种自觉意识，即试图对历史的发展提出一种总括性的看法。同时章学诚的历史哲学思想也是对乾嘉时期盛行的"考据史学"的一种批评，考据史学重视考证历史事实，认为史学的功能仅为"有资考证"，"明道"则有赖于"通经"。"考据史学"以朴学治经之法治史，缺乏一种综合与会通的眼光，往往只见局部而不识大体，对"史义"缺乏理解。章学诚举郑樵与王应麟、马端临为例，认为郑樵的"别识心裁"犹愈于王应麟之"搜罗纂辑"，这一观点反映了章学诚在史学上的特识。

就章学诚的"文本诠释思想"而言，本文将其具体分为"语言观""知识人格论"和"诠释学思想特征"三个部分。在"语言观"部分，章学诚批驳了考据学者对于语言文字的狭隘认识，清代学者训诂字义重在"本义"，并认为"本义"就是作者之"原意"。章学诚则认为语言有其具体的发生语境，单纯拘泥于"本义"并不能恰当地理解作者之意图；同时六经文本作为"道"之言不同于日常语言，"道"之言并不单纯表述事实，而是同《诗》的"比兴"一样，有其丰富的象征维度，诗无达诂，因此对于六经文本的诠释也不应该单纯依靠训诂字义，而更应偏重于领会其"言外之旨"。在"知识人格论"部分，章学诚认为"文史知识"的构成并不是纯客观的，而是有其主观性的因素，"文史知识"反映的是作者的内面人格，因此在诠释方法上应当重视探询"作者之心志"。在"诠释学思想特征"部分，本书将章学诚与清代考据学（主要是戴震）的文本诠释思想作了比较，认为戴震的文本诠释思想有"语文诠释"和"心理诠释"两个层面，反对主观先见，力求探询文本"原义"，这在一定程度上接近狄尔泰的"认知诠释学"；而章学诚的文本诠释思想最重要的特征是强调诠释者的"别识心裁"，"别识心裁"类似于哲学解释学中的"前见"概念，章学诚主张"性情"是学问的基础，而"性情"中融合着学者的生存感受，因此在一定意义上章学诚的文本诠释思想接近于海德格尔和伽达默尔的"本体论诠释学"型态。

章学诚的思想以"文史校雠之学"为基础，"历史哲学"和"文本诠释思想"为主干，最终归结为"考据学批判"，这几个部分之间环环相扣，紧密联系，组成了一个严密的思想体系。在今天的学术视野下，章学诚思想的价值就在于他能够超出清代考据学织就的"客观实证主义"之网，而凭借思想本身的力量凭虚凌空，神会古今之作者，讨论体例，校雠得失，对文史之学的性质提出了自己独到的见解。著名学者钱钟书在《谈艺录》中将章学诚的这一思想方法总结为："以内持外，实寓于虚。"[1]如果说清代考据学的思想特点在于"朴实"的话，那么章学诚的思想特点就在于"虚灵"。在这一点上，可以说章学诚的思想体现了一种"诗性的思维方式"。诗寓直感，史必"徵实"，但真正的史学必然在"徵实"的基础上寓有直感性的洞察能力，这就是所谓的"史蕴诗心"[2]。章学诚的"文史之学"正是在这一意义上呈现出它的真实面相。

---

[1] 钱钟书：《谈艺录》（补订本），中华书局1984年版，第263页。

[2] 何兆武曾就"诗"与"史"的关系指出："历史本身并不是铁板一块，它包含两个层次：一是对史实或史料的认识（历史学Ⅰ），二是对前者（历史学Ⅰ）的理解或诠释（历史学Ⅱ）。……具体到历史学内部来说，历史学Ⅰ是'真'，它是科学的，遵循科学理性；历史学Ⅱ则是'诗'，它是艺术的、人文的，饱含人文情怀，人文以'诗'意为鹄的。……如果我们能够将'诗'情与'真'意结合起来，或许就能让史学既'可信'又'可爱'。这应该成为新史学的目标。"（何兆武：《诗与真：历史与历史学》，载《历史学家茶座·第八辑》，山东人民出版社2007年版。）一定程度上，章学诚的史学理论就体现了何兆武所说的"历史学Ⅱ"的层次，即不限于史料的排比分析，而力图从主体性的"别识心裁"出发对历史事实进行理解和诠释，这一理解和诠释建立在实证性的基础之上，但又不纯然是实证的，而是在这理解和诠释之中融进了诠释者自身的心灵体验。从这个意义上讲，章学诚的史学理论本身就包含了一种诠释学的观点。

附　录

近百年来清代学术思想史研究情况综述

一　清代以来至 20 世纪 50 年代的清代学术思想史研究

清代思想史处于由传统学术向近现代新学转变的中间阶段，同时又与近现代学术思想如"疑古思潮""科学主义"有着千丝万缕的关系，因而历来受到学术界的重视，在这方面涌现了大量的著作和论文等文献资料。早在清代中晚期，清代学者已经开始秉承黄宗羲《宋元学案》《明儒学案》的"学术史"体裁，对清代的学术思想进行总结和反思，比较知名的著作有江藩的《国朝汉学师承记》《国朝宋学渊源记》，阮元的《国史儒林传》，唐鉴的《国朝学案小识》，徐世昌的《清儒学案》等。清人的研究著作，其优点是比较翔实生动地描述了清代思想学术的发展进程，使后人有"身临其境"之感；其缺点是囿于自身的学派立场而缺乏客观研究的态度，多纠缠于传统的"汉宋之争"纠葛之中，如江藩以"纯粹汉学"的立场排斥宋学，唐鉴以宋学立场反对汉学，阮元则持"汉宋兼采"的态度而仍倾向于汉学。

清末民初之际，章太炎、刘师培作为清代考据学的传人，对自身的学术传统和谱系作出了系统的反思，如章太炎的《清儒》《学隐》[1]《汉学论》[2]，刘师培的《汉宋学术异同论》《清儒得失论》《近代汉学变迁论》

---

[1] 详见章炳麟《訄书》，辽宁人民出版社 1994 年版。
[2] 详见章太炎《太炎文录续编》卷 1，《章太炎全集》第 5 册，上海人民出版社 1982 年版。

《近儒学术统系论》①。章太炎和刘师培处于清末"反满革命"的思潮之中,多从自身的政治倾向出发理解清代学术思想史的发展,认为清代考据学的成因是由于清王朝严酷的政治压力和汉族知识分子传统的"华夷之辨",同时章、刘二人也注意到了人文地理因素对于考据学的影响,如章太炎的"吴、皖分野说"和刘师培的"南北学派说"。章、刘对于清代思想史的阐释属于余英时所谓的"外缘性"解释,这种解释方法对于近代以来的清代思想史研究产生了重大影响。

"五四"前后时期,梁启超和胡适分别对清代思想史提出了自己的解释。主要著作有梁启超的《清代学术概论》(1920)和《中国近三百年学术史》,胡适的《清代学者的治学方法》《戴东原的哲学》(1925)和《几个反理学的思想家》(1928)。梁启超从"思想潮流"的角度说明他的观点,将整个清代学术分为"启蒙""全盛""蜕分""衰落"四个时期,而以"复古解放"作为清代思想发展的主轴,从而形成了"理学反动说"这一清代思想史的解释典范。胡适基本上继承了梁启超的"理学反动说"这一观点,认为清代考据学是一场"反玄学"的运动,其注重客观证据的实证精神和近代的西方科学有着相通之处。梁启超的清学史研究主要彰显了清代学术思想"以复古求解放"的特色,并将其誉为"中国近代的文艺复兴";而胡适则主要是通过近代"科学主义"的视野诠释清代思想史的发展,着重于考据学与近代科学的相通之处。梁、胡二人均将清代考据学视为宋明理学的对立面,以对理学的"反动"为清代学术发展的唯一动力,这种看法没有注意到学术发展的内在继承关系,并且以近代的西方科学观念看待传统的考据学,不无比附之嫌。梁、胡二人的研究体现了"五四"时期"科学万能"观念的影响,具有非常鲜明的时代特征。

继梁、胡之后,对清代思想史研究卓有成就的当推钱穆先生的《中国近三百年学术史》。在这部与梁启超同名的著作中,钱穆以传统的"学案体"方式,运用大量的原始材料,翔实论证了清代思想学术的发展历程,反击了梁启超的"理学反动说"。钱穆认为清代思想学术的基本精神与宋学一脉相承,清初诸儒的"经世之学"接续了明末的"东林"传统,

---

① 详见刘师培《清儒得失论——刘师培论学杂稿》,中国人民大学出版社2004年版。

而考据学并非清代学术的主流。钱穆的研究注重学术的内在继承关系，反对将清代学术与宋明理学截然割裂，这一研究导向为余英时的"内在理路说"所继承发扬。但近人如台湾学者丘为君指出，钱穆的清学史研究身处抗战时期，带有"文化民族主义"的意识形态成分。[①] 汪荣祖在近著《史学九章》中也特辟《钱穆论清学史述评》一章加以论述，认为钱穆与梁启超的立异之处主要是在意识形态上"尚可见汉宋之争之遗影，并未能在思想方法上有所突破"。

继钱穆先生之后，张舜徽先生的清学史研究也颇具特色。张舜徽先生博通经史，对于文字、声韵、训诂之学深有所得，以此为基础深入探索清代学术思想的发展，对当代学界多有启示。其主要著作有《顾亭林学记》《清代扬州学记》《清儒学记》《清人文集别录》《清人笔记条辨》（均由华中师范大学出版社于2004年3月以《张舜徽集》为名汇集出版）。张舜徽先生清学史研究的特色在于：（1）提出清代朴学渊源于宋代学术，从而打破了传统的"汉宋对立"观念；（2）于传统的"吴皖分野说"之外单独提出"扬州学派"，认为"扬州学派"为戴震的后学，并以"通学"概括扬州学派的学风特征。曹聚仁在《中国学术思想史随笔》中对张舜徽先生推崇备至，认为其经史研究"在钱宾四之上"，并以《扬学六谈》一章详论其学术观点。华中师范大学出版社于2001年10月出版了刘筱红的博士论文《张舜徽与清代学术史研究》，详细介绍了张舜徽先生的学术成就和对于清代学术史的基本观点。张舜徽先生的清学史研究在掌握、熟谙了大量的原始材料基础之上观其会通，近年来受到了学界越来越多的重视。

二 20世纪50年代以来的海内外清代学术思想史研究

20世纪50年代以来，随着马克思主义的传播，大陆学界逐渐确立了以唯物史观为主线研究清代学术思想史的方向，这方面的主要代表人物是侯外庐先生。侯外庐先生早年曾翻译马克思的《资本论》，有着十分深厚

---

① 详见丘为君《清代思想史"研究典范"的形成、特质与义涵》，《戴震学的形成》，新星出版社2006年版。

的马克思主义理论功底。早在抗战时期他就著有《中国早期启蒙思想史》一书，1949年以后他主编了多卷本的《中国思想通史》，后又于1955年改写并出版了《中国早期启蒙思想史》，以马克思主义的"唯物史观"为基本理论框架，系统梳理了清代前中期的学术思想发展。侯外庐先生的论著认为明清时代是中国早期资本主义的萌芽时期，市民阶级的形成导致了思想文化的变动，清代前中期的学术思想是中国封建社会晚期向早期资本主义社会演变过程中出现的"早期启蒙思潮"。侯外庐先生的观点对大陆学术界产生了巨大的影响，其重视社会史与思想史交互影响的研究方法也对于传统的"观念史"研究方法（如冯友兰）具有一定的冲击作用。但是侯外庐先生的研究视社会结构的变动为思想观念形成的决定性力量，这在一定程度上忽视了思想自身的自主性，因而具有"机械唯物论的色彩"。①

20世纪70年代以来，余英时提出了"内在理路说"来解释清学史的形成和发展，这一观点在海内外引起了热烈的反响，成为清代思想史的一个新的"研究典范"。这方面的主要著作单篇论文如《从宋明儒学的发展论清代思想史》《清代思想史的一个新解释》《清代学术思想史重要观念通释》②，论著则有《论戴震与章学诚》。余英时注意到了前人（如章太炎、梁启超等人）的清学史研究多侧重于从"外缘性"的政治、经济因素出发来把握清代思想史的整体发展过程，而没有注意到学术思想在其变迁过程中的自主性。余英时从"内在理路"观出发，以"尊德性"和"道问学"概括从宋明理学到清代考据学的转型过程，并认为"六百年的宋、明理学传统在清代并没有忽然失踪，而是逐渐地溶化在经史考证之中了"③。余英时的"内在理路"说注重学术的内在连续性，反对将清代学术视为宋明理学传统的"断裂"，这是对钱穆先生观点的继承，然而在解释的力度和有效性方面则比后者更为成功。值得注意的是，按照余英时的

---

① 详见王俊义《20世纪清代学术思想史研究之回顾》，《中国社会科学院研究生院学报》1997年第3期。

② 详见辛华、任菁编《内在超越之路——余英时新儒学论著辑要》，中国广播电视出版社1992年版。

③ 余英时：《清代思想史的一个新解释》，载辛华、任菁编《内在超越之路——余英时新儒学论著辑要》，中国广播电视出版社1992年版，第502页。

说法，"内在理路"说仅是对"外缘说"的补充，并不排斥"外缘性"的解释方法。自 80 年代中期以来，余英时对明清思想的研究逐渐转向"外缘说"方面，注重从社会史方面如"士商互动"等现象入手探索明清思想转型的社会原因，这方面的主要著作有《中国近世宗教伦理与商人精神》[①]《现代儒学的回顾与展望》《明清社会变动与儒学转向》[②]。

清代思想史在海外汉学界也备受关注。美国学者艾尔曼突破了列文森（J. Levenson）、史华兹（Benjamin I. Schwartz）等人的"西方中心论"模式，将思想观念的变动和社会结构的变动结合在一起进行考察，以展示思想史的宏阔图景，艾尔曼将这种研究方法称为"新文化史"的研究方法。其代表著作为《从理学到朴学——中华帝国晚期思想与社会变化面面观》[③]和《经学、政治和宗族——中华帝国晚期常州今文学派研究》[④]。艾尔曼的研究突出了考据学所赖以依存的社会结构以及 18 世纪考据学所体现出的近代因素，有力地驳斥了西方汉学中关于中国近代思想兴起的"冲击—反应"说。对于艾尔曼的研究方法的具体述评，可见宋宏《艾尔曼与美国的中国思想史研究》[⑤]和刘墨《"新文化史"：艾尔曼的清代学术史研究》[⑥]。

三 20 世纪 90 年代以来的"乾嘉新义理学"研究

值得注意的是，随着对乾嘉学术研究的深入发展，近年来大陆和台湾等地的学者逐渐开始转向对"乾嘉新义理学"的研究。早在 1992 年 1 月由安徽人民出版社出版的《清代哲学》中，王茂、蒋国保等学者即针对

[①] 详见辛华、任菁编《内在超越之路？——余英时新儒学论著辑要》，中国广播电视出版社 1992 年版。

[②] 上述作品均见余英时作品系列之《现代儒学的回顾与展望》，生活·读书·新知三联书店 2004 年版。

[③] 此书获 1985 年费正清奖，中译本为赵刚译，江苏人民出版社 1995 年版。

[④] 此书获 1992 年伯利克奖，中译本为赵刚译，江苏人民出版社 1998 年版。

[⑤] 详见宋宏《艾尔曼与美国的中国思想史研究》，载任继愈主编《国际汉学》第 14 辑，大象出版社 2006 年版。

[⑥] 详见刘墨《"新文化史"：艾尔曼的清代学术史研究》，《乾嘉学术十论》，生活·读书·新知三联书店 2006 年版。

梁启超"清代无哲学"的观点，系统梳理了自清初诸大家至今文经学复兴的整个清代前中期的学术思想发展历程，提出清代学术是对中国传统文化的"大总结"，其在哲学上的表现则是"方法论的重建"，其价值导向则为"回归原始儒学"和"反传统的批判思潮"[①]。王茂、蒋国保等学者主要从"哲学史"的范畴出发，辨析了清代学术思想背后所蕴含的价值系统和哲学架构，他们认为，清代考据学有自身的义理追求，与当时的哲学思潮有着密切的关系，但其在哲学上的主要成就和表现是"方法论"（将"以考据通义理"上升到了一个普遍的层次）而非"本体论"和"认识论"，同时清代哲学的主要代表是清初诸大家而非乾嘉朴学的思想。从哲学的层面上认识乾嘉学术的思想本质，《清代哲学》的这一主要论点为学术界的进一步研究开辟了新的空间，同时也提供了丰富的启示。

与大陆学者不同的是，台湾学者注重从"儒学的内部系统"方面来认识乾嘉学术思想性。台湾是新儒家牟宗三学派的重镇，新儒家以"心性之学"作为儒家学术的旨归，一贯卑视清代学术，熊十力屡言"清儒污贱"，"清世所言经学大师，皆抄胥之业"[②]。牟宗三则称："明亡以后，经过乾嘉年间，一直到民国以来的思潮，处处令人丧气，因为中国哲学早已消失了。"[③] 随着研究视野的深入，台湾学者逐渐突破了这一传统论断的限制。余英时以"（儒学）基调转换"和"内在理路"等理论批驳了"汉学没有思想性"的偏见，认为清代学术代表了儒学内部强调客观认知精神的另一系统，其思想特色是"熔义理追求于经史考证"，是儒学的最新发展阶段。在余英时观点的推动之下，台湾学术界的研究逐步深入，形成了"乾嘉新义理学"这一学术概念。所谓"乾嘉新义理学"，是指清代中期形成的戴震及其后学扬州诸儒的义理思想，这一义理思想与宋明理学的形上义理思想有着重大的区别，代表了清代考据学者在思想方面的建树。这方面的代表性著作有张寿安的《以礼代理——凌廷堪与清中叶儒学思想的转变》和《十八世纪礼学考证的思想活力——礼教论争和礼秩

---

① 这里的"传统"应指宋明新儒学传统。详见王茂、蒋国保、余秉颐、陶清《清代哲学》，安徽人民出版社1992年版，第847页。
② 熊十力：《论六经》，中国人民出版社2006年版，第112—113页。
③ 牟宗三：《中国哲学十九讲》，上海古籍出版社1997年版，第423页。

重省》。张寿安女士从"礼学考证"的角度出发,重省了清代思想史,认为从"理学"到"礼学"的转变代表了"儒学性质"的变化,"以礼代理"绝非一句空洞的口号,而是表明了清儒的学思重点已从宋明理学的形上思辨层面转向关怀社会秩序的建立,"三礼"之学在清代的兴盛便是这方面的明证。张寿安女士并通过一系列礼制方面的细微考证,如"嫂叔有服?无服?""成妇与成妻""继统与继嗣",敏锐地揭示了清儒礼学背后的理念是"重伦常情感而轻制度礼学",这和戴震及其后学"达情遂欲"的人性论思想秉承了一致的方向,同时也预示了清中期伦常观念向近代化方向的转变。

台湾学者在这方面的成果尚有张丽珠教授的《清代义理学新貌》和《清代新义理学——传统和现代的交会》,林庆彰教授和张寿安教授主编的《乾嘉学者的义理学》上下两册。此外,近年来大陆学者对于"乾嘉新义理学"也陆续有所论述,具有代表性的如周积明的论文《关于乾嘉"新义理学"的通信——兼评张寿安研究员"乾嘉学术"的系列研究》《〈四库全书总目〉与乾嘉"新义理学"》《乾嘉时期的学统重建》等,周积明将"乾嘉新义理学"的思想特色定义为:力主达情遂欲,反对存理灭欲;力主理气合一,反对理在气;注重实证、试验、实测以及行为效应和社会功用,屏弃"言心言气言理"的形上性理之学。[①]除此之外,陈居渊的《清代"乾嘉新义理学"探究》和张晶萍的《从形而上的思辨到人伦日用的关怀——关于乾嘉考据学者的义理观的探讨》也对这一论题作了相应的论述。

四 其余相关的清学史研究

此外,日本学者在这方面的研究也值得我们关注。伊东贵之认为,从哲学层面上分析,清初思潮体现了一种"秩序化"的要求,试图解决社会发展过程中的混乱局面,而清代学术则具有"孟荀学"兼采的倾向,出现了一股以"礼教"规范社会秩序的思潮,伊东贵之将其称为"儒教

[①] 详见周积明《关于乾嘉"新义理学"的通信》,载《文化视野下的〈四库全书总目〉》,中国青年出版社2001年版,第262页。

的泛社会化或泛社会的儒教化局面"①。滨口富士雄的《清代考据学的思想史研究》一书则着重批驳"清代考据学没有思想"的误解，作者一反前人"清代考据学成因于对明代王学的批判"这一传统观点，认为"考据学与明代王学深相契合"，考据学者面对经典的批判意识即体现了明代心学的"主体精神"，同时作者指出，清儒"实事求是"的考证方法并没有停留在"字义训诂"的表面层次上，而是强调"好学深思""以意逆志"，带有主体自身丰富的问题意识，这一点和海德格尔"先行理解"的解释学思想有着相通之处。②

近年以来，随着清史研究和编纂工作的开展，清代学术史的研究方兴未艾。王俊义的《清代学术研探录》、陈祖武的《清初学术思辨录》《清儒学术拾零》都是这方面的力作。尤其值得一提的是，陈祖武先生的课题组"乾嘉学派研究"汇集集体力量编纂的学术史资料长编《乾嘉学术编年》，涉及乾嘉至道光十九年（1839）近百年间140余位学者，将乾嘉学术的发展视为动态的历史发展而非静态的学派对峙，形成了一部系统的学术演进史。资料翔实丰赡，考证精确细致，为乾嘉学术的进一步研究提供了坚实的基础。

此外还有许多学者对清代学术思想的研究做出了贡献。如周积明、司马朝军的"四库学"研究③；刘墨的"系谱学"研究，借用福柯的"知识考古学"理论，对清代学术的"知识谱系"做了系统梳理④；郭康松从宏观层面对清代考据学进行的学术史研究⑤。这些著作从不同的角度观察、审视了清代学术思想的发展历程和其中心议题，对于后来的研究者开扩视野、汲取观点和方法有着极大的助益。

清代学术思想的研究还在发展之中，正受到海内外越来越多的重视。

---

① ［日］伊东贵之：《秩序化的诸相——清初思想的地平线》《从"气质变化论"到"礼教"——中国近世儒教社会"秩序"形成的视点》，载［日］沟口雄三、［日］小岛毅主编《中国的思维世界》，孙歌等译，江苏人民出版社2006年版。

② 详见吴震《滨口富士雄：〈清代考据学的思想史研究〉》，《中国学术》2003年第3期，商务印书馆2003年版。

③ 参见周积明《文化视野下的〈四库全书总目〉》，中国青年出版社2001年版；司马朝军《〈四库全书总目〉编纂考》，武汉大学出版社2005版。

④ 参见刘墨《乾嘉学术十论》，生活・读书・新知三联书店2006年版。

⑤ 参见郭康松《清代考据学研究》，崇文书局2001年版。

随着政治史、思想史、社会史、学术史多学科的加入，清代学术的研究正处于一个"开放的对话"中。清代学术是对先秦以来传统文化的总结，同时又在思想上预示着某种新的方向，这种"新旧交叠"的现象出现在18世纪的历史转型期并非偶然。相信随着研究的深入和海内外学者的共同努力，将会在这一领域取得更为丰硕的成果。

参考文献

一、文献资料

1. （清）戴震：《戴震全集》（第一册），清华大学出版社1991年版。
2. （清）戴震：《戴震文集》，中华书局1980年版。
3. （清）段玉裁、鲍桂星等撰，薛贞芳主编：《清代徽人年谱合刊》，黄山书社2006年版。
4. （清）龚自珍：《龚定庵全集类编》，夏田蓝编，中国书店1991年版。
5. （清）江藩：《汉学师承记笺释》，漆永祥笺释，上海古籍出版社2006年版。
6. （清）李慈铭：《越缦堂读书记》，由云龙辑，中华书局2006年版。
7. （清）凌廷堪：《校礼堂文集》，中华书局1998年版。
8. （唐）刘知几：《史通》，辽宁教育出版社1997年版。
9. （清）卢文弨：《抱经堂文集》，中华书局1990年版。
10. （清）皮锡瑞：《经学历史》，中华书局1989年版。
11. （清）钱大昕：《潜研堂文集》，上海古籍出版社1989年版。
12. （清）钱大昕：《十驾斋养新录》，上海书店1983年版。
13. （清）钱谦益：《牧斋初学集》，上海古籍出版社1985年版。
14. （清）全祖望：《经史问答》，江苏广陵古籍刻印社1990年版。
15. （清）阮元：《揅经室集》，中华书局1993年版。
16. （清）邵廷采：《思复堂文集》，浙江古籍出版社1987年版。
17. （清）孙星衍：《问字堂集·岱南阁集》，中华书局1996年版。
18. （清）王鸣盛：《十七史商榷》，中国书店1987年版。

19. （明）王守仁：《王阳明全集》，上海古籍出版社 1992 年版。

20. （宋）王应麟：《困学纪闻》，辽宁教育出版社 1998 年版。

21. （清）永瑢等撰：《四库全书总目》，中华书局 1965 年版。

22. （清）张之洞撰，范希增补正：《书目答问补正》，北京燕山出版社 1999 版。

23. （清）章学诚：《章学诚遗书》，文物出版社 1985 年版。

24. （清）章学诚：《文史通义新编新注》，仓修良编注，浙江古籍出版社 2005 年版。

25. （清）章学诚：《文史通义校注》，叶瑛校注，中华书局 1983 年版。

26. （清）赵翼：《廿二史札记》，中国书店 1990 年版。

27. （清）朱一新：《无邪堂答问》，中华书局 2000 年版。

二、中文著作

28. 仓修良、叶建华：《章学诚评传》，南京大学出版社 2002 年版。

29. 曹聚仁：《中国学术思想史随笔》，生活·读书·新知三联书店 1986 年版。

30. 陈寅恪：《陈寅恪史学论文选集》，上海古籍出版社 1992 年版。

31. 陈祖武、朱彤窗：《乾嘉学术编年》，河北人民出版社 2005 年版。

32. 冯友兰：《中国哲学史》，中华书局 1992 年版。

33. 傅斯年：《性命古训辨证》，广西师范大学出版社 2006 年版。

34. 龚鹏程：《语文意义的诠释》，载杨晋龙主编《清代扬州学术》，台北"中央研究院"中国文哲研究所 2005 年印行。

35. 顾颉刚：《浪口村随笔》，辽宁教育出版社 1998 年版。

36. 郭康松：《清代考据学研究》，崇文书局 2003 年版。

37. 何兆武：《历史理性的重建》，北京大学出版社 2005 年版。

38. 何兆武：《诗与真：历史与历史学》，载王兆成主编《历史学家茶座》（第八辑），山东人民出版社 2007 年版。

39. 胡适：《戴东原的哲学》，安徽教育出版社 2006 年版。

40. 胡适：《章实斋年谱》，安徽教育出版社 2006 年版。

41. 黄应全：《略论中国传统解释学的方法论性质》，载胡军、孙尚扬主编《诠释与重构：汤一介先生75周年华诞暨从教50周年纪念文集》，北京大学出版社2001年版。

42. 嵇文甫：《王船山学术论丛》，生活·读书·新知三联书店1978年版。

43. 金毓黻：《中国史学史》，中华书局1962年版。

44. 李清良：《黄俊杰论中国经典诠释传统：类型、方法与特质》，载洪汉鼎、傅永军主编《中国诠释学》（第一辑），山东人民出版社2003年版。

45. 李泽厚：《中国古代思想史论》，安徽文艺出版社1994年版。

46. 梁启超：《清代学术概论》，上海古籍出版社2005年版。

47. 梁启超：《清代学者整理旧学之总成绩》，商务印书馆1999年版。

48. 梁启超：《中国近三百年学术史》，天津古籍出版社2003年版。

49. 刘墨：《乾嘉学术十论》，生活·读书·新知三联书店2006年版。

50. 刘师培：《刘师培学术论著》，浙江人民出版社1998年版。

51. 刘师培：《清儒得失论——刘师培论学杂稿》，中国人民大学出版社2004年版。

52. 柳诒徵：《国史要义》，华东师范大学出版社2000年版。

53. 罗炳良：《清代乾嘉历史考证学研究》，北京图书馆出版社2007年版。

54. 潘德荣：《人文科学的方法论问题》，载华东师范大学中国现代思想文化研究所编《思想与文化》（第七辑），华东师范大学出版社2007年版。

55. 潘德荣：《知识论与诠释学》，载洪汉鼎、傅永军主编《中国诠释学》（第三辑），山东人民出版社2006年版。

56. 钱穆：《中国近三百年学术史》，商务印书馆2005年版。

57. 钱穆：《中国史学名著》，生活·读书·新知三联书店2001年版。

58. 钱婉约：《内藤湖南研究》，中华书局2004年版。

59. 钱钟书：《谈艺录》（补订本），中华书局1984年版。

60. 瞿林东：《中国史学史纲》，北京出版社2000年版。

61. 汪晖：《现代中国思想的兴起》，生活·读书·新知三联书店2004年版。

62. 汪荣祖：《史学九章》，生活·读书·新知三联书店 2006 年版。

63. 王力：《龙虫并雕斋文集》，中华书局 1980 年版。

64. 王茂、蒋国保、余秉颐、陶清：《清代哲学》，安徽人民出版社 1992 年版。

65. 王晴佳：《西方的历史观念——从古希腊到现代》，华东师范大学出版社 2002 年版。

66. 王晴佳：《章学诚与现代诠释学》，载华东师范大学中国现代思想文化研究所编《思想与文化》（第三辑），华东师范大学出版社 2003 年版。

67. 王中江：《"原意"、"先见"及其解释的客观性——在"方法论解释学"与"哲学解释学"之间》，载胡军、孙尚扬主编《诠释与重构：汤一介先生 75 周年华诞暨从教 50 周年纪念文集》，北京大学出版社 2001 年版。

68. 杨晋龙主编：《清代扬州学术》，台北"中央研究院"中国文哲研究所 2005 年印行。

69. 余英时：《论戴震与章学诚》，生活·读书·新知三联书店 2000 年版。

70. 余英时：《钱穆与中国文化》，上海远东出版社 1994 年版。

71. 余英时：《内在超越之路——余英时新儒学论著辑要》，辛华、任菁编，中国广播电视出版社 1992 年版。

72. 张寿安：《十八世纪礼学考证的思想活力》，北京大学出版社 2005 年版。

73. 张舜徽：《张舜徽集·清人文集别录》，华中师范大学出版社 2004 年版。

74. 张舜徽：《张舜徽集·史学三书平议》，华中师范大学出版社 2005 年版。

75. 张祥龙：《思想避难：全球化中的中国古代哲理》，北京大学出版社 2007 年版。

76. 章太炎、刘师培等：《中国近三百年学术史论》，徐亮工编校，上海古籍出版社 2006 年版。

77. 章太炎：《国故论衡》，上海古籍出版社 2006 年版。

78. 章太炎：《章太炎学术史论集》，傅杰编校，中国社会科学出版社1997年版。

79. 郑宗义：《论朱子对经典解释的看法》，载刘小枫、陈少明主编《经典与解释：色诺芬的品味》，华夏出版社2006年版。

80. 周光庆：《中国古典解释学导论》，中华书局2002年版。

81. 朱敬武：《章学诚的历史文化哲学》，台北文津出版社1996年版。

82. 朱维铮：《中国经学史十讲》，复旦大学出版社2002年版。

三、中文译著

83. ［美］艾尔曼：《从理学到朴学——中华帝国晚期思想与社会变化面面观》，赵刚译，江苏人民出版社1995年版。

84. ［美］艾尔曼：《经学、政治和宗族——中华帝国晚期常州今文学派研究》，赵刚译，江苏人民出版社1998年版。

85. ［日］岛田虔次：《六经皆史说》，载刘俊文主编《日本学者研究中国史论著选译》（第七卷"思想宗教"），许洋主等译，中华书局1993年版。

86. ［美］杜维明：《道、学、政：论儒家知识分子》，钱文忠、盛勤译，上海人民出版社2006年版。

87. ［德］加达默尔：《真理与方法——哲学诠释学的基本特征》，洪汉鼎译，上海译文出版社1992年版。

88. ［德］加达默尔：《哲学解释学》，夏镇平、宋建平译，上海译文出版社2004年版。

89. ［英］柯林武德：《柯林武德自传》，陈静译，北京大学出版社2005年版。

90. ［美］倪德卫：《儒家之道——中国哲学之探讨》，［美］万白安编，周炽成译，江苏人民出版社2006年版。

91. ［美］倪德卫：《中国的历史哲学》，崔雅琴译，载华东师范大学中国现代思想文化研究所编《思想与文化》（第七辑），华东师范大学出版社2007年版。

92. ［美］倪德卫：《章学诚的生平与思想》，杨立华译，台北唐山出版社2003年版。

93. ［日］山口久和：《章学诚的知识论——以考证学批判为中心》，王标译，上海古籍出版社 2006 年版。

94. ［英］沃尔什：《历史哲学导论》，何兆武、张文杰译，广西师范大学出版社 2001 年版。

95. ［美］伍安祖：《清代思想的张力：17—18 世纪中国思想中的"历史决定论"》，吴莉苇译，载陈恒、耿相新主编《新史学》（第七辑），大象出版社 2007 年版。

96. ［美］余英时：《人文与理性的中国》，程嫩生、罗群等译，上海古籍出版社 2007 年版。

后 记

首先需要说明的是，本书是在我的博士论文《章学诚的历史哲学与文本诠释思想》基础上稍作修订而成的。2005—2008年，我在苏州大学哲学系攻读博士学位，导师蒋国保教授与我们这一届学生商订选题，提出以清代中期吴派经学、皖派经学、扬州学派、浙东学派的代表人物为研究对象，试图形成一组互相关联的论文。当时我选择了浙东学派的章学诚，经过一年多的酝酿，完成了初稿；后又经过蒋国保教授和其他老师的指导，大幅删改之后，在2008年以"章学诚的历史哲学与文本诠释思想"为题通过了博士论文答辩。2013年，台湾花木兰出版社向蒋国保教授组稿，蒋国保教授推荐了我的这篇博士论文。经过磋商，很顺利地签订了出版合同，并于当年9月由花木兰出版社在台湾出版了此书的繁体字本，标题则沿用博士论文的旧名。此次湖南科技学院国学院征选出版"国学丛刊"丛书，鉴于原出版合同已到期，而此书的简体字本久未面世，遂重理旧稿而作增删，并补充《近百年来清代学术思想史研究情况综述》一篇，定名为"章学诚与清代中期的思想史变迁"，以简体字本出版。

章学诚的"六经皆史"，在清代经学一统天下的沉闷空气里，无疑是一个闪烁着思想火花的天才命题，一经提出之后，令人耳目一新而为之振奋。但关于"六经皆史"的具体含义，则众说纷纭，迄无定论。我常在想，经学是中国思想文化的"提纲挈领"之处，对于儒家经典的解释，除了宋学的"性理"和汉学的"考据"之外，是否还存在如章学诚所说的"史学"方法呢？"考据"是纯客观的，"性理"又是纯主观的，汉宋学派的争执，除了思想立场的不同之外，在方法论上，可以归结为纯客观和纯主观的区分。但就六经为中国文化之源这一点来看，这显然是一个整体性的不可分割的传统，汉学、宋学两种方法皆有偏颇之处。就此而言，章学诚的"六经皆史"实际上是一种会通的方法，即以史学的主体性和整体观来看待中国文化，而不加以区别分割，以图保持中国文化的灵根慧眼。这一点，不但对清代中期思想的变迁有启发意义，甚至对于我们今天治中国学术犹有警醒之处。

回顾我从事章学诚思想研究的过程，钱穆先生、余英时先生以及日本学者山口久和的著作对我启发最大。在博士论文写作过程中，蒋国保教授给我提供了许多指导意见。毕业之后远游湖湘，与张京华教授最初相识，即缘于一次关于章学诚思想的通信讨论。京华教授曾整理出版民国学者叶长青的《文史通义注》，对章学诚之学深有了解。记得有一次在某处列车上闲谈，他提示说："《文史通义》是撤去舞台帷幕而示人以真相。"按我理解，他说的是"六经皆史"说揭示了上古王官学之真相。这些师长朋友的意见，我都加以体会并试图吸纳，但限于学力，在本书中并没有得到很好的体现。不足之处，尚希读者不吝批评。

感谢苏州大学的蒋国保、周可真、潘桂明等诸位教授，当年对本书初稿详细指导！感谢湖南科技学院国学院张京华教授发起"国学丛刊"出版计划，使本书得以出版！最后感谢中国社会科学出版社韩国茹、伊岚两位编辑的细心工作！上述师长朋友多年来的教诲、提携和帮助，是我从事中国思想史研究的最大动力，谨向他们表示诚挚的敬意！

周建刚

2018 年 12 月

于湖南科技学院国学院